OS IRMÃOS KARAMABLOCH

ARNALDO BLOCH

Os irmãos Karamabloch

Ascensão e queda de um império familiar

4ª reimpressão

COMPANHIA DAS LETRAS

Copyright © 2008 by Arnaldo Bloch

Capa
Cristina Flegner

Foto de capa
Adolpho Bloch e Manchetinha
(Arquivo familiar)

Foto de quartacapa
Os Bloch nos anos 1930
(Arquivo familiar)
Em cima: Maurício, Adolpho, Bela, Marcos, Moses
No meio: Fanny, Arnaldo, Judith, Joseph, Sabina, Ginda
Embaixo: Dêive, Betty, Tamara, Dina, Hélio, Oscar

Preparação
Lucila Lombardi

Revisão
Marise S. Leal
Vaquíria Della Pozza

Revisão dos termos russos
Alina Dzamgaryan

Dados Internacionais de Catalogação na Publicação (CIP)
(Câmara Brasileira do Livro, SP, Brasil)

Bloch, Arnaldo
  Os irmãos Karamabloch : ascensão e queda de um império
familiar / Arnaldo Bloch. — São Paulo : Companhia das Letras,
2008.

  ISBN 978-85-359-1332-3

  1. Bloch Arnaldo 2. Família Bloch 3. Jornalistas - Brasil. 4.
Manchete (Revista) 5. Memórias autobiográficas I. Título.

08-9211   CDD-079.81

Índice para catálogo sistemático:
1. Jornalistas brasileiros : Memórias 079.81

[2008]
Todos os direitos desta edição reservados à
EDITORA SCHWARCZ LTDA.
Rua Bandeira Paulista 702 cj. 32
04532-002 — São Paulo — SP
Telefone (11) 3707-3500
Fax (11) 3707-3501
www.companhiadasletras.com.br

Sumário

Árvore genealógica dos Bloch, 7
Nota do autor, 9

I. OS RUSSOS, 15
II. OS GRINGOS, 91
III. OS JOGADORES, 133
IV. A GLÓRIA, 195
V. A RUÍNA, 291

Agradecimentos, 337
Crédito das imagens, 339

Árvore genealógica dos Bloch

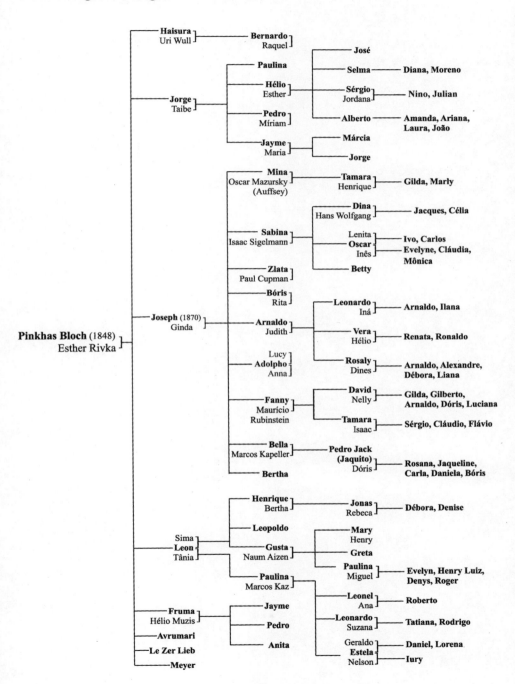

Nota do autor

Este livro nasceu e cresceu a partir das histórias de Leonardo, meu pai, confrontadas com narrações faladas, redigidas ou gravadas, de tios, primos, avós, amigos, inimigos, funcionários, agregados e órfãos do que um dia se chamou Família Manchete, além de meu próprio testemunho. Pesquisas e viagens — notadamente uma temporada na Ucrânia — completam o arsenal.

Os trechos em primeira pessoa de Fanny, Judith, Lucy e Dêive são adaptados de gravações. Os "monólogos", diálogos e certas passagens da vida de Adolpho têm como fontes a memória de seus relatos de viva voz e também os artigos que escreveu em *Manchete*, reunidos na antologia *O pilão*.

O título, longe de pretender qualquer paralelo parodístico ou estilístico com *Os irmãos Karamázov*, de Dostoiévski, apenas reproduz o trocadilho com que o jornalista Otto Lara Resende, nos anos 1950, se referia aos filhos do patriarca Joseph Bloch — Bóris, Arnaldo e Adolpho — em suas desventuras.

Ao escrever, procurei guardar ânimo crítico e humor suficientes para fugir ao laudatório, e admiração bastante para não cair na vã maledicência. Lutei contra os ardis da fantasia, mas também contra os excessos que, na necessária busca do factual, às vezes silenciam as verdades da emoção e do imaginário coletivos.

Assim fui perseguindo o desafio de ressuscitar o espírito de uma grande aventura humana que remonta a mais de dois séculos, até os nossos dias. Para, quem sabe, preencher um pouco do trágico vazio que dela resultou.

A Leonardo

Foi ontem. Acabara de chegar de viagem. Ao ver o Rio beirando a madrugada, senti uma grande solidão e, em vez de tomar o caminho de casa, segui para Copacabana. A empregada, tonta de sono, atendeu a porta sem nada entender, e voltou para a cama. O quarto de meus pais estava trancado. Larguei as malas no escritório e deitei-me no sofá. Dali podia ouvir o ronco de Leonardo, as patas afiadas do cachorro no piso de madeira, a água correndo na pia do banheiro, o rangido da porta do armário. E, do outro quarto, a música que minha irmã ouvia. Quando, horas mais tarde, acordei, não soube onde estava ou quem era. Demorei a reunir as idéias. Movido por uma sede brutal, levantei-me. Dominado pelo torpor, tateei as paredes até chegar ao salão, de onde avistei a porta fechada da cozinha, graças a uma luz que vinha da fresta. Apanhei a garrafa de água mais gelada e, ao voltar, enxerguei a sala de outro ângulo, iluminada por um reflexo vindo da rua. Surpreso, notei a silhueta de Leonardo repousando na grande poltrona virada para a janela, e fiquei ali, observando o corpo muito gordo, os cachos grisalhos, caóticos, na cabeça caída; a barba branca imperial confundindo-se com os pêlos do peito; e, sob a barriga, a imponente cueca azul.

Desde pequeno acostumara-me a ouvi-lo acordar no meio da noite de algum pesadelo ou mal-estar, e passar para outro local onde acabava adormecendo de novo. Eu levantava com o barulho e me assustava ao vê-lo assim jogado pela casa, como um animal pré-histórico. Depois ficava espiando, maravilhado.

Na noite de ontem, Leonardo ressonava a maresia de Copacabana. Os janelões abertos com esquadrias de alumínio emolduravam sua figura e mostravam, ao fundo, a curva da avenida Atlântica, de onde vinha um silêncio escuro, interrompido pelo som das ondas ao longe, além da extensa faixa de areia.

Aproximei-me e vi que a posição forçava o seu pescoço. Pus a mão no seu ombro e ele teve um tremor. Soluçou. Com um gemido, tentou despertar.

"Pai?"

Ao meu chamado, virou o rosto e entreabriu os olhos. Expulsou o pigarro da garganta.

"Amanhã."

Desviou o olhar para a janela, na direção do Posto 6. Fixou um ponto.

"Vamos."

"Aonde?"

"À Cinco de Julho."

A oito quadras dali, a casa de pedras estava fechada. Desde a falência, ninguém entrava lá. As árvores haviam sido arrancadas, as paredes internas demolidas e as janelas cobertas por telas esverdeadas.

"Está sonhando", murmurei.

"Não", protestou. "Amanhã."

Ele aguardava uma resposta. Ia contestá-lo. Mas não pude.

"Está bem. Amanhã."

Roubou de minha mão a garrafa, esvaziou-a, estalou a língua, fechou os olhos e soltou-a, fazendo respingar no assoalho as gotas que haviam restado.

I.
OS RUSSOS

A barriga do clã

Herdei de meu avô paterno o nome, e só. Também, para que herança, se Arnaldo deixou a memória de um homem amado por todos, parentes, funcionários, gente da rua?

Talvez um pouco bruto com o filho Leonardo, que sempre nutriu sentimentos contraditórios pelo pai. Às vezes, lembrava-se dele com palavras pomposas:

"Teu avô era o amor e a delícia do gênero humano".

Outras, vinha com juízos filosóficos:

"Um doce amoral".

Ou, em última análise:

"Era um bom filho-da-puta".

Quando Arnaldo morreu, em 1957, aos 51 anos, de mal súbito, a rua toda silenciou aos gritos das irmãs no segundo andar da casa de pedras na Cinco de Julho, onde morava a família de Joseph, o finado patriarca. O carro funerário com o caixão foi aplaudido na rua e seguido por uma procissão. No caminho para o cemitério de Vila Rosaly, fez uma parada em frente aos portões da sede da empresa, na rua Frei Caneca. Depois estacionou no parque gráfico de Parada de Lucas, o maior da América Latina, onde eram impressas a revista *Manchete* e milhares de trabalhos para clientes externos, de rótulos de cerveja e bilhetes de loteria a cartazes de campanha eleitoral.

"Morreu fodendo", diziam, e enchia-me de orgulho levar nome de avô fodão, morto no cumprimento das funções. Por outro lado, coitada da viúva Judith, que não estava presente ao ato, mas mesmo assim sofreu com dignidade e só trouxe alegria aos netos, tendo sempre à mão seu cigarrinho Benson & Hedges, "a maconha da vovó", como dizia um primo mais velho.

Todas as tardes, religiosamente, Judith — que de religiosa não tinha nada — ia jogar biriba nos salões sociais de uma sinagoga em Copacabana, o CIB, com velhas amigas e o pessoal do trabalho comunitário. Fazia questão de ir a pé, dez quadras, todos os dias. À noite, para afastar qualquer memória ruim, tomava o sagrado comprimido calmante.

"O meu Lorax ninguém tira."

No ano seguinte à morte de Arnaldo foi a vez de Bóris, o irmão mais velho, partir prematuramente. Dos três varões de Joseph só restou então o caçula, Adolpho, e suas cinco irmãs: Mina, Sabina, Fanny, Zlata e Bella, que não tinham voz ativa, de modo que Adolpho passou a reinar absoluto como sempre desejara.

Quando nasci, em abril de 1965, já fazia oito anos desde a morte de Arnaldo. Adolpho estivera na maternidade junto com a parentada. O pai da criança, Leonardo, gordo e vaidoso, rebolava nos corredores com uma cigarrilha de piteira. Lá dentro, ao ver que tios e tias se acotovelavam para espiar pela janelinha da porta, Bertha, avó materna, tirou o bebê dos seios da filha, Iná, e exibiu-o como um troféu.

A porta não resistiu, e a parentada despencou, empurrada pelo peso de Leonardo. Bella, a irmã mais querida de Adolpho, usava broche de besouro e trazia uma cuia de bolo de carne feito na Cinco de Julho, para Iná comer, mas foi Leonardo quem meteu logo a mão no miolo sangrento e tirou, vitorioso, o primeiro pedaço.

Aquele ano era importante para a Manchete: as obras do primeiro prédio na rua do Russel, na Glória, projetado por Oscar Niemeyer para sediar o império em ascensão, estavam em fase final (outros dois prédios fariam o conjunto crescer nas décadas seguintes). Ao terminá-lo, Adolpho cumpria uma promessa feita ao jornalista Otto Lara Resende, diretor da revista anos antes, que reclamava do aperto da sede na Frei Caneca, onde na época funcionavam, ao mesmo tempo, redação, gráfica, depósito, diretoria e todos os departamentos administrativos.

"Um dia nós vamos trabalhar de frente para o mar."

Quase diariamente Adolpho passava pelo canteiro de obras na Glória.

"Ele tem um prédio desses?", indagava, comparando o esqueleto do Russel com "aquela merda na rua do Livramento". Referia-se à sede dos poderosos Diários Associados, do arquiinimigo Assis Chateaubriand, o Chatô.

Quando nasci, a revista já tinha vivido, em pouco mais de dez anos, uma odisséia que envolvia uma quase falência e uma virada espetacular — cujo ápice coincidira com os chamados anos JK e a construção de Brasília e culminara com o triunfo de *Manchete* sobre *O Cruzeiro*, carro-chefe de Chatô na área de revistas.

Eu nascera, portanto, na barriga de um clã russo-judaico com quase meio século de Brasil e em vias de construir um conglomerado de comunicações. Não à toa, um ano depois, posei nu, à revelia, para *Manchete*, num ensaio sobre o primeiro ano de vida baseado nos ensinamentos do dr. Delamare, publicado para fazer frente a uma série sobre a infância da concorrente *Realidade*, da Abril, da família Civita.

A melhor foto, quem diria, emplacou a capa da edição nº 737. Maravilha da foto-impressão da época, o róseo peru circuncidado em *ekhtacrome* vendeu revista até dizer chega e virou tema de um debate televisivo. Considerado imoral pela maioria dos presentes, o peru foi salvo pelo mais ilustre deles, Nelson Rodrigues, que teve a palavra final: "Crianças são como anjos: não têm sexo".

A carreira de bebê modelo continuou: aos dois anos fui às páginas, desta vez sociais, aninhado no colo quente (segundo julgo recordar) da atriz italiana Gina Lolobrigida, fotografada em visita à casa de veraneio da família, em Teresópolis. Chorei e saí de cara amarrada na foto.

Aos três anos, fui exibido num ensaio em *Fatos & Fotos*, abertura em close, uma colher forçando a arcada e fazendo o mingau cenográfico escorrer queixo abaixo. "Como uma golfada de...", notariam, décadas depois, meus colegas de faculdade ao descobrir a foto e fixá-la no armário do centro acadêmico da Escola de Comunicação da UFRJ sob a legenda "foi assim que tudo começou".

Num ensaio para *Pais&Filhos*, página dupla, aos cinco anos saí de cueca,

Manchete nº 737, 1966.

de quatro, servindo de montaria para minha irmã ano e meio mais nova, ruivinha, mas as fotos eram em preto-e-branco.

A partir daí, vagamente a par da exploração que sofria e sem cachê à altura, interrompi a exposição pública e voltei as vistas para o centro do clã, onde os olhos desconfiados e o rosto impressionante de Adolpho clamavam por todas as atenções com sua voz de barrido de rinoceronte, trazendo consigo sempre um séquito temeroso e fascinado, ansioso pela próxima sentença.

"Eu não preciso disso. Quer ficar no meu lugar?", desafiava, quando criticado. E ai dos incautos que, deixando vazar a ambição, fossem com sede ao pote, julgando poder explorar-lhe as fraquezas.

"Você é um merda", decretava, democraticamente, sem distinção de idade, sexo, hierarquia ou sangue. O que não impedia que o merda de hoje se convertesse em gênio de amanhã e fosse apresentado a ex-presidentes e cientistas como a reencarnação de Rui Barbosa. Para, mais cedo ou mais tarde, ser reconvertido à sua condição fundamental.

"O que é que você sabe da vida?", nos acusava, com raiva, dos males passados e futuros. Nascidos no bem-bom, nada sabíamos. Não fôramos saqueados por cossacos, encampados por bolcheviques. Não víramos "cabeças voarem como bolas" a golpes de sabre.

"Quando a cabeça caiu, ela ainda disse algumas sílabas", contava. "*Ieu* juro pela minha morta mãe", prometia, para calar os céticos, no sotaque e regência característicos.

Mas do que reclamava o tio, que tudo tinha?, indagávamos, os merdas, procurando lógica no emaranhado de rugas, fúria e medo daquela fisionomia que era ao mesmo tempo de rei, de fauno e de mascate.

Talvez lhe viessem à memória, ainda que apenas intuídas, as palavras de Arnaldo, na véspera de morrer. Os irmãos haviam discutido. Mais uma das batalhas fratricidas no mezanino da diretoria, que levaram Otto Lara Resende a apelidá-los de Irmãos Karamabloch, em alusão ao épico de Dostoiévski no qual quatro irmãos digladiam-se pelo poder, sob olhares do patriarca.

Deprimido com a discussão, Arnaldo foi até o balcão do Joaquim — o óbvio português em frente da sede na Frei Caneca —, tomou cachaça e se refugiou no meio-fio, diante do prédio de tijolos vermelhos construído pelo finado Joseph entre uma igreja protestante e uma penitenciária.

Ali Arnaldo ficou até a noitinha chegar. À hora de ir embora, Adolpho, ao vê-lo assim, compadeceu-se.

"Que há?"

Arnaldo apontou para o prédio, como se sua solidez fosse miragem. Com a outra mão, agarrou o paletó do irmão.

"Quando tudo acabar, vamos sentar aqui, puxar os pedestres pela camisa e dizer: Senhor! senhor! um dia isso tudo foi meu!"

Adolpho pensou em ajudá-lo a se levantar, fazer as pazes, tomar um cafezinho no Joaquim, que estava cheio de jornalistas. Mas franziu o olho direito e foi embora matutando as palavras de Arnaldo, que ainda hoje ressoam, trazendo com elas o segredo de todos os impérios que ruíram.

Amanhã
(2001)

Foi ontem. Todo mundo viu as torres desabando. Na tevê os aviões perfuram os prédios em reprise. Sobre a cama, numa folha de jornal misturada às roupas, a foto-legenda do banhista furando onda.

"Rio: um bunker azul."

Na secretária, a voz de Leonardo. Primeiro, bem cedo, ao transmitir ao vivo, por telefone, os acontecimentos no World Trade Center.

"Vai cair!"

E agora, o segundo telefonema, para me demover da viagem.

"Fica, filho-da-puta!", implora a voz de desespero teatral, que se transforma num riso de rei bêbado e, de súbito, interrompe-se em espanto filosófico.

"De que eu rio?"

Atendo. Ele tem más notícias.

"A Ucrânia está no centro do teatro de guerra."

"O ataque é em Nova York."

"Mas a guerra vai pro Afeganistão."

"O Afeganistão fica a milhares de léguas da Ucrânia."

"Léguas é o caralho! Toda aquela merda é ao sul."

"Ao sul de quê?"

"Ao sul."

Desliga. Amanhã cedo é o vôo para Amsterdã, primeira escala. Não sei se vou. Na tevê, reportagens sobre os inúmeros adiamentos de reservas feitos pelas companhias aéreas.

Volto às malas. Falta dobrar as camisas. Repasso a lista de encomendas. Chapéu de pêlo de marta. Cartazes de propaganda. Samovar original, com o carimbo em baixo-relevo. Bonecas de madeira.

Na janela, o Rio resplandecente, a avenida Niemeyer ao longe, de ressaca, e as ondas cor de esmeralda que quase invadem a pista.

O telefone toca outra vez. Não atendo. Leonardo deixa instruções. Separar dinheiro para subornar os guardas na fronteira. Rotas de fuga pela Hungria ou pela China, por mar.

"Ao sul."

Vai entardecer. Um daqueles lindos poentes de fim de inverno. Na televisão, Bush, magoado com o mundo, chora. "*Why do they hate us?*" O lusco-fusco invade o apartamento, trazendo no bojo de sua beleza aquela melancolia tão apreciada pelos suicidas. O telefone toca de novo, mas, antes que Leonardo comece a falar, abaixo o volume da secretária.

Leonardo, setembro de 2001.

* * *

Chove muito em Amsterdã. O hotel de aeroporto fica num campo deserto. O céu é de chumbo. O vôo para Moscou é só no dia seguinte, e a perspectiva de entocar-me na cama do hotel e esquecer o mundo é assombrosa.

Mesmo exausto, tomo o metrô para a cidade vazia e, da estação central, subo no primeiro bonde para o Van Gogh Museum, onde me defronto com a tela pintada em vésperas da morte do artista: aves negras que preenchem galhos secos e dão vida à árvore. Mas, nas extremidades, uns primeiros corvos alçam vôo, mostrando o vazio do outono.

Ganho a rua na tempestade e, imediatamente, a rajada de vento destrói a armação do guarda-chuva, cujo tecido negro se desprende e é levado pela corrente, como um corvo. A chuva aperta, o céu está mais escuro, e tudo a fazer é tomar o bonde e voltar para o hotel. Mas no caminho avisto a placa do *coffee shop* e a seta para o subterrâneo. Salto num impulso, desço pelas escadas estreitas. Lá embaixo jogam xadrez, tomam leite e sucos, fumam ervas tailandesas, dominicanas, brasileiras, afegãs.

Prefiro um *blend* pré-fabricado, que rapidamente produz efeito poderoso. Deixo o resto no cinzeiro, o barman agradece. Na mesa de xadrez as coisas estão empacadas: um dorme, outro olha o rei preto. Vejo as horas. Vai anoitecer. Penso no hotel de aeroporto, num descampado escuro e chuvoso. Subo a escada como um condenado que, do calabouço, emerge direto para a forca.

Mas lá fora a chuva que pensei ouvir é na verdade o barulho de passos, vozes, marrecos nos canais. Um sol baixo e firme, cor de cobre, seca o céu, as nuvens negras fogem para além da estação, os cafés cheios, a cidade em festa, antes da guerra, depois da chuva.

Moscou. O galpão vermelho da Estação Central reflete a luz gelada do inverno que avança: da tarde de ontem (quando fazia vinte graus) até a manhã de hoje, a temperatura caiu a zero. Dizem, por aqui, que é um fenômeno comum.

Passei os últimos dias acompanhado por um grupo de turistas brasileiros. Rodamos Moscou e fomos a São Petersburgo na primeira classe de um trem rápido, onde se podia bolinar lindíssimas serventes em troca de uma garrafa de *champanska*. Bem diferente do panorama que encontro aqui na Estação Central, prestes a partir para Jitomir num trem centenário. Nas próximas vinte horas, estou por conta própria.

Caminho ao longo da plataforma até localizar, na parte frontal do trem, o Vagão 1. A escadinha é estreita e íngreme. Com dificuldade venço os degraus de aço, passando a bagagem pela porta, observado por um homem esguio de uniforme e boné, as costas em forma de arco. A mala emperra. Em vez de ajudar, o homem baixa a cabeça e lança à plataforma insultos em russo endereçados a mim.

O expresso Moscou—Jitomir tem cabines coletivas, de um lado só do trem, todas de quinta classe, com beliches duplos. A cabine 1 fica ao lado da sala de máquinas e tem duas passageiras já instaladas. De pernas soltas na borda de cima, a menina balança os pés tão claros que as veias azuis roçam o cabelo da velha baixa e gorda, vestida em remendos, na parte de baixo.

Largo as malas e me instalo do lado oposto, por ora na cama inferior. O homem com as costas em forma de arco aparece. A velha, que estava deitada, ergue-se para que ele se sente com ela. Os três me olham em silêncio. A *babushka* resolve fazer as honras.

"*Vot machinist Iob.*"*

Ela ergue os olhos.

"*Vot Katerina.*"

Recorro à saudação oficial, ensaiada.

"*Ia brazilski pisatel ia pichu knigu o moei ukrainskoi semie.*"**

Os três caem num riso louco, tussígeno. Humilhado, sinto as têmporas latejarem. Respiro fundo e ponho um sorriso no rosto.

"Vão se foder."

Um novo e grave silêncio se impõe. Estou, de novo, no poder. Por via das dúvidas, lotado em território estrangeiro, bato em retirada com uma mesura, dou as costas, ganho o corredor e me instalo, de pé, diante da janela fria e embaçada do trem.

O fiscal toca a sineta lá fora. Pego de calças curtas, o maquinista Iob se dá conta do atraso e deixa a cabine, apressado. Sinto um gosto de vingança.

---

* "Este é o maquinista Iob"./ Na seqüência do diálogo: "Esta é Katarina".
** "Sou um escritor brasileiro. Escrevo um livro sobre minha família ucraniana."

Ao passar por mim, ele se detém um instante, lança um olhar inquisitorial e segue seu destino. E, com ele, o trem.

Na cabine a velha e a moça já dormem, produzindo estranhos assovios. No corredor ouço, da garganta do trem, as ferragens gritarem, e adormeço de pé, sustentado pelo nariz apoiado no vidro. Acordo pouco depois com o peso da mão gorda e macilenta da velha no meu ombro. Recuo e dou com as costas na janela. Na outra mão, a *babushka* traz uma caneca de chá e uma maçã encaixada no bocal. Ao me flagrar assim, como uma vítima acuada, enche-se de censura e de desprezo. Aponta para a caneca, chacoalha o conteúdo e faz a fervura respingar no meu nariz.

"*Skvati! Skvati!*"*, insiste. Indica a cabine do maquinista e pragueja. Parece querer dizer que se indispôs com ele para conseguir o chá. Sou um ingrato e um covarde.

Ela estende o braço com vigor. É a sua última oferta de amizade.

"*Tvoi!*"**

Apanho a xícara. A velha dá as costas e volta à cabine. Tenho fome, de sal e gordura. Trouxe inclusive uma ração polpuda, pão com passas, azeitonas, queijo, chocolate, mas estão lá dentro e a velha vigia meus movimentos.

A maçã, pálida, é repulsiva. O chá parece infecto. Veio lá de dentro, deve ser água de caldeira, na certa envenenada pelo homem das costas em arco.

"Beba!", murmuro, a garganta áspera, "coragem". Sorvo a fervura, forte, de ervas, que desce bem, talvez tenha mel na mistura, a fruta acre levemente cozida pelo vapor do chá.

Com a caneca vazia, vejo-me a devorar o resto da maçã. As sementes no interior são minúsculos frutos, amêndoas amargas.

Quero mais. Porém, já tomei o rumo contrário, a explorar o trem, ansioso por outros passageiros, gente nova, de todo o mundo. Dirijo-me ao fundo do comboio, atravessando aceleradamente os vagões. Mas onde estão os outros?

Não há outros.

* "Pega! Pega!"
** "É teu!"

Pesam os olhos. Apresso os passos aos tropeços em busca de um refúgio que me proteja do vazio.

De volta à cabine, escalo os degraus carcomidos como se, atrás, viessem à minha caça. Estou aqui.

Aqui é bom. Como uma bruma. Faz calor no alto da cabine. Calor dos corpos sob as cobertas, do sopro morno dos narizes, do suor doce da moça deitada ao contrário, os pés iluminados por um fio que vem da réstia, as solas em cheio, a lã entre os dedos.

Fanny fala

Olha, Rússia é muito grande. *Ieu* nasci 1900 em *Ukraína*. Papai chamava Yossif Bloch, em português Joseph. Nasceu num *shteitl*, como gente chamava aldeia pobre de judeu.

Todos tinham medo do czar. Na Rússia era assim. Mas papai era muito *intiligente* e conseguiu ir para cidade próspera, Jitomir, e ganhar dinheiro.

Lá tinha casa onde nasci. Rússia era sem luz. Bonitas lâmpadas de querosene. No inverno ficava escuro cinco horas e gente tinha que estudar *lição* antes. *Entón* começava almoço e já era jantar. *Jantarada*. Depois tinha lareira e lanche. De noite gente comia chocolate, café e creme. Tudo era bom na casa papai. *Póm* preto, manteiga boa, queijo bom.

Do lado tinha prédio comprido, gráfica de papai. Antes era máquina *pequeninha* assim, manual. Quando veio eletricidade papai ganhou luz primeiro porque era industrial. No dia seguinte tinha lustre lindo na sala.

Com luz veio tudo. Veio *desenvulvimento*. Veio carro. Foi grande acontecimento. Teve orquestra e circo. Depois, máquinas vieram da Alemanha e papel da Finlândia. Muito trabalho.

No *verón*, tudo foi diferente. Mudança de vida. Ninguém comia carne. Só frutas. Maçã e uva e frutas que *nón són* daqui, *nón* sei nome. Miudinha miudinha, ácida. Até sopa foi de frutas, com folha azeda.

No Brasil gente come *feijón* no calor, e no inverno gente come também *feijón*. Cada país, seus costumes. *Ukraína* foi assim.

Foi lindo. Papai tinha *dacha*, fazendinha. Era mudança de vida. Todas casas eram de madeira e gente comia dentro da varanda.

Hummm... Podia ir pelo rio com barquinho ou pela terra de carroça, nos bosques. Papai tinha barquinho. Na casinha tinha móveis, veludo, tudo muito lindo, e gramofone.

Gente ouvia muitas músicas. Gente cantava muitos cantos. Coros. Na cidade tinha. Pessoas cantavam com suas vidas. Muito lindas *cançóns*. De natureza, de pássaros.

Hummmm...

A aldeia

Faz calor no alto da cabine. Acordei há pouco, com a freada do trem. Será uma estação? Não tenho forças para mover a cabeça e espiar. Lá de fora vem uma luzinha alaranjada, que rebate no teto e se move como fogo brando.

Escuto. Há vozes e música. Dedilhados. Um tambor. Dança. Pés na terra. Ou melhor, botinas: faz frio lá fora. Aqui, calor.

A luz é gelada e remota. Luz de aldeia vestida de florestas, águas escuras, quintais nas franjas das colinas.

Uma aldeia entre tantas outras, onde, sob domínio do império, os judeus tinham licença especial para viver. Em noites de frio e lua como essa — quando a aldeia descia ao vale para beber, dançar e esquecer o medo do czar — o alfaiate Pinkhas Avrumovitvh descia com o caçula Liova (diminutivo de Leon), o filho do meio, Jorge, e a filha mais velha, Fruma, para ver a festa. Joseph, ensimesmado, preferia ficar em casa, zelando por sua mãe Esther-Rivka, religiosa demais para esses mundanismos, e pela irmã menor, Haisura, que nunca saía do quarto.

Joseph guardava na memória o nascimento da feia. Os gritos da mãe o acordaram numa noite gelada. Aos tropeços correu em direção do alarido. O pai tentou detê-lo, mas Joseph escapou por entre suas pernas e viu, à beira da cama, o ventre de *máme* expelir a irmã.

"Aquilo."

Talvez para distinguir-se de tão assombroso modelo de criatura, de tanta pobreza e de tanta dor, Joseph cresceu com maneiras estranhas aos aldeãos, sempre alheio, os olhos transportados para um ideal distante da realidade dos *shtetl*.

"Olhem Yossif: parece um reizinho russo", diziam.

Pois desde pequeno Joseph reverenciava o czar, mesmo sabendo quão carrasco era com seu povo, confinado aos guetos do império, sem direito a plantio, estudo, nada. Tinha certeza de que com ele a história seria diferente: faria a travessia para a cidade, alcançaria a civilização maior e, um dia, a América.

Encorajavam-no as lembranças, tão remotas quanto as do nascimento de Haisura, da partida de três irmãos bem mais velhos — Meyer, Avrumari e Leizer-Lieb — que haviam deixado a aldeia com intuito de unir-se a uma leva pioneira de judeus que tentavam vencer fronteiras e migrar para os Estados Unidos.

Por isso, se a comunidade torcia o nariz para Joseph, ninguém, contudo, ousava fazer troça na sua frente: todos sabiam que ali ia *yosse'le*, o obstinado filho do alfaiate. Um forte, um independente, que nada deixaria faltar — podendo ele, o pai, faltar em paz quando fosse o caso.

O caso foi que, na véspera do ano-novo de 5648 — 1887 do calendário gregoriano — o bom Pinkhas acordou antes do sol para pegar a carpa gorda com o peixeiro, que encerrava cedo por causa da ceia. À noite, como em todos os anos, Esther-Rivka separou a cabeça e o corpo da carpa e preencheu a carcaça com a farinha das entranhas.

A cabeça deveria ser poupada, por simbolizar o ano vindo. O corpo, amuleto do ano findo, era destinado aos comensais. Mas, ao erguer, com uma das mãos, a taça de vinho, Pinkhas — que era meio profano — com a outra lançou à goela a cabeça proibida. Esther-Rivka ficou contrariada, mas os filhos sorriram e, num impulso benevolente, ela também ergueu seu copo à espera da saudação.

"*Lechaim!*", Pinkhas ia gritar à vida, mas engasgou.

A gordura escorreu pelo queixo, não veio o estalar de língua nem grito nenhum.

Os filhos socaram-lhe as costas, despejaram vodca na garganta.

Mas era gorda a carpa, e, se o ano passou, a cabeça ficou.

Ao corpo juntou-se um cortejo digno. À distância, o peixeiro, intrigado, seguiu o adeus a Pinkhas.

Jitomir

No sétimo dia de rezas mortuárias — realizadas todas as manhãs no casebre da família —, os filhos e filhas, a esposa, o rabino e os convidados foram "levar a alma do morto até a porta" bem cedinho, como ordenou o *rebe*. Pois dali embarcaria, de acordo com a tradição, "no trem da vida eterna", e não convinha atrasar-se para encontro tão importante.

Feitas todas as exéquias, Joseph, que recentemente completara dezoito anos, esperou passar algumas semanas e reuniu a família.

"Vamos nos mudar para a cidade."

Como ele era Joseph, o forte, o escolhido de Pinkhas, ninguém contestou. Arrumaram as poucas coisas que tinham, entre elas uns últimos rolos de tecido da alfaiataria. Fixaram a data e foram no início de uma manhã, num barco pesqueiro. Horas depois, ao crepúsculo, avistaram do ancoradouro o sol poente pintar de ouro a Colina Sul, com os telhados sólidos e as cúpulas de Jitomir. Na Colina Norte, do outro lado do rio, os casebres dos pescadores já anoiteciam.

"Ao sul", apontou Joseph.

Pousaram, nos primeiros meses, numa casinha em terreno alto, cujo aluguel pagavam com o ganho obtido na venda do tecido que restou aos alfaiates

e costureiras locais. A casa era pobre, mas ficava razoavelmente bem localiza-
da, perto da praça Sobornna, onde havia quiosques, bondes a burro e carroças.

À noite, quando as lamparinas se acendiam nas casas burguesas, vinha
um fervilhar de civilização urbana, morno e gasoso como o *dvas** que os homens e mulheres bebiam. Nos quiosques, liam-se jornais com notícias fantásticas de grandes teias elétricas que acendiam, uma a uma, as noites do mundo,
e que logo chegariam a Moscou e a Kiev. E de que na América pessoas conversavam entre si numa máquina de falar, mesmo morando longe uma das outras.

Pela manhã um cheiro químico de vapor e metal viajava da Colina Norte
à Sul. Com volúpia, Joseph saía cedo para farejar-lhe as origens, até chegar à
fonte: as caldeiras das oficinas gráficas, que ficavam do outro lado do rio.

Imprimia-se de tudo: embalagens, etiquetas, brochuras, convites, cartões,
programas de teatro, papéis de embrulho, bíblias e até formulários para a municipalidade, em troca de proteção policial. Para os judeus, Jitomir era como
uma ilha em meio à zona de exclusão estabelecida pelo czar (a "*pale*"). Cidades assim, onde os *ivrei*** podiam progredir, contavam-se nos dedos de uma
mão: Odessa, Vylna, Berditchev, Jitomir, e só.

Não era tanto a proximidade da capital, Kiev — à época, distante só um
dia de trem —, que trazia prosperidade a Jitomir. Era, principalmente, a herança dos irmãos Shapiro, vindos de Slavuta, a oeste da Ucrânia, um século
antes, com licença especial do czar para imprimir o Tanya, livro sagrado dos
hassidim, que logo alcançou grande popularidade nas aldeias. Seita carismáti-
ca de judeus ortodoxos poloneses, os *hassidim*, sob inspiração do místico Baal-
Shem-Tóv, combatiam com mensagens de paz, simplicidade e alegria a gravidade e o rigor da liturgia vigente, aplacando a revolta nas populações confinadas.
Daí a impressão e a difusão de seu tratado interessar tanto ao czar.

Quando o czar, em torno de 1875, acabou com o monopólio, os Shapiro
já estavam ricos o suficiente para migrar para a América, onde, sob a égide de
Shapiro Brothers, fariam fortuna. Mas deixaram em Jitomir equipamentos,
tecnologia e operários formados que não tardaram em abrir seus negócios.
Assim, naquele final de século, quando Joseph e a família aportaram na cidade, Jitomir já era um pequeno centro de artes gráficas com cinco casas de im-

---

* Refresco russo à base de cereais, escuro, avermelhado, ácido e ligeiramente gasoso.
** Judeus.

pressão e quarenta sinagogas. Como a demanda por aprendizes era grande, Joseph não demorou a arranjar emprego como entregador de encomendas e leu toda a sorte de manuais de montagem. Foi também cortador de papel, auxiliar de prensa, agrupador de tipos. Em poucos meses, estava apto a operar uma tipografia.

Jitomir em fins do século XIX.

A horta

Na primeira semana na cidade, Esther–Rivka, envolta em panos negros, caminhava devagar, apoiada por Fruma, pela colina, a olhar para os lados, sempre evitando o perímetro mais próximo ao mercadinho do alto, pois o cheiro do peixe que vinha dali lembrava-lhe a carpa assassina. Um dia, ao cruzar com o peixeiro, ergueu o pano fazendo o rosto aparecer. O homem teve um tremor, pois, no lugar de expressão humana, o que viu fui um nó.

"Assassino!", dizia o nó.

À noite, durante o sono agitado, apareciam as visões: a cabeça vermelha na garganta de Pinkhas; depois, a cabeça de Pinkhas na garganta vermelha; e, por fim, a cabeça de Pinkhas na garganta de Pinkhas. Pela manhã acordou com uma febre dolorosa.

Jorge foi ao consistório religioso e trouxe o rabino Pirov à modesta choupana. Esther-Rivka abriu o coração: falou com saudade da aldeia, nos limites entre a floresta e a estepe, "os dois mundos", como se dizia. Falou dos artesãos e lembrou-se de que Pinkhas cantava enquanto se vestia pela manhã, observado por Jorge.

"E você, Esther-Rivka? O que fazia o resto do dia?", perguntou o rabino.

"Eu cuidava da horta até a hora em que Pinkhas vinha tomar chá."

Disse isso e caiu num longo pranto. O rabino esperou que ela parasse e, com severidade, inquiriu Joseph.

"Onde está a horta?"

"Ora, *rebe*! Ficou na aldeia!"

"A horta é uma só. A horta é o mundo", ele disse, e permaneceu ainda longos segundos encarando-o.

Pela manhã, os irmãos fizeram uma conferência com Fruma e decidiram pedir ao vizinho, que tinha um quintal maltratado, permissão para usá-lo no plantio de legumes e tubérculos. Liova já conhecia o vizinho, um tal Lube Lubov, que morava só e bebia muito. Recebeu-o com abraços e ficou feliz ao ouvir a proposta.

"É um milagre eu, grande vagabundo, ter alguém para cuidar dessa terrinha."

Ao amanhecer do outro dia Esther-Rivka já estava lá, a lavrar. O verão se aproximava, e ela sentiu calor. Foi ao quarto e, pela primeira vez, trocou o pano escuro por uma roupa mais clara e fresca. Passou a sair uma vez ao dia, descendo a encosta até a praça. Na volta, aproveitava os ambulantes que dei-

Esther-Rivka.

xavam o mercado no fim da tarde com suas carroças vazias e levavam-na para casa em troca de um copo de *dvas*, de uns ramos de funcho, ou de uns minutos numa cadeira. A todos, ela prometia:

"Qualquer dia vou até o rio".

No ano-novo, o primeiro sem Pinkhas, com a presença do rabino Pirov e de Lube Lubov, comeram uma grande sopa de folhas e carne de boi com *kashe* e vinho doce. Faltou o peixe.

Jorge, Liova e a feia

Se Joseph cheirava os vapores das oficinas, Jorge, o irmão do meio, ia todas as noites cheirar as coxas de Bùma, a muda, cozinheira da Casa das Meninas, bordel central da cidade. Mas tinha suas responsabilidades: pela manhã ajudava o rabino Pirov na sinagoga em troca do almoço. De tarde, vendia tecido de porta em porta, não só o do pai, mas também o que vinha do atacado. Com os ganhos, pôde vestir-se apropriadamente e passou a freqüentar as audições de discos no Hotel dos Estrangeiros. À noite, sonhava com árias operísticas misturadas aos cantos de sinagoga. No serviço de *shabat*, às sextas-feiras, dava canja no púlpito do templo, para irritação do cantor sacramental, o velho e rouco Slukh.

Era, contudo, a cozinheira do bordel que lhe corroía os sentidos. Apesar de recebê-lo no fogão, tratá-lo com todos os mimos e servir-lhe comida na boca, Bùma jamais se deitava com Jorge, obrigando-o a frustrantes fornicações com as *perdidas*, que desfilavam na sala de estar. Consumido pelo amor, pediu a muda em casamento, mas, como ela nada respondesse, caiu doente. Aconselhado por Pirov — que lhe conseguiu um salvo-conduto —, foi estudar numa escola de rabinos nos arredores de Moscou, para ser cantor de sinagoga.

Liova, o caçula, por sua vez, pouco descia a colina. Pela manhã, ajudava a mãe na horta. Almoçavam o que haviam colhido, mais uma galinha de caldo, ele, Esther-Rivka e a irmã, Haisura, a feia, que continuava a viver entocada numa cabana junto ao quintal e só saía do quarto para as refeições.

Depois do almoço Liova passava na casa do amigo Lube Lubov. Tomavam um copo de vinho e desciam para a cidade. Se tinham um dinheirinho, iam à Casa das Meninas ou ao clube Kartochka, mas quase nunca para jogar: a graça era ver o ricaço lituano Simeon Uger apostar alto.

Voltava à colina sempre antes do crepúsculo. Nessa hora Fruma acordava Esther-Rivka, que se levantava para o chá. Quando já fumegava o samovar de latão, ia até a porta e olhava o céu para ver como estava a noite. Pensava na aldeia. Voltava ao quarto, apanhava o pequeno lampião e ia à cozinha preparar a sopa. Às vezes Joseph estava e comiam todos. Se Joseph não estava, alguém levava a sopa no quarto para a feia comer.

Fanny explica

Mamáe chamava Ginda. Ela foi de família muito boa, de Lituânia. Papai foi de família boa, mas simples. *Mamáe* tinha pele e cabelos lindos.

Vovô e vovó eram *riligiosos*, mas papai *nón* gostava sinagoga. Ia por *obrigaçón*. Nossa casa em Jitomir era única que até em Yom Kippur, dia do *perdón* e do jejum, tinha fumaça de porco na chaminé. Vizinhos velhinhos *nón* podiam dormir.

Mamáe veio para Jitomir com primo Uger. Como ele era muito sábio e culto, *nón* queria trabalhar. Aí conheceu papai, e disse: "*Ieu* tenho dinheiro, você casa com Ginda e vem trabalhar". E deu própria casa para papai morar e fazer oficina.

Entón eles se casaram e papai fez gráfica, arranjou clientes e ficou industrial importante e rico.

O escalda-pés

"Vamos ver o rio", Esther-Rivka pediu a Joseph. Era a primeira vez que a viúva transpunha a praça e ia para o lado da floresta. E foram, e viram a água preta do rio e, no alto dum platô, um homem com uma mulher mais jovem. Ela tinha olhos opacos, boca e nariz miúdos, de coruja, pernas finas e cintura larga.

"Bons ovos", calculou Joseph.

Aproximaram-se. De perto ele notou o broche de besouro e ela reparou nos bigodes curvos, penteados à russa. Fizeram mesuras, menos Esther, cujos olhos, entrevados pelos panos do luto, formavam como dois nós.

"Yossif Pinkhasevitch Bloch, operador de prensa, aspirante a gráfico. Minha mãe, Esther-Rivka."

"Simeon Nicolietch Uger. Herdeiro. Minha prima, Ginda."

"Uger, do clube Kartochka?"

"O próprio."

Seguiram juntos a trilha do Parque Florestal.

"Herdeiro de que ramo, senhor Uger?"

"O mesmo de meu pai morto: leitura e baralho."

"Sentimos muito."

"Não sinta. Ele deixou renda. Ginda foi feita para dar filho. E eu para dar dote."

Conversaram o resto da tarde sobre generalidades. Dias depois, Joseph foi tomar chá na casa de Uger e ficou pela primeira vez a sós com Ginda, quando ela foi lhe mostrar o jardim-de-inverno da casa. Satisfeito, Uger chamou Joseph ao seu gabinete e Ginda se recolheu. Para a surpresa de Joseph, o criado anunciou a chegada de um tabelião, diante de quem Uger fez a proposta, lavrada imediatamente.

"Casem. Faz a tua oficina. Não quero nem pisar: só mando buscar o butim. Vou-me embora da casa, levo a mesa de feltro e fico com os mandriões, as vagabundas e os livros. Mas o que você está olhando? Vamos trabalhar!"

O casamento foi marcado. Jorge teve que voltar com urgência de Moscou. "No Bolshoi os lustres brilhavam tanto que tive que sair e voltar cinco vezes até me acostumar", disse ele, já formado cantor de sinagoga, empostando cada palavra como se fosse prece ou ópera. Se quisesse, faria carreira. Acabou convidado para ser o *chazan** das bodas de Joseph com a tal Ginda Yanovska.

Montada no platô do Parque Florestal, a tenda de núpcias atraiu figuras ilustres e outras nem tanto: um russo que comprava ouro, um advogado de Kiev e um estróina que não se sabia se era polonês ou alemão. Também compareceram ouvintes de discos do Hotel dos Estrangeiros, membros do clube de baralho, o chefe de polícia, o emissário do império, Ilitch Kolodub, uma senhora chinesa e até as moças da Casa das Meninas. Jorge foi a atração: conduziu sozinho as sete orações, fazendo o rabino Pirov chorar de emoção e o velho cantor, *chazan* Slukh, dispensado da cerimônia, chorar de raiva.

Consumadas as bodas, a família passou a ocupar o casarão de Uger, ao lado do bulevar dos Hebreus, num conforto que nunca tinha visto. Todos menos Liova, que preferiu o recolhimento no casebre, e Esther-Rivka, que já se acostumara à sua nova aldeota montanhesa e, contra a vontade de Joseph, decidiu ficar por lá, com a filha Fruma a zelar por ela. Até Haisura desceu, e ga-

---

* Cantor ritual.

nhou um quarto só para ela, com um espelho oblongo, presente de Joseph, para que se olhasse e, talvez, se arrumasse um pouco para viver em sociedade.

Um dia, a matriarca caiu de mau jeito no terreno acidentado da horta e fraturou um osso. Imediatamente, Joseph subiu a colina acompanhado de uma pequena caravana para levá-la. Liova tentou reagir, com gritos e mãos fechadas em punho. Brandiu um facão. Esther-Rivka chorou e, mesmo machucada, jogou-se no terreno, agarrou-se às raízes das hortaliças e comeu terra. Liova lançou o facão de cozinha na direção de Joseph, mas este não chegou a alcançar sequer a barra das suas calças. A mãe foi levada por um grupo de dez homens na própria poltrona em que passava as tardes. Fruma também se mudou. Antes de partir, Joseph renovou o convite para que Liova viesse morar com todos. Mas ele recusou.

Na carruagem, Rivka chorou aos gritos. Chorou mais um bocado ao deitar-se nos colchões e almofadas de pena de ganso oferecidos a ela no melhor quarto da nova casa. Chorou ainda um pouquinho quando o sono veio. E adormeceu. Quando acordou e viu que a casa ficava próxima a uma das franjas da mata, e ouviu sons de pássaros e insetos noturnos, e ruídos esparsos do fervilhar da praça, voltou a dormir até o dia seguinte e, pela primeira vez na vida, não sonhou com a aldeia.

Lá em cima, para aquietar o espírito, Liova dedicou-se a leituras de ocultismo e ao estudo de fascículos de invenções. Inspirado, retirava da gaveta papel e lápis e se punha a desenhar esquemas mecânicos imaginários na superfície de um pano, esboços de um grande cubo contendo engrenagens.

"É a máquina do mundo."

Exatos nove meses se passaram desde o casamento até que Joseph, numa noite fria, sentiu a cama molhada pela água que vazara de Ginda. Levantou-se dum salto e, a ponto de vomitar, enxugou-se. Fez bater o sino na soleira. Baruch, o empregado, não tardou.

"Traz o trenó."

Depois, correu ao quarto de Jorge.

"Vai com ela. Não posso."

E ficou, diante do fogo, com suas lembranças. Jorge foi com a cunhada e o criado Baruch no trenó, que deslizou sobre a neve até a margem do rio. Na

A oficina de Joseph Bloch em Jitomir, anexa à casa de Uger.

travessia, Ginda doía-se no fundo do barquete. Na casa da parteira, do outro lado do rio, foi instalada, agonizante, num quartinho de fundos. Só respirou melhor quando Jorge trouxe da cozinha compressas quentes. Por um momento, espichou os olhos à janela lateral e até viu o espelho negro, gelado, do rio Tetieriev estourar a luz da lua.

"É um anjo", disse a parteira Yana, sobre a abnegação de Jorge, que chorou (os olhos ternos fixos no ventre aberto de Ginda), e as lágrimas se confundiram com o suor — pois, além da nobreza de seus sentimentos, as coxas tremiam e do meio delas o membro pequeno mas duro florescia.

Fechou os olhos para livrar-se daquela perturbação, mas a imagem ressurgia, nítida: um pórtico dourado, onde ele entrava, primeiro o pombo, depois o corpo, a cabeça por último.

"Vou viver dentro dela."

Despertou do delírio com o grito agônico de Ginda, cujas dores voltavam mais fortes. "Não consegue soltar o ar", Yana avisou, e o cunhado pousou as mãos gordas sobre as da cunhada e fixou, nos olhos dela, os seus, pequeninos e redondos. O pulso voltou, as faces se coloriram, o ventre abriu e Jorge viu, incrédulo, o crânio de Mina, turvo. E, como uma raiz, o corpo.

Correu à cozinha. Com o que restou da água fervente, fez chá e cozinhou maçã com mel e canela. Tirou do bolso um livro de salmos, um lenço fino e um frasco de vinho. Lavou o rosto de Mina com o lenço embebido em chá e, enquanto lia, untou-lhe os lábios com vinho e calda de fruta, fazendo-a dormir.

Nos anos seguintes, viriam mais cinco moças: Sabina, Bertha, Zlata, Fanny e a menor, Bella, todas nascidas com assistência de Jorge e anuência de Joseph — que ficava em casa, olhando o fogo e torcendo para que nascesse logo o varão, para que tudo aquilo terminasse.

Jorge, ao contrário, amava o advento dos pequenos vermelhos. Quando estavam para nascer, era como um número de mágica. O que sairia dali? Ao rebentarem, batia palmas, ria, chorava. E fazia previsões: que Bella tinha alma de artista; que Zlata seria muito inteligente; que Sabina ia se casar cedo.

Foi só em 1903 que Bóris, o primeiro varão, deu o ar da graça. Dele, Jorge teve um mau pressentimento: "Esse me detesta desde o útero".

Três anos depois, veio Arnaldo. "Um menino fabuloso!"

Em 1907, Ginda emprenhou do nono. "Não vou ter", disse.

Joseph concordou: oito filhos em dezesseis anos estava bom. Ainda mais que, proporcionalmente ao crescente fértil, a oficina, no mesmo período, saltara de 2 mil para 25 mil rublos, dobrando o número de empregados e publicando reclames no anuário municipal.

Protetor dos partos, Jorge implorou pela nova vida, mas Ginda foi irredutível. "A parteira já prescreveu o escalda-pés." Pediu então para acompanhar a quarentena, e isso ela não podia lhe negar. Ficou dia e noite ao pé do leito, resignado. Mas, diante da bacia de zinco onde os pés de Ginda ferviam, evocou, em silêncio, salmos de louvor à existência.

As semanas passaram, e nada de o feto descer. Os meses seguiram, e Ginda só fez engordar. Até que Adolpho nasceu.

"Do tamanho de uma colher", notou Jorge.

"Uma colher", Ginda repetiu, apática, erguendo-o, e Jorge untou-lhe os lábios com a calda de compota que, ao contrário dos outros, o caçula cuspiu.

UMA DAS MAIORES GRÁFICAS DE JITOMIR
A V A P O R
**Litotipografia, Depósito de Papel
Uger & Bloch**
Rua Vilskaya, 1ª casa após a Sinagoga
Catálogos, tipologias, clichês de cartas,
etiquetas em diferentes modos de impressão
ESMERO, ÓTIMOS PRAZOS E PREÇOS INFERIORES
GARANTA JÁ SUA ENCOMENDA!

Anúncio da gráfica no anuário municipal em inícios dos anos 1900.

A notícia se espalhou entre vizinhos, na praça Sobornna e do outro lado do rio, onde já havia quem discutisse o tamanho da colher. Se era de chá, de sopa ou de panela. Dependendo, podia ser um bebê gigante ou um anão.

Só no fim da tarde o pai foi avisado. Dormia fundo na poltrona com uma sopeira sobre as pernas quando o fiel Baruch irrompeu.

"Yossif Petrovitch! Avram nasceu!"

Acordou dum susto.

"Quem é Avram?"

"Avram Yossievitch Bloch. Teu filho."

"Meu?"

Joseph olhou para a sopa. Com a colher, fez emergir a carne. Apertou o estômago para evitar o refluxo, e a sopeira espatifou-se no assoalho, manchando o tapete armênio.

Adolpho disse

Meu nome em russo era Avram, mas me chamavam também de *Abracha*, um diminutivo. Fui uma criança muito pequena. Metade da altura dos meus colegas. No recreio *ieles* me cercavam, apertavam os polegares contra os indicadores e gritavam: "Blokha!", que significa "pulga" em russo e também se parece com o sobrenome da família.

Tinha uma *cançón* com esse nome, muito popular, sobre um rei que se apaixona por uma pulga. *Entón* era como se *ieles* esmagassem com os dedos a pulga. E a pulga era *ieu*.

Depois os meninos saíam correndo, rindo, e *ieu* ficava no meio do pátio, sozinho.

Às vezes aparecia o Bóris, meu *irmón*, que, em vez de me consolar, falava, baixinho, para *ieu* nunca esquecer: "Dá graças a Deus de estar aqui. Era para você nem ter nascido".

Canção da pulga

Durante uma excursão pela Ucrânia no ano de 1913, o famoso baixo russo Féodor Chaliapin veio cantar em Jitomir e foi ponto alto dos festejos por ocasião da chegada à cidade do primeiro Ford-T, maravilha da indústria americana. Os Bloch foram em peso ao concerto — o mais importante na história da cidade — e ocuparam o principal camarote do teatro, junto com o emissário Kolodub. Aplaudido entusiasticamente depois de executar um *pot-pourri* de árias, Chaliapin encerrou a noite, como era esperado, com "Blokha" [A pulga], canção que era coqueluche nas capitais européias.

Musicada por Mussorgsky e inspirada em versos do Fausto de Goethe adaptados para o russo com tonalidade tragicômica, a canção dizia assim:

Zhil byl korol' kogda-to	O rei de uma terra eslava
Pri njom blokha zhila	tinha uma pulga
Milej rodnogo brata ona jemu byla	que ele muito amava
"Blokha?... Blokha!	"Uma pulga?... uma pulga!
Kha, kha, kha!"	Ha ha ha!"
Zovjot korol' portnogo	Um dia, chamou o costureiro:
"Haj ty, churban!	"Atenção, embusteiro!

dlja druga dorogogo	esta querida amiga minha
Sshej barkhatnyj kaftan!"	necessita terno e bainha"
"Blokhe kaftan? Kha kha!	"Terno e bainha? Ha ha!
Kha! Blokhe? Kha, kha!"	Uma pulguinha? Ha ha ha!"
Vot v zoloto i barkhat	Então num veludo dourado
Blokha narjazhena,	a pulga logo foi vestida
I polnaja svoboda	e em todo o reinado
jej pri dvore dana"	sua presença foi admitida
Korol' jej san ministra	Fizeram-na ministra
I s nim zvezdu dajot,	ofereceram-lhe medalha
Za neju i drugije	e deram honras de artista
poshli vse blokhi v khod	à sua família, que gentalha!
I samoj koroleve,	Agora a rainha
I frejlinam jeja,	a dama e o valete
Ot blokh ne stalo mochi,	passam maus bocados
e stalo i zhit'ja. Kha, kha!	enquanto a pulga se diverte
I tronut'-to bojatsja,	Têm medo de tocá-la
Ne to chtoby ikh bit'.	e decerto machucá-la
my, kto stal kusat'sja,	"Mas, se o rei cochilar,
Totchas davaj dushit	iremos esmagá-la!"
Kha kha kha kha kha!	Ha ha ha ha hahahahahha*

"A pulga" caíra no gosto dos súditos de Nicolau II não só por suas qualidades artísticas, mas porque o povo enxergava no patético rei da canção uma caricatura perfeita do czar. E ele ia mal: insultado por sua Alexandra (caída pelos encantos de Rasputin), perdera, num atentado, o seu homem forte Piotr Arkadevich Stolypin, morto por extremistas. E, com ele, o pouco que restava

---

* Tradução livre do autor a partir do inglês e do francês.

de seu poder de negociação política, numa Rússia onde os movimentos sociais cresciam.

Motivo de piada, Nicolau segurava as pontas anunciando colossos tecnológicos, como os primeiros aviões russos a sobrevoarem os céus do mundo, ou a importação maciça dos Ford-T — os carros a explosão importados da América deslizavam por São Petersburgo, humilhando as carruagens, fazendo ranger os trilhos e assustando os cavalos.

Até que, numa manhã, desfilaria pela majestosa Nievsky Praspect, cortando a cidade de Pedro de ponta a ponta e causando alvoroço, uma caravana desses novos símbolos do capitalismo, exibindo, nas laterais, cartazes da primeira edição do *Pravda*, com a palavra de seu líder e fundador, Vladimir Ilitch Ulianov, Lênin.

Aristocrático, Joseph esnobou os automóveis e preferiu continuar gozando do conforto das carruagens. Fizera fortuna, enchendo de alegria o senhor Uger, e a casa, de prataria e cristal. Passou a vestir-se de acordo com as normas russas e francesas, e o trato social lhe rendeu encomendas da municipalidade a preço de custo, mas politicamente valiosas: nem mesmo uma cidade como Jitomir estava livre de possíveis ataques a mando de Nicolau.

O gráfico vivia obcecado por inovações. Com fornecedores persas obteve um papel oleoso para invólucros em duas cores, amados por fabricantes de balas e doces que seguiam a moda das *bombonnières* francesas e vinham de outros países procurar o artigo.

Logo aprenderia a usar o dinheiro também para mexer com a vida dos outros e expiar suas culpas e traumas: Haisura mantinha-se encerrada, saindo de casa apenas em certas madrugadas frias e brumosas, envolta numa combinação rendada, pelas vielas vazias. Era vista ao acaso, com temor e fascínio. Ou por uns poucos que, mórbidos ou curiosos, seguiam-na.

"Aquilo."

Um era o poeta Uri Wull, que, ao ousar espreitá-la na intimidade do espelho oblongo, por uma fresta da janela do quarto, compôs uma ode.

À luz de duas velas
Haisura vê
o que a face do espelho revela:

o queixo é um queijo
as orelhas, fornalhas
o nariz, uma calha.

O olho, de esguelha
no espelho derrama
uma lágrima de lama

no espelho, quando ela ri,
os lábios se curvam
e somem em si

no espelho, entre coxas
um novelo cinzento
envolve as peles roxas.

Distribuído pelas tavernas e entre os humildes, o poema de Uri Wull alcançou popularidade, bem como os rumores que, por causa de sua arte, passaram a circular sobre a irmã de Joseph, expedidos imediatamente ao emissário Kolodub, num relatório do chefe da guarda: "Mais horrível entre as mulheres da Rússia, da Europa, do mundo e do além-mundo, Haisura é mais feia que a própria feiúra".

Balzaquiana ao avesso, atingira, aos trinta, o cume. Isso desafiava o espírito do irmão Joseph, que, decidido a arranjar-lhe casamento, fez as honras de esposo recaírem, justa ou injustamente, sobre o poeta — que, descobriu-se, era filho do chapeleiro Oren Wull, cliente falido que devia a Joseph uma pequena fortuna.

"Teu filho fez de minha irmã uma figura de circo e ganhou fama. Se ela é a musa, então merece a contrapartida."

Condenado a desposar a feia em troca da dívida, Uri, em nome do pai, cumpriu seus deveres e, assim que ela engravidou, fugiu para São Petersburgo, onde assumiu um cargo comissionado de vigia do acervo de armas do palácio de Hermitage.

Filho da feia com o fujão, Bernardo nasceu com cinco quilos e teve coreto na praça Sobornna para celebrar a circuncisão.

"Você é menor que o peru dele", Bóris fez questão de salientar no ouvido de Adolpho, que, como todos os presentes, olhava assombrado o enorme prepúcio do bebê espraiar-se na mão do rabino, como uma folha de repolho roxo.

O incrível Bernardo cresceu rápido e logo já superava Adolpho: às vésperas de completar cinco anos, o caçula de Joseph era uma das menores criaturas da cidade.

Por isso, quando veio o aniversário, ao vê-lo triste tio Jorge teve a idéia do circo. A Adolpho seria consignado o número final — "Abracha, o viking" —, que, mesmo pequeno, era capaz de levantar uma rocha, ainda que confeccionada com papelão industrial. Tudo feito com autorização do emissário Kolodub, o picadeiro foi armado na praça e os ingressos vendidos na vizinhança pelos meninos.

Joseph, o último a saber, recebeu o convite impresso na sua própria oficina em alto-relevo.

"VENHA ASSISTIR AO CIRCO DOS PEQUENOS IRMÃOS. DIA 5 DE JULHO,
NO TABLADO DA PRAÇA, ÀS TRÊS HORAS."

Eminência circense, Jorge vestiu smoking. Ginda usou broche de vagalume. Fruma trajou um longo cor de vinho. No alto do coreto Jorge ergueu a batuta. Os tambores rufaram e Bóris, mestre-de-cerimônias, anunciou a primeira atração num cone metálico:

"O CIRCO MONUMENTAL DOS PEQUENOS IRMÃOS APRESENTA...
ARNALDO E O URSO ABDON, DA SIBÉRIA"

Arnaldo entrou com o filhote enganchado no braço. Giraram como nas danças de casamento até o bicho, sonolento, tombar. Para abafar a vaia, Jorge puxou uma fanfarra e o funcionário do zoológico (pago para embriagá-lo) veio resgatar a besta. Sem dar tempo à indignação, Bóris anunciou o número seguinte:

"BELLA, A BAILARINA QUE FEZ TREMER O BOLSHOI!"

A orquestra foi de valsa, mas a bailarina foi de tarantela. Bóris tentou expulsá-la, correndo-lhe atrás, mas Bella rebelou-se, e os músicos, inspirados pela confusão, encaixaram uma passagem moderna, de um tal Shünberg, alemão, que soava em desafino. A platéia aplaudiu, achando-se diante de uma revolução artística. Bella agradeceu com mesuras. Nos bastidores, "Abracha, o viking" se impacientava. Em seu encalço, Bernardo, desprovido de um número, resolveu atropelar: sem calças invadiu o picadeiro e escandalizou a audiência. Possesso, Adolpho recuou, mirou e saiu em disparada. Quando estava a um metro de distância de Bernardo, lançou-se, como um homem-bala, direto à espinha do primo, que, no dia seguinte, acordou mais baixo, com uma corcunda no ombro esquerdo que o acompanharia pelo resto da vida.

A amiga da filha

Adolpho espichou e virou um menino de estatura normal, ao passo que Bernardo foi ficando cada vez mais curvado. Tio Jorge vivia dizendo que, quando Abracha fizesse treze anos, ia levá-lo à Casa das Meninas (na rua das Maravilhas), mas Adolpho magoava-se com esses assuntos.

"Meu pai, quando passa por lá, cobre o rosto."

Apesar disso, surpreendera o pai numa carruagem com uma moça que podia ser sua irmã. Era quase isso: colega de Mina no Ginásio das Moças, Vera Módena mal completara os dezesseis anos.

Todos os sábados amenos, Mina e Vera saíam para caminhar até o Parque Florestal. Joseph notou-a numa dessas manhãs, na soleira da porta, à espera da filha. Fazia a leitura matinal quando avistou seu perfil, semi-oculto pela luz da manhã. Tinha pele de princesa russa, postura altiva e corpo de mulher.

Mina saiu com pressa do quarto, deu bom-dia, atravessou a sala e partiu com a amiga.

Joseph foi ao espelho da ante-sala pentear o cabelo e o bigode.

"Vou comprar fumo", avisou ao criado.

Em poucos minutos atingiu uma distância segura. Na entrada do Parque Florestal, tomou um atalho a fim de cruzar a trajetória das duas na alameda principal. Ao vê-las, aproximou-se e estendeu o braço.

"Yossif Petrovitch Bloch."
"Vera Vassilievna Módena."

Caminharam, Joseph entre as duas, sussurrando no ouvido de Vera. A russa sorria sem encará-lo e suspirava pela gravidade do homem grisalho de olhos injetados, cheirando a ouro. Mina mantinha os olhos na terra, chutando pequenas sementes e esfregando na mão uma flor que manchava a palma, atenta à respiração do pai, aos passos lentos de Vera, e às coxas que se esbarravam.

No meio da tarde fizeram uma pausa perto do platô do parque, o mesmo onde Joseph e Ginda se conheceram, e onde havia um quiosque de bebidas.

"Vai me buscar um refresco, Mina."

Quando voltou do quiosque, Mina enxergou-os distantes, rumo às trilhas. As horas passaram. Pensou em ir procurá-los, mas uma apatia impediu que se movesse. Só horas depois, já no crepúsculo, quando correntes tardias de frio castigavam os seus ossos, notou o vulto dos dois emergir das árvores.

Joseph, gráfico de Jitomir.

Aproximaram-se, aquecidos, vaporosos. Tinham os rostos vermelhos, desordem nos cabelos, roupas sujas de terra. Os olhos de Joseph exigiam silêncio. Os de Vera fugiam. Soprava um vento doce e o aroma das flores novas misturou-se ao cheiro forte, ácido, que vinha do pai e da amiga.

Vera afastou-se e foi até a margem do rio, onde havia um pequeno barco ancorado. Encheu as mãos de água e, com as saias puxadas, enxaguou, com força, as partes.

O casamento de Mina

Na semana seguinte Joseph partiu para Lodz, cidade industrial na Polônia, a negócios. A viagem se estendeu por meses, terminando num grande hotel-cassino em Baden-Baden. Imersos em águas medicinais que outrora cozinharam bundas romanas, Joseph Bloch e Vera Módena viveram os grandes dias de suas vidas. Dali seguiram para a lendária Carlsbad, na República Tcheca, cujas termas foram freqüentadas por Goethe, Chopin, Eduardo VII e o próprio czar Nicolau II.

Quando voltou, Ginda já estava instalada num quarto próprio. Joseph não contestou. Em vez disso, aproveitou para redecorar seu próprio quarto. Mas cuidou de desviar as atenções e expiar as responsabilidades. Sabendo-se culpado da doença de nervos que recentemente acometera Mina — dada a sumiços repentinos, quando saía para beber com artistas —, decidiu que era hora de arranjar marido também para ela, a mais velha.

O candidato era um certo Auffsey, filho de um fabricante de tijolos.

"Vou lhe avisando: minha filha é louca", Joseph advertiu ao pai do noivo, que trazia ótimo dote.

No dia do casamento, realizado no platô do Parque Florestal, a noiva saiu da mata descalça, com os cabelos soltos, vestida com um emaranhado de xales, provocando estupor só abafado pela música. Avançou, contrapondo ao ritmo acelerado uns passos de pelicano. Sob a tenda branca, o rabino e o cantor batiam palmas e gritavam nos tempos fortes.

O rabino Pirov pediu silêncio com uma voz firme e apaziguadora e, depois das sete orações, caprichou no sermão.

"Essa união é como um daqueles mistérios profundos, como nossa sobrevivência sob fogo e tirania, nossa força que emerge das aldeias, nosso riso que desponta na tragédia."

Joseph, que sabia estar presente o emissário do império, Ivy Kolodub, fez sinal para o rabino encerrar logo a fala, antes que o discurso rumasse para uma afronta ao czar.

Preocupado, Auffsey, em vez de esmagar o cristal como deveria, pisou em falso, fazendo o copo escapulir e, como um projétil, chocar-se justamente contra a canela do emissário.

Sem a compreensão objetiva do fiasco, as crianças caíram num riso desavergonhado, que levou os adultos a aderirem à desonra. Pirov viu a chance de abafar o escândalo com o chamamento da alegria.

"*Mazel tov!*"

"*Mazel tov!*", respondeu a congregação, e o conjunto retomou a música com vigor. Mina avançou entre os convidados, agarrando pela cintura e enlaçando com seus xales rapazes e senhores idosos. Um grupo de estudantes liberais e de velhos festeiros formou, na contracorrente, fileiras dançantes, acompanhando a roda e atraindo os menos temerosos.

Mina girava como dínamo, a ponta dos xales criando um anel em torno do corpo, enquanto um grupo de amigos erguia o noivo numa cadeira e o gramado era tomado pela festa.

Nos compassos finais, Mina levantou os braços, ergueu a cabeça e, com um urro ao céu, fez a música parar. Da roda mais próxima um grupo de mulheres trouxe outra cadeira, onde foi erguida. Os rapazes fizeram o mesmo com Auffsey, até as cadeiras se aproximarem o suficiente para o beijo.

Mas, em vez do beijo, algo foi direto sobre a testa do noivo e escorreu até lhe cobrir os olhos. Algo esbranquiçado e opaco. Como uma ostra. Auffsey perdeu o equilíbrio e caiu desfalecido, os olhos untados de escarro, e foi parar na enfermaria municipal, onde encontrou o emissário do czar com uma tala na canela atingida pelo copo sacramental.

O rio Tetieriev.

A visita do coronel

Num fim de tarde de 1913 Liova — que estava em idade de ser convocado para o serviço militar, de dois anos de duração, e não tinha nenhuma intenção de ir à guerra — terminou a construção da sua "máquina do mundo".

Metido num nicho dentro do engenho em forma de cubo, o inventor deu o comando de "acionar", e o fiel Lube Lubov puxou a alavanca. O apito soou no alto da Colina Sul como buzina de navio, dizem que ouvida até nas cercanias de Kiev, e soprou um gás azul e luminoso com cheiro de mato.

Dentro do cubo, descargas de luz rompiam o breu ao projetar, nas paredes, os movimentos de uma bola de ferro pendular crivada de relevos, que, ao ranger da engrenagem, "falava" a língua da história.

Quando, horas depois, saiu do cubo, Liova tinha os cabelos arrepiados e tingidos. Cambaleante, cumprimentou o amigo e desceu a colina, indo parar à porta do irmão Joseph.

"Eu vi."

"Viu o quê?"

"Os humildes vão arrancar o seu escalpo."

"Você está doente?"

"Doente está você. Eu vi a luz."

"Então vai embora com a sua luz."

"Vou."

E foi. Nos meses seguintes, cruzou fronteiras em busca de um porto que o levasse para além da linha do meio do mundo.

Um ano depois, o império arrasado já contava 1,5 milhão de mortos na guerra. No campo enfrentava insatisfação, e nas repúblicas como a Ucrânia, a fúria nacionalista. Nas fábricas e praças não se via tamanha pressão desde o Domingo Sangrento, quando o czar mandou atirar no povo que só lhe pedia proteção com hinos e homenagens.

No caminho das tropas, as aldeias ficaram à mercê dos soldados e mercenários que, em busca de comida e ouro, saqueavam os mais humildes e violavam suas mulheres.

Assoberbado de trabalho, Joseph desdenhava a marcha do tempo e mantinha inabalada a fé no czar. Planejava até expandir os negócios para a capital. Já pedira licença para a mudança e dera entrada num apartamento em edifício de seis andares da primeira leva de palacetes de condomínio em Kiev.

Maravilhado com os prospectos que chegavam ao escritório, decidiu enfim comprar um carro e escolheu um modelo da segunda geração dos Ford-T, só vendido na capital. Para a tarefa mandou Jorge, que tinha salvo-conduto para viajar, confiando-lhe um cheque para a aquisição e outro para as despesas de viagem.

À espera, sonhava com o bólido americano. "Olhem. É Joseph, o judeu", diria o emissário Kolodub. E a nave singrava em sonho as águas do rio, deslizava a um palmo da superfície fazendo as folhas voarem e dançarem, transpunha os Cárpatos, sobrevoava estreitos e mares até alcançar o Atlântico, girava mundo, portos e estradas, céus e mares, rios, lavouras e palácios!

Um mês depois Jorge voltou sem carro e sem cheque, mas trouxe Taibe, uma estudante de música, e o contrato matrimonial assinado. No vagão de cargas, no lugar do carro, um piano de cauda, que foi inaugurado no coreto da praça Sobornna em comemoração ao casamento e à gravidez de Taibe.

"Vai ser menino e se chamar Pedro."

De Petersburgo chegaram, mais ou menos nessa época, notícias escalafobéticas: passados quatro anos do abandono do lar, o poeta Uri Wull fora preso num subúrbio ermo, alvejando corvos com uma arma raríssima (outrora capturada pelos russos à Grande Armada Napoleônica) que surrupiara do acervo que estava a seus cuidados. Escapara por pouco da execução. Deportado para Jitomir, foi constrangido pelo cunhado Joseph e pelo chapeleiro, seu pai, a retomar o compromisso com a mulher.

Pensou até em se ajeitar, honrar o filho que não vira nascer. Mas era poeta, e, por sê-lo, fora condenado a deitar-se com a feia. Não era justo ter que passar de novo pelos braços de Haisura.

Não de novo aquela noite de desjejum, quando ela ficara bem duas horas na banheira. Pediu a Ginda que lhe arranjasse um vestido floral (ela só se vestia de panos). Forçou os cabelos com grampos até que parecessem lisos e cobriu meia cabeça com um lenço. Tratou do rosto, espalhando creme pelas faces. Contornou os olhos com um lápis, dando ênfase ao que ali não havia. No espelho, teve medo. Mas aprumou-se e foi à sala, onde adultos avançavam na mesa e crianças mendigavam os nacos dos afoitos.

Uri até conseguira enxergá-la como mulher, efeito da meia-luz, e também de algo que ela lhe oferecera, erva e álcool de alto grau. Da mesa vinham, num contínuo esganiçado, os ruídos de facas, pratos e mandíbulas arfantes. Ele já estava mais para lá do que para cá quando a feia deu a ordem, de modo que as palavras chegaram estilhaçadas aos seus ouvidos:

que-brar-o-meu-je-jum

Sugado para o quarto, ele viu, antes de a porta se fechar, o entorno da mesa lá no fundo, só um ponto, e no escuro ouviu o sopro da palavra assombrada.

aquilo

Não, não passaria de novo pelos braços da feia. Enveredou então como um condenado pelo Parque Florestal, seguiu a trilha do rio até amanhecer, quando avistou um pescador que margeava.

"O senhor sabe onde se acha um posto de alistamento?"

O homem interrompeu a remaria, limpou o suor da testa e apontou para os subúrbios.

"Num distrito próximo, descendo o rio, metade de um dia a pé."

Seguiu caminho. O pescador destravou o barco, que deslizou corrente abaixo. "Não quer que eu o leve?"

"Não. Preciso ir logo."

"De barco vai mais rápido. Qual o problema? O senhor é algum assassino?"

"Pior que isso."

"Pior não pode ser. Suba. Não sou o barqueiro da morte."

"Se não é, então não me interessa."

E caminhou até dar com o posto, onde pernoitou e de onde, no dia seguinte, integrado ao contingente que lutava contra a Alemanha, tomou o trem para o inferno.

No front, 2 milhões de russos caíam diante da Alemanha. No campo e nas cidades o grito dos humilhados animava a Revolução. Nas aldeias, o sanguinário general Petliúra — agente duplo dos nacionalistas e dos poloneses — espalhava terror em ataques mais violentos que os *pogroms*, e havia rumores de que dessa vez as elites não seriam poupadas. Não sem uma prévia negociação.

Foi sem aviso que Joseph recebeu a visita do coronel Abu-Haman, a quem ofereceu chá, peixe defumado e vinho. "Envie minhas recomendações ao general Petliúra", disse, com os olhos tão úmidos que o homem não soube se eram de medo ou admiração.

"As recomendações quem faz aqui não é o senhor."

Joseph leu e assinou a ordem para imprimir graciosamente cartazes de campanha, recebendo em troca a garantia de que a casa e a oficina seriam poupadas. Encomendou o trabalho, escondeu as reservas de ouro sob tábuas e foi dormir. No dia seguinte, quando Joseph já estava no trabalho, e em total desrespeito ao acordo, os homens de Abu-Haman bateram à porta de Ginda exigindo ouro.

Adolpho e o ar

Os cossacos queriam matar. Este *iera* o lema deles. Tinha só nove anos quando arrombaram a porta, desembainharam sabres e pediram ouro. *Mamáe* enfrentou o chefe: *"Nón* tenho ouro, só esse saquinho de veludo com jóias do casamento". No alto da escada *ieu* assistia tudo. Prendi a *respiraçón*, fechei os olhos e pensei: se faltasse o ar durante noventa segundos, *ieles* morreriam. Mas aí todos nós morreríamos também. *Entón* imaginei o *alçapón* abrindo no piso e os cossacos, engolidos, sufocados lá embaixo. Assim *ieu* delirei sem ar até que tossi e o chefe da tropa me viu no alto da escada. "Se for mentira, é o menino que paga", *iele* disse, e reviraram toda a casa, encheram sacas com prata, tecido, comida, mas *nón* encontraram o ouro e viram que *mamáe* falava a verdade. Meu pai tinha saído para trabalhar. Fruma estava no mercado. Haisura, enfurnada. Meus *irmóns* e irmãs estavam na escola, e o criado, na rua. Com aquele saquinho de veludo, ela nos salvou.

Por isso *ieu* digo: o representante de Deus no universo é o ar. A Bíblia diz que *iele* soprou. No mar e no espaço, a criatura tem que usar oxigênio. Dois minutos sem ar e *nón* haveria mais nada. É uma verdade. Sem ar *nón* existe vida nem liberdade.

No dia seguinte papai decidiu antecipar a mudança para Kiev, que *iera* um plano dele. Jitomir estava sitiada e *iele* mandou o criado Baruch ao entroncamento ferroviário, para espiar os combates. Arrumamos todas as coisas em dois dias.

Numa manhã Baruch voltou dizendo que o céu estava limpo e que a guerra havia diminuído por causa do frio. Tínhamos que partir na primeira madrugada. Foi quando Haisura desapareceu e Bernardo Peru subiu na macieira. *Nón* queria ir embora sem a *máe,* e tanto gritou que caiu da árvore e foi parar no hospital, onde o médico tinha notícias ruins: "Se o menino pegar o trem desse jeito, nunca mais endireita".

Entón Ginda teve uma idéia: levou bolo de nozes que Fruma fez, e vinho, para a enfermeira e *iela* foi beber e foder com o doutor. Baruch resgatou o Bernardo.

Pegamos sete dias de trem. As linhas estavam embaralhadas por causa dos soldados que iam e vinham. Bernardo gemeu de dor os sete dias.

Quando partimos, *mamáe* tinha os cabelos muito pretos mas no sétimo dia eles estavam brancos como bétula.

Ginda, em Kiev.

O corvo

As ferragens rugem. Acordo de um sono profundo, de sonhos horríveis. Na cama de baixo do trem, a velha ronca. Em cima, a menina move as pernas alternadamente. Tem a cara de um autômato. Pela janela, a luz do dia quer entrar. A expressão da menina me trouxe de volta o pesadelo de agora há pouco, um sonho dentro do sonho. Eu era Joseph, que sonhava que ia do outro lado do rio. Após vencer o matagal, dava no fundo de um casebre, onde uma criança banhava os pés. Tinha os olhos sem vida. A boca era um traço reto numa pele murcha e esverdeada. Na pele de Joseph corri por três horas, não sei se eram as horas do sonho ou as horas do sonhador, até que meu corpo foi colhido por um poço de lama e folhas e sugado pelo rio.

Amanheceu. O trem parte de novo. Num pulo desço do beliche e volto ao meu posto avançado, o corredor, o nariz na janela, que ficou morna do sol de outono. Na paisagem contemporânea, visões antigas habitam as estepes: quintais com gansos, cachorros, cavalos magros, antigas fazendolas, velhas mulheres comerciando grãos no chão de terra, a implorar. Não é um sonho: o casebre numa aldeia devastada, com o trigal cercado de pássaros negros relutantes. À guisa de espantalho, um corvo espetado em sucata de telefone. O disco serve de suporte para o corpo, a haste amarrada à cerca e cravada nas costas, num ponto cuidadosamente estudado para provocar morte lenta, daí gritar tanto o moribundo — e os outros, à cata de comida, desviarem da lavoura. É quando o homem em forma de arco vem inspecionar nossa cabine. Ao me ver se atém e aponta o dedo comprido para atrás de um maciço florestal.

"*Ukraína!*"

Corvo espetado em disco de telefone: espantalho à moda ucraniana.

O povo

Na contramão da história, Joseph preocupa-se em enfeitar o apartamento na rua Pushkinskaya, centro de Kiev, para onde se mudaram todos, com as pratas de sempre expostas pela casa, e o ouro, nas portentosas casas bancárias da cidade. "Na capital, estamos protegidos."

As crianças correm pelos novos domínios. Parece que tudo vai se ajeitar. Joseph aluga dois quiosques numa praça movimentada, onde vende programas de teatro impressos na nova oficina.

Jorge prefere se instalar na zona rural. Aluga uma casinha num terreno elevado, quintal de macieiras, com o filho Pedro, de dois anos, Taibe, grávida do segundo (Jayme), e Bernardo Peru, aos cuidados de Fruma, que também foi morar com eles.

Conhecedor de tecidos, Jorge faz amizade com a comuna da ladeira — artesãos que, sabendo-o bom homem, o aconselham a proteger seus valores contra o movimento social crescente. Com a ajuda de mais uns braços, ele cava, então, uma vala próxima à macieira maior, no centro do jardim, onde faz baixar uma arca com o que tem de moedas e barrotes de valor.

Quando estouram os movimentos de março de 1917, Jorge, apesar de dotado de consciência popular, dá graças a Deus por ter enterrado a arca, mesmo que não saiba muito bem quando é que poderá usufruir de novo da pouca riqueza. Joseph, o sonhador, por sua vez, aposta que os realistas vão massacrar os revolucionários, e que o liberal Kerenski triunfará. Sente-se importante ao receber encomendas para imprimir cédulas da nova moeda e até posa para fotografias ao lado dos funcionários do Tesouro, quando eles vêm cobrar o primeiro lote.

"Os brancos vão prevalecer!"

Mas outubro chega, e a família real é assassinada. A sombra vermelha paira sobre as elites industriais. Atônito, Joseph vê até os seus patrícios, a grande maioria pobre, aderir à Revolução. Antes, diante do czar, ele era o judeu. Agora, no caminho do povo, era o vil burguês a ser varrido da história.

Depois de mil anos sob domínio estrangeiro, a Ucrânia declara-se, enfim, República Nacional, e resiste aos vermelhos. Os bolcheviques estabelecem um congresso rival, e a guerra civil se instala. Anarquia: o poder troca de mãos cinco vezes num mesmo ano.

Em dezembro de 1918, a gráfica é desapropriada e os quiosques interditados, passando a distribuir só propaganda do regime. O ouro guardado nos bancos é bloqueado pelo Tesouro.

Em fevereiro seguinte, no mais frio dos invernos, os Bloch são desalojados do apartamento e têm que se mudar para uma casa modesta no subúrbio.

Joseph, Ginda, as seis filhas, Adolpho (à frente) e Arnaldo, em Kiev, por volta de 1918, com soldados alemães amistosos, após terem perdido todas as posses.

72

Adolpho em Kiev

A vida me ensinou a enganar a fome com uma cenoura, um copo de água, um pedaço de *pón*. Ensinou também que se pode enganar uma mulher. Mas uma coisa *nón* se pode enganar: o frio. É impossível. Ele penetra. Naquele ano nós éramos doze num quarto pequeno com *calefaçón* de cozinha. O calor dos corpos foi a nossa *salvaçón*. Duas das minhas irmãs já estavam casadas: Bertha, com um *alemón*. E Mina, com o Auffsey. A principal atividade dele era jogar baralho numa taverna em Kiev. Uma vez os comissários do povo entraram de surpresa e gritaram "*móns* ao alto"! Quando *iele* levantou os braços, voaram dez cartas. Juro pela minha morta *máe*.

Em frente ao nosso apartamento funcionava a Cruz Vermelha americana, liderada por Herbert Hoover, primeiro americano que conheci. Faltava tudo na cidade, e a gente via milhares de pessoas na fila sendo atendidas pessoalmente pelo futuro presidente dos Estados Unidos.

Tudo agora pertencia ao Estado, e quem *nón* quisesse esperar por um milagre tinha que trabalhar. Com dez anos arranjei emprego num escritório. Tinha direito a um *cupón* para comprar comida. Sentia como se *ieu* fosse um dos personagens do palhaço Duróv, que íamos assistir com meu pai: os ratinhos brancos apanhavam seus *cupóns*, faziam fila, recebiam uma cestinha e levavam na boca para um enorme gato. Se *nón* houvesse pelo menos um *grón*, o gato levava o ratinho para uma cela — pois se tratava de um burguês explorando o proletariado.

O público gritava: "O que é teu é meu! O que é meu é teu!". *Ieu* e meu *irmón* Arnaldo ríamos, mas papai olhava feio: "Vocês *nón* percebem? Os ratinhos somos nós!".

Tinha também o número do cachorro que ia buscar comida e voltava trazendo só o *cupón* como suvenir. Diziam que os comissários do povo tinham prioridade nas filas. A gente acordava no meio da noite para ir ao armazém e quando chegava já *nón* havia nada.

A gente tinha um cachorro, Polkan, que vivia escondido: se os comissários descobrissem, podiam dizer que estávamos alimentando o bicho com dinheiro do povo. Mas Polkan era boa-praça e com ele *ieu* repartia, todos os dias, meu prato de comida. Assim começou a igualdade russa.

Às vésperas da Páscoa em Kiev, minhas irmãs Bella, Sabina e Fanny foram requisitadas para limpar as calçadas do Bibikovsky Búlvar, o principal eixo da cidade. Arnaldo e *ieu* fomos ajudar, e o *mutirón* foi uma alegria. Tudo tinha aspecto de aventura e adoramos fazer a faxina do povo. Tudo era história e nós sabíamos disso.

Tio Jorge foi nomeado apontador numa fábrica de tecidos. Era *tón* experiente que podia adivinhar o comprimento de pano pela espessura do rolo fechado. Era um trabalho delicado: se apontasse roubo, era traidor de companheiro. Se *nón* apontasse, era traidor do regime.

À noite todos ficavam em volta do samovar. Num canto, o *pilón* de ouro, que conseguimos proteger. Tinha sempre água quente para o copo de chá, mesmo quando o chá era de casca de laranja e a comida, uma sopa de batatas com *pón*.

Uger estava conosco. Outra figura era o limpador de chaminés, Heifetz, que era tio do violinista famoso. Nunca vi ele limpar uma chaminé. Ele contava histórias dos nossos patrícios que emigravam para a América e enriqueciam. Os olhos de papai brilhavam: seu sonho era ir para lá.

No inverno fui com Arnaldo espiar a gráfica, que estava interditada. Usamos um *trenó* improvisado com ferro velho para chegar com neve alta. Levamos uma pá e uma lima afiada para remover a grade rente ao *chón*, que dava para o depósito no subsolo. Mais magro, desci, e lá de baixo passei a ele tudo que encontrei, matéria-prima, papel, chumbo, cinzeiros, copos, roupas, estofados, o que coubesse no *trenó*.

Recolocamos as barras de um jeito que pudéssemos tirar de novo. E, com esse truque, fomos muitas vezes à feira do 4º Búlvar, onde tudo era moeda e se trocavam pianos, objetos de arte, tapetes por comida. Vi meus professores da escola comercial trocarem suas bibliotecas por *pón* de centeio.

Em 1920, houve na Rússia vinte *revoluçóns*. E vinte governos. Para quem ainda era moço como nós era divertido ver as mudanças de cores das *facçóns* no alto da Duma. Mas tínhamos medo dos *avións* cruzando o céu. *Ieu* vi a cavalaria do marechal Pidulsky e do general Weygand invadir a capital. Vi Trotsky dar porrada neles. *Ieu* vi tudo. Uma vez estourou uma *rebelión-relâmpago*. Com os sabres os cossacos passaram e deceparam uma cabeça que caiu em pé e ainda falou alguma coisa, mas *nón* me lembro o quê. Juro pela minha morta *máe*.

Adolpho e Arnaldo em Kiev, fantasiados de cossacos.

Enquanto isso, no front...

Longe de Kiev, perto da fronteira com a Hungria, a frente alemã está de sobreaviso por causa dos movimentos estranhos do outro lado do front, onde acampa o destacamento russo, invisível no crepúsculo.

Um homem trôpego é avistado carregando um pano branco. Confuso, um batedor alemão volta para consultar o comandante, que marcha ao encontro do desertor russo.

"Qual o seu nome?"

"Uri Wull. Poeta. Às ordens, *mein kapitan*."

Os russos enviam um oficial para ver o que há, e os comandantes conversam longamente. Ao anoitecer, ambas as partes já estão entrando num acordo para recuo total das tropas.

Entregue aos alemães, Uri encontra a paz.

Duas semanas mais tarde, em 3 de março de 1919, Rússia e Alemanha assinam o tratado de Brest-Litovski, selando o armistício.

Fanny e a "reluçón"

Sabe aquele artista da *televisón* que tem filha também atriz? Jonas? Débora? Ele é neto de titio Liova, *irmón* de Joseph. Liova viu que *reluçón* vinha, tinha idade para ser soldado, e *entón* o que ele fez? Fugiu para a Bahia! No Brasil fez vida. Casou duas vezes, teve quatro crianças, a mais nova chamava Paulina.

Quando veio *reluçón* papai começou pensar que Liova estava certo, porque *pressón* em Kiev ficou grande e gente podia morrer quando vieram bolcheviques na gráfica. Uma pessoa entrava e falava com operários. Muitos *nón* voltavam mais para casa. Papai, que era *patrón*, *nón* podia saber nada que eles conversavam.

"Como seu dono trata vocês?", perguntaram bolcheviques. E papai se salvou porque operários disseram que ele era muito *bóm*, nenhuma palavra disseram contra ele.

Papai queria mesmo ir para Estados Unidos. Fazer América. Mas só para Brasil tinha documentos e dinheiro. *Entón* mandou carta para Bahia pedindo socorro e Liova respondeu: "Você quando chegar aqui *nón* pode fazer gráfica, *nón* têm máquinas. Vou arranjar tecido, vocês *vón* vender".

Mas papai, que era homem *gurgulhoso*, *nón* quis saber: "*Ieu*, tecido? Nunca na vida! Vou morrer de fome mas *nón* vou trabalhar tecido! Vou fazer dinheiro e comprar tecido para dar de presente para minha mulher e minhas filhas!".

Zlata, Sabina, Mina, Fanny e Bella em Kiev.

Carta a Salvador

"Irmão querido do coração. Faz dois anos que a litotipografia e os quiosques foram nacionalizados. Ficamos sem negócio e já gastamos tudo que tínhamos. A carestia é grande.

Estarias em condição de trazer-nos oficialmente para o Brasil?

Eu, Ginda e os oito filhos, pois Bertha vai ficar, casou com um alemão.

Há também nosso irmão Jorge, com mulher e dois filhos, além de nossa velha mãe e o pequeno Bernardo.

Precisamos de passagens, documentos e MUITO DINHEIRO. Somos obreiros e honestos. Chegando, pegaremos no trabalho e devolveremos os gastos com juros e agradecimentos.

Você deve ficar feliz de estarmos vivos, e ter a máxima satisfação de poder nos salvar! Aguardo com o coração sangrando o reencontro, quando poderemos todos nos beijar."

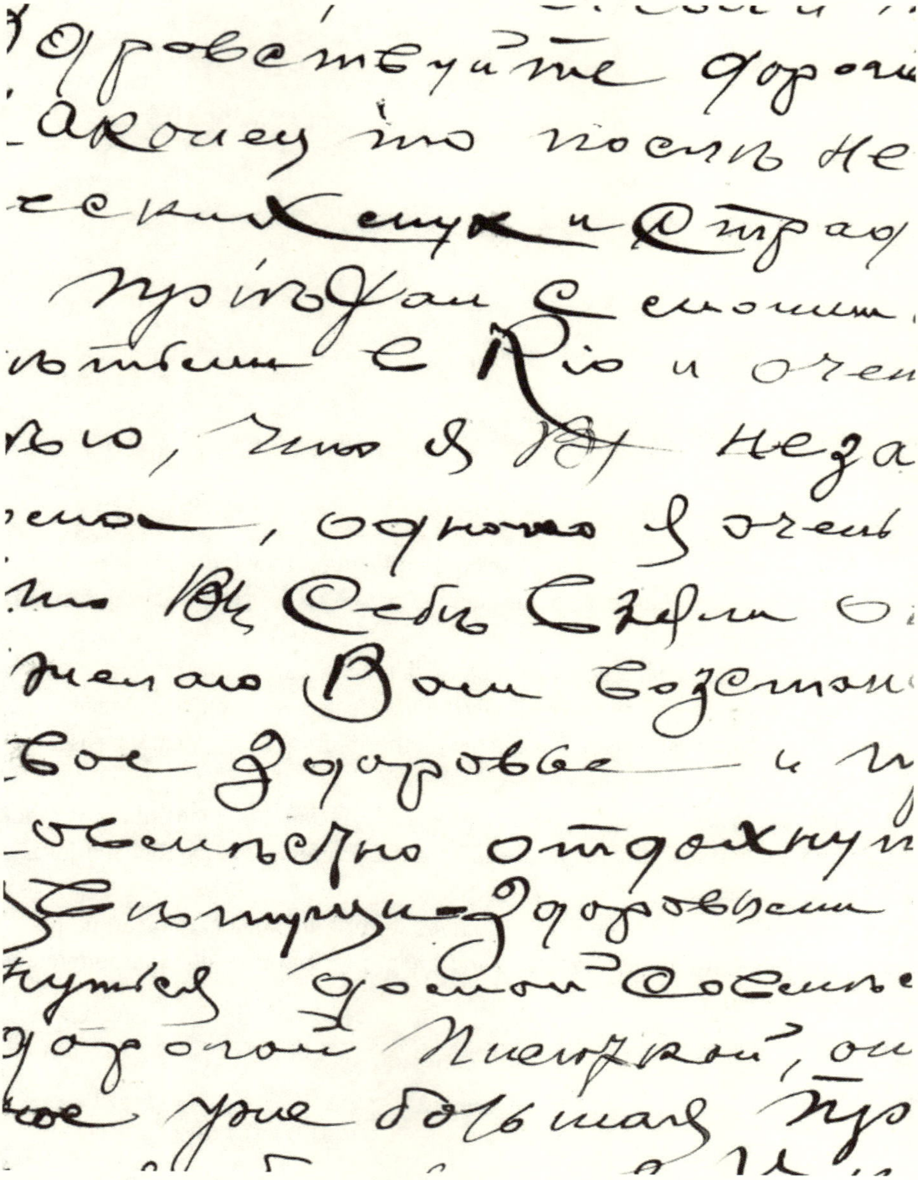

Uma das cartas trocadas por Joseph e Liova.

Paulina, a baianinha

Papai Liova perdeu tudo o que tinha economizado para trazer a família ao Brasil. Sem ele, ninguém vinha. Lembro do dia em que a família chegou e eu, uma baianinha judia, pus um enorme laçarote de fita na cabeça e fiquei, assustada, esperando a turba. Eu tinha seis anos.

Meio século depois, o Adolpho, quando já era o todo-poderoso, deu um almoço em minha homenagem, pelos serviços prestados no departamento de livros didáticos de Manchete. Começou o discurso com aquela conversa de que ele isso, ele aquilo, como se fosse desde sempre o grande pastor da família. E olha que era eu a homenageada!

Nem era por mal. Adolpho acreditava mesmo nas mentiras que contava. Então eu olhei firme nos olhos dele e ele deve ter sentido, porque de repente devolveu o olhar, interrompeu o discurso e disse: "Esqueçam tudo que eu falei. Quem me trouxe para o Brasil foi o pai da Paulina".

Papai investiu uma bolada na viagem e nas duas primeiras máquinas, de manivela. Uma delas é aquela que fica lá no saguão da empresa, preta, brilhosa. Ele carregou essa dívida a vida toda.

Foi um homem forte, um grande aventureiro. De mascate passou a exportador de linhas e tecidos, e fez muito dinheiro. Meteu-se até em mina de carvão.

O problema era que, como outros da família, era um jogador. Por isso, em alguns momentos, comíamos com talheres de ouro e, noutros, em pratos de papel.

Era assim: estava tudo muito bom e de repente ele cismava de gastar dinheiro com umas invenções, máquinas enormes que não serviam pra nada. Quando via que não funcionavam, em vez de desativar os galpões, enchia-os de cachorros vira-latas.

Ficava dias seguidos olhando os cães brincarem. Tinha paixão. Queria fazer um hospital e um cemitério para cães. Isso era terrível para mamãe: recolhia cachorros na rua, mancando, doentes, defeituosos, punha no tanque, dava banho com creolina, um prato de comida e mandava embora de novo. Havia filas deles na porta.

Mas ter um cachorro, mesmo, como o Adolpho, isso ele nunca teve. E detestava os de raça.

Morreu aos sessenta anos muito mal de vida. Mas não se queixava: dizia que trouxe a família porque quis, porque amava sua mãezinha Esther, porque Ginda era uma grande mulher e porque as crianças mereciam ver o sol do Brasil.

A grande fuga

Em março de 1921 Joseph recebe de Liova o aviso para aguardar, dali a um mês, a chegada de um emissário. Mas o enviado gasta todo dinheiro em jogo e mulheres na Europa e volta de mãos vazias. O segundo emissário, Naum Aizen (que, num incrível arranjo, era ao mesmo tempo irmão de sua primeira mulher e casado com a filha da segunda, Gusta) só chega a Kiev no meio do ano, trazendo os documentos e o dinheiro.

A primeira etapa é até a fronteira com a Bessarábia: duas semanas num vagão para cavalos com resto de esterco. As patrulhas se sucedem a cada seis horas, exigindo documentos e recolhendo objetos, dinheiro e comida.

Os Bloch levam poucas riquezas: um broche de besouro, um samovar, um rolo de tecido, uma garrafa de vinho e um pilão dourado, escondido com o maquinista. Quando a última patrulha entra no comboio só resta o pilão.

Um patrulheiro esbaforido suspeita da corcova de Bernardo e obriga-o a ficar de tronco nu. Constrangidos diante do engano, os recrutas estão prontos a deixar a cabine quando Bella retira do bolso do sobretudo um volume de Pushkin que traz sempre consigo e oferece ao homem. O soldado, analfabeto, toma o gesto por provocação e golpeia o livro com o fuzil, atingindo o braço de Bella. Histérico, ele sapateia sobre Pushkin até que a brochura se destaque da capa de couro.

O trem apita. Arrastado pelos companheiros, o soldado deixa o vagão aos brados. Com o braço enrolado numa atadura, Bella suporta a dor pelo resto da viagem, até que a aparição, na janela, da lua cheia sobre as águas do Dnieper a substitua pelo encanto. Cobertos de milharais doentes e pequenas lagoas, os campos próximos às margens do grande rio servem de camuflagem. Ali passarão vários dias, muitas vezes sob fogo cruzado, enquanto houver noite clara.

Reputada por ter sido uma das cidades mais prósperas onde os judeus puderam morar, Odessa passa por um período de grande fome, seguido a enchentes que arrasaram a lavoura. Para arranjar comida, Sabina, a filha mais robusta, é enviada, numa composição, à cidade vizinha de Bieloie-Tserkvi, onde há um depósito clandestino, pois, na partilha dos alimentos, uma moça teria prioridade.

O trem apita mas não se move. Silencia de madrugada. Recomeça antes da alvorada, mas é detido por uma avaria. Sabina não consegue aliviar a bexiga na vala no fundo do comboio, e só no fim da noite partem novamente, alcançando o destino, mas em vão: o depósito foi estourado pela polícia. Mais um dia inteiro transcorre até Sabina desembarcar sem as sacas de comida. Amparada pelos braços de Ginda, molha o colo da mãe com a urina retida por três dias. Sob a camuflagem, tem que silenciar os gemidos de uma dor que jamais cessará.

Faltando dois dias para a lua nova, que permitirá a travessia, o último galão de água escasseia. Tudo o que bebem são gotas controladas. Desidratadas, as crianças perdem o ânimo. Quando vem a lua neutra estão todos enfraquecidos, mas a noite escura é propícia. Numa das margens laterais, um pequeno barco os espera.

A travessia é silenciosa e tensa, mas felizmente não há vento e a corrente é fraca. Na margem oposta, homens barbados vestidos com camisas bordadas embarcam os viajantes, distribuindo-os em quatro carroças de feno. Na fronteira, os guardas, vendidos ao esquema de emigração, cutucam com indolência os bolos de palha, aproveitando para espetar os migrantes.

A diligência transpõe a Bessarábia evitando a costa e chegando, vinte horas depois, à pequena Dobreven, quase na fronteira romena. Com restos de palha nos cabelos e nas roupas, deixam as carroças em segurança e encontram abrigo num casebre com chão de terra batida.

Ali os acolhe um guarda de fronteira pago para alimentá-los, que, à noite, traz água e *mameligue*, um preparado romeno de farinha, milho e carne, muito parecido com o angu que, no futuro, os espera em terras distantes. Fortalecidos, saem para a próxima jornada em coches abertos à poeira e à chuva, seguem em diligências coletivas, e tomam pequenos barcos até chegar, em novembro, ao porto de Galátz, uma etapa cheia de imagens marítimas: o mar Negro, o Danúbio e, no meio do casario, um emaranhado de mesquitas, igrejas e sinagogas.

Um ânimo de reconstrução segue-se à devastação da guerra e contagia os homens e as mulheres locais, os forasteiros e as famílias de passagem — como os Bloch, que no final da tarde, do parapeito da pensãozinha portuária, olharão, admirados, as caixas e as sacas de cereais, os garrafões de óleo, as barricas de arenque e esturjão sendo transportados para os cargueiros, de onde partirão para o resto da Europa.

Ao cheiro forte, frio e salgado (que lhes lembra as grandes mesas) adicionam-se emanações do mundo, vapores crus, oceânicos, vindos de outro hemisfério através de rios, estreitos e mares.

Dias depois, ao fim da travessia do rio Costança, mergulham no vão gelado do mar Negro, para enxergar, atrás da nuvem salgada, a Romênia e a Bulgária a oeste, a imensidão do mar a leste, e um vazio ao sul, até despontarem no Bósforo.

Seguem pelo estreito até a altura do canal do Corno Dourado, sendo os únicos a atracar àquela hora no porto silencioso e praticamente deserto de Constantinopla, que, sob a manhã nova, tem as cúpulas e minaretes sombreados pelas sete montanhas.

Ao longe uma voz lamentosa entoa os quartos de tom de uma oração matinal do Islã. Pedro e Jaime dormem pesadamente. Na minúscula cabine da embarcação ancorada, Taibe acorda de um sonho estranho, cutuca Jorge e aponta para a escotilha.

"Ali é o Oriente."

"Sim."

"Ai ai ai..."

"Que foi?"

"Aleksandr..."

"Quem é Aleksandr?"

"Sonhei que Aleksandr vinha da Macedônia, apanhava-me num camelo e ia à guerra."

"Aleksandr da Macedônia num camelo?"

"E ele por acaso correu os desertos como? Num bonde?"

"E o que você tem com Aleksandr? Ele morreu há dois mil anos."

"Não sei. Foi um sonho."

"Então vamos acordar. Que dia é hoje?"

"Oito de outubro."

"Adolpho."

"O que tem?"

"Faz treze anos."

Levanta-se e vai à cozinha esquentar leite e apanhar um pedaço velho de pão, que leva à cabine do sobrinho. Adolpho pula da cama com o fôlego engasgado.

"Tio Jorge! Aconteceu alguma coisa com mamãe?"

"Aconteceu. Há treze anos, pariu Abracha. Hoje é o dia do seu Bar Mitzvah."

Abraçam-se e mergulham o pão seco no grosso leite búlgaro. Comem até que nada reste.

"Agora você vai sair do navio, atravessar a ponte e procurar um rabino. Depois, vai à casa das meninas, que deve ficar perto dos peixeiros."

"E onde estão os peixeiros?"

"É só seguir o cheiro."

Era preciso meia piastra para atravessar a ponte, em cuja entrada um turco chacoalhava seu fez. Sem dinheiro Adolpho apanha na plataforma um pedaço de cascalho que o turco, ainda sonolento, toma por moeda. Sai em disparada e, ao pisar na parte leste da cidade, respira fundo e embrenha-se entre vielas e construções até topar com um prédio que é quase ruína. Cavada numa das paredes, uma estrela de seis pontas erodida.

Junto a um muro, o homem de barba tem uma velha Torá escurecida disposta sobre uma mesa alta de madeira, fazendo as vezes de púlpito. Move o corpo para a frente e para trás. Adolpho vai até ele, toca seu ombro.

"Bar Mitzvah."

O rabino olha, reflete, hesita, como a exigir um documento de origem, ao que o menino abaixa as calças e põe para fora a modesta ereção matinal.

O rabino move uma das sobrancelhas, como um juiz. De uma gaveta puxa um ramo de trigo e aplica cinco golpes até que, na pele amolecida, possa enxergar as marcas da origem. Com um trejeito, manda-o vestir as calças e pede que suba num caixote para alcançar os rolos sagrados, e começa a cantar a récita do dia.

É uma das últimas do Deuteronômio, e conta o derradeiro dia de Moisés no Sinai, quando o profeta, ao completar 120 anos, recebe do Eterno a má notícia: depois de peregrinar quatro décadas pelo deserto, não transporá o Jordão. Deve transmitir o cajado a Josué e ouvir ainda as predições de desgraças que se abaterão sobre o povo dali em diante, por ter-se rebelado contra os céus.

Adolpho, que de hebraico nada sabe, ouve a história com respeitosa ignorância, enquanto, lá atrás, Moisés se despede do povo sem pisar em Canaã, e, lá na frente, Joseph e os seus aguardam a hora de partir rumo a uma outra terra de promissões, e de promissórias.

Ao fim da leitura, o rabino estende uma taça de metal cheia até a borda de vinho sacramental, que bebem.

Cumprido o dever, Adolpho, eufórico, ardido e embriagado, mete-se no mosaico da cidade, onde tudo cheira a peixe, mais forte à medida que se aproxima do litoral, invisível no labirinto. Quando dá por si, está diante de uma casinha irmanada à comunidade pesqueira.

À porta uma mulher velha em trajes persas bate um tapete. Tem belos traços apesar da pele enrugada e exibe, coberto por panos espessos, um corpo vívido. Move a cabeça como uma odalisca, convidando-o a entrar. Precavido, Adolpho puxa para fora os bolsos vazios, que ela desdenha.

Lá dentro, dá-lhe um banho de rosas em um tonel e, com uma geléia de tâmara, alivia a ferida antes de tirar-lhe o cabaço.

Mais tarde, de volta ao porto, o navio levanta já as âncoras para lançar-se ao mar de Mármara, e todos festejam com pão, leite búlgaro azedo e um vinho novo com que a bondosa presenteou o menino, feito homem.

O ovo de Caruso

Semanas depois aportaram em Nápoles em uma fétida embarcação e pousaram, sujos e famintos, numa estalagem nos arredores do porto. Comovido de tanta penúria o senhorio ofereceu espaguete e vinho, que os Bloch devoraram com sofreguidão, fazendo o molho espirrar.

"*Sonno animali!*", horrorizada, a estalajadeira não conteve o grito.

"*Mangiano come santi!*", reage o santo homem.

Na cidade passariam os meses seguintes em torno do cais à espera de um navio que atendesse à leva migratória.

"Era uma miséria rica", diria Adolpho, a evocar com saudades as roupas brancas nas janelas das casas napolitanas.

Um dia, as roupas nos balcões foram substituídas por panos negros. Nas ruas, um cortejo só, de 80 mil pessoas, seguia o féretro do maior tenor de todos os tempos, Enrico Caruso, em sua última viagem, até a Capela del Pianto. A família acompanhou a romaria até certo ponto e voltou. Com exceção de Jorge, que se deixou carregar pelo coro lamentoso dos enlutados, a louvar a voz querida, caída em silêncio.

À noite, quando a multidão já se havia recolhido, viu-se embrenhado em vielas subterrâneas, aquedutos e cisternas, onde encontrou um homem com traje antigo que carregava uma caixa de veludo.

"Bem vindo à casa dos Cimeiros. Qual o seu nome?"

"Jorge. E o senhor?"

"Virgílio."

O homem exibe uma caixa forrada de veludo.

"O que tem aí?"

"O ovo."*

"E daí?"

"E daí que é o ovo do senhor Caruso."

O homem se foi, deixando a caixa sobre uma bancada de mármore. De modo que a Jorge, faminto de luto, nada restou, ao dar com o ovo na caixa, senão quebrá-lo contra a pedra até escorrer a clara branca, macia, cheirando a fresca. Assim, teve forças para percorrer o labirinto subterrâneo até emergir de novo. Na rua, respirou a névoa por cuja espessura ainda ecoavam o pranto do povo triste e recolhido e o chiar desencontrado dos gramofones.

* A aventura de Jorge faz referência ao Castel dell'Ovo, em Nápoles. Conta o legendário medieval que o grande poeta latino Virgílio ali escondeu um ovo encantado.

Fanny e o navio

Gente foi para porto de Gênova em dezembro 1921 e embarcou em navio muito grande. *Re d'Italia* era o nome. Foi última viagem dele, para aposentar: era o mais velho navio da Europa. Estava cheio de refugiados e gente ficou em terceira classe, no *porón*, como ratos.

Tinha *capitón* com muita pena de judeus. Um italiano. Ele sabia que tem feriado de Páscoa e fez jantar bonito e todos judeus subiram do *porón* e foram para sala comer com ricos. Homem muito bom ele foi.

Mas resto do tempo tinha que ficar embaixo com grande fedor, e só tinha *pón* para gente comer. E lá de cima vinha música de grandes bailes. Depois traziam lixo para nós.

Nem quando navio parou em Barcelona passageiros pobres podiam subir. Nem papai, que imprimiu dinheiro do czar, podia ir olhar porto. Só meia hora gente subiu quando navio parou em Dakar, e deixaram miseráveis cheirar o convés.

Foi primeira vez que *ieu* vi pessoas negras. Crianças lindas que falavam francês e mergulhavam para apanhar moedas que passageiros jogavam. Tive inveja da liberdade delas.

II.
OS GRINGOS

Terra promissória

Ao dar com o poente do cais do Rio e seu vapor iodado, úmido e quente, Joseph, emerso do porão do navio, espirrou tantas vezes que teria caído no mar não fossem umas vinte famílias a empurrá-lo escada acima.

Atrás, dispersos na turba, vinham sua mãezinha Esther-Rivka; a esposa, Ginda; o irmão Jorge, com Taibe e os filhos, Pedro e Jayme; a irmã Fruma, heróica, com Bernardo nas costas, aos gemidos, amarrado por um pano grosso; as cinco filhas (a sexta, Bertha, casada, migrara para a Alemanha, onde iria morrer nos anos 1930); o marido de Mina, Aufssey; e os três varões: Bóris, Arnaldo e Adolpho.

Joseph encarou o vermelho espesso do poente e o mar escuro, quase invisível, e viu as silhuetas dos peixeiros com seus anzóis apoiados nos ombros, caçambas às costas, peixes trêmulos, mulheres carregadas de cestas e baldes.

Estranhou esse vermelho: vermelho para Joseph era sangue, eram bandeiras, corpo de rebento, ventre de parideira. Vermelho em tudo diferente do céu limpo, ornado de palmeiras na trilha do canal do Mangue, que tanto o fascinara nos cartazes afixados nas paredes do consulado genovês, quando cumpriam as últimas formalidades para embarcar, e seus dizeres, tão sedutores: "Eldorado Tropical — Terra de Promessas".

E da névoa de sangue emergiu Liova com um sorriso novo no rosto, rugas maturadas de sol, bonomia nas faces barbeadas, oleosas, pingando loção de coco. Ao beijá-lo Joseph só conseguiu conter o refluxo porque nada havia para vomitar: aqueles quarenta dias no porão tinham sido o diabo.

Zumbiam ainda nos seus ouvidos os sons das caldeiras, o estranho batimento da água no casco, o rugir dos blocos de carga. O cheiro da gordura da cozinha, da boa comida, que chegava ao porão apodrecido pelos respiradouros, impregnando-se nos seus fidalgos bigodes. E as engrenagens do elevador-guincho soando como trombetas de anjos servis que levavam, aos bem-aventurados do convés, tudo o que agora lhe era vedado.

Quisesse Deus que aquele céu, então, fosse apenas uma etapa no longo caminho que o levaria, um dia, à América, terra onde todos os sonhos se tornavam realidade.

Quando aportaram em 1922, a rua onde a casa dos imigrantes um dia seria construída era uma via de terra estreita e comprida em Copacabana. Levava o nome de Hermezília, que nada fizera para merecer a homenagem além de ser neta de Constante Ramos e filha de um outro Ramos, proprietário de terras em Copacabana — bairro que ainda tinha o jeitão de areal, igrejinha, praças gramadas, cabras vadias.

No mar, raríssimos banhistas, à procura de curas salgadas.

Mas na paisagem já apareciam uns sobrados e palacetes, e, destoando, um enorme canteiro de obras na altura do morro Inhangá: o esqueleto de um hotelzão projetado por franceses à maneira da Riviera, que era para ser um marco do centenário da Independência, que a cidade celebrava com uma exposição internacional.

Naquele ano, também, Copacabana seria palco do ápice (e queda) dos tenentistas, que marcharam pela praia de encontro às forças governamentais e tombaram como heróis na manhã do dia 5 de julho.

Daí que a Hermezília, rua com nome de filha, saiu do mapa e ganhou nome de data: Cinco de Julho.

Ali onde a casa, um dia, ganharia nome de rua.

Mas foi longe de Copacabana que começaram a vida. A primeira noite dormiram no casarão da Barão de Mesquita, no que era a região do Andaraí, alugado por Liova. Tomado de calores e alergias, Joseph teve dificuldades de pegar no sono. Só no início da madrugada, ao sentir o alento da aragem vinda do morro, com cheiro de flor noturna, embalou. Mas o grito estalou antes de os galos acordarem.

"*Karaúl!*"*

Era Taibe, que despertara de um pesadelo com uma dor de dente brutal. Pedia socorro, girando no espaço exíguo, à procura de escotilhas, tateando paredes, debatendo-se contra ondas. Ginda trouxe chá, que só fez piorar.

"*Karaúl!*"

"Chamem um dentista!", exigiu Jorge.

"Como achar um dentista a essa hora, Hershel?", argumentou Liova, que jamais entenderia o motivo de tanta ofensa: sem mais palavras, Jorge apanhou a bagagem pouca que tinha e deixou o casarão com a mulher e os filhos.

Assim que pegou um pouco de ar Taibe melhorou. De tanto andar a esmo, foram parar, depois de muito tempo, no Passeio Público, onde, pouco antes de vir o sol, dormiram as horas de sono escuro que restavam aninhados sob mangueiras.

Ao despertar descobrem a pequena fonte de bronze, que jorra água fria com cheiro de rio. Lavam os olhos para ver o dia. Os esquilos estão por toda a parte e divertem os meninos. Revigorados, lançam-se às ruas para achar algum caminho. É sexta-feira, daí um homem de casaca e chapéu preto levar pão trançado no braço.

Seguem o judeu até pararem numa praça grande e movimentada, onde uma placa diz "Onze". As crianças se animam com o movimento: a praça é cheia daqueles homens brancos de chapéu preto misturados a outros homens, pretos, sem chapéu.

O sujeito com pão trançado atravessa a praça e se embrenha por travessas que formam uma comunidade ruidosa. Pára diante do balcão de uma mercearia e apanha das mãos de um mulato de uniforme azul um grande vidro de compota de frutas.

"Você fala iídiche?", indaga Jorge, quando o homem sai.

---

* Em russo, "socorro".

Julgando ser uma família miserável à cata de moedas, o homem, apressado, tira do bolso uns docinhos confeitados e oferece aos meninos.

"Um bom *shabat*", responde-lhes, sentindo-se bom e caridoso, e ganha a rua. Atento à cena, o mulato da mercearia deixa o balcão e vem ao encontro de Jorge.

"*Ich réd iídich*".*

"Você é judeu?", Jorge espantou-se.

"Aqui todo mundo é preto e judeu. Ou então, judeu e preto.

Do fundo do estabelecimento veio chegando a mulher, uma ruiva de olhos azuis, com um grande bule de café e uma fornada de pães com manteiga. Juntos, no fundo da mercearia, tomam o café-da-manhã e são convidados a se instalar e passar o dia e a noite ali, para juntos celebrarem o *shabat* da praça Onze.

Enquanto isso, nas casas e nas calçadas, nas lojas e quitandas da Barão de Mesquita, todos comentavam, àquela manhã, o escarcéu dos judeus.

"Eram sons de guerra em língua estrangeira", disse, num balcão, um general de reserva, e houve quem entendesse o "*karaúl*" de Taibe como corruptela de "caralho". Depois do almoço, chegou a notícia de que o barulho fora ouvido na Santa Casa, onde falecera, na mesma noite, uma velha querida da comunidade do Andaraí. Como a dona já ia pelos 103 anos, ficava difícil provar a culpa. Mesmo assim, reunido às pressas no velório, um comitê decidiu pela expulsão dos Bloch daquela área residencial, que abrigava casas de gente importante.

Um benemérito do Andaraí, herdeiro de chácaras e aspirante à câmara, levou a Joseph a notícia, usando Liova como tradutor. Político hábil, já arranjara outra casa para a família não distante dali, com primeiro aluguel pago a seus préstimos, no Arraial da Babilônia, Aldeia Campista — umas vilas ao pé do morro homônimo que abrigavam o operariado do Andaraí, artesãos, retirantes e gringos.

No dia seguinte chegou a Joseph, ainda por intermédio do benemérito, uma carta de recomendação para levar a um inquilino dele, um tal Nachmanovitch, que morava em área mais isolada, dando para um canal enfeitado de palmeiras que, nos dias de sol, ficava parecido com o dos cartazes genoveses.

---

* "Eu falo iídiche."

Foi como uma luz: migrado da Letônia, o tal Nachmanovitch era conhecido de Joseph, a quem vendera clichês de papel-moeda no tempo das grandes emissões de Nicolau. Chegado ao Brasil numa leva anterior de imigrantes, empregara-se na Casa da Moeda e cuidara de outras emissões, essas do tesouro de Epitácio Pessoa.

Nachmanovitch fez questão de não cobrar nada pelo galpão vazio que tinha lá perto, na rua Vieira Fazenda, bem atrás da fábrica de tecidos Confiança Industrial. Ali Joseph instalou as duas prensas tipográficas alemãs que, junto com o irmão, comprara em São Paulo e cujo custo alçava sua dívida — entre passagens, remessas de dinheiro, hospedagem, roupas, ordens telegráficas, ofícios, documentos em geral e diversos materiais — a 103,96 contos de réis em promissórias. Todas assumidas por Liova e listadas numa longa prestação de contas, destinadas a imprevisível quitação no prazo de décadas a perder de vista.

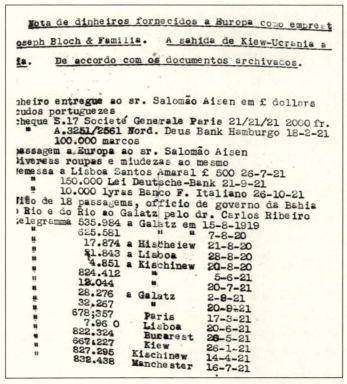

Lista de dívidas assumidas por Liova em nome de Joseph (detalhe).

Babilônia
(Joseph Bloch & Filhos)

A oficina de Joseph ficava de frente para a quitanda de dona Maria, cujo marido era inspetor de tráfego e, de acordo com memórias esparsas de Adolpho, um "grande comedor de bananas". O telefone central da gráfica, 11134, funcionava na quitanda: dona Maria autorizou que os russos imprimissem o número no cartão de visitas e não se importava de atender as chamadas: era só gritar, nem precisava sair do balcão.

Na quitanda havia três papagaios que também se tornaram da família e, de tanto ouvir dona Maria chamar, viraram telefonistas assistentes, espécie de precursores da secretária eletrônica. "Joseph Bloch e filhos, telefone!", anunciava a *troika* de aves tropicais cada vez que a campainha tocava.

Em troca, Joseph, voluntariamente, passou a imprimir o nome da quitanda no papel de embalar frutas, o que fez aumentar o número de clientes de dona Maria.

Ginda logo ficou amiga da mulher do inquilino, que apresentou a ela o dono do armazém e o caderno de fiado, que ela considerou o maior milagre da modernidade. Aquele caderno permitiu que mantivesse os armários cheios de sardinha Vasco da Gama, manteiga boa e pão quente de manhã. Precisava mais que isso para viver?

Até o guarda-noturno ficou amigo e ensinou como usar luz sem pagar à companhia inglesa: bastava substituir o fusível por uma moeda de quatrocentos réis. As lâmpadas, muito caras, eram revezadas entre os quartos e as salas.

Às sextas-feiras, em respeito a Esther-Rivka, acendiam as velas de sábado e desligavam a eletricidade para economizar e agradar à matriarca. E, por algumas horas, apesar do calor, tudo se parecia um pouco com Jitomir.

Antigo linotipo de Joseph Bloch & Filhos.

Os papagaios da dona Maria eram aves de espírito agudo, que imitavam não só as vozes das pessoas; sonoplastas, reproduziam os apitos da fábrica de tecidos e o trote dos cavalos de carroça. Locutores, repetiam, para quem não estivesse a par, notícias importantes de rádio, como a ascensão de Mussolini.

Transtornado de admiração pelas aves e por Julieta — buliçosa cozinheira de dona Maria — Bóris ficava atento às chamadas e era sempre o primeiro a atravessar a rua para atender. Assim, tomava pé do negócio, fechava preços e criava influência.

Por ser o mais velho e perspicaz, tornara-se próximo de Joseph, enquanto Adolpho, rapazola, trabalhava como leva-e-traz. Bem menos afeito ao serviço, Arnaldo cuidava de conhecer a cidade, muitas vezes em companhia do tio Jorge, que se metera na boemia e tinha uma turma de bebedores e seresteiros em Vila Isabel.

Joseph, sofrendo de alergias por causa do calor e da umidade, passava o tempo de avental na oficina, sujo de graxa, ajustando e operando a máquina para os pequenos trabalhos: papel de padaria rotulado, folhas de contador, cartões. No fim do dia, caía exausto, e respirava a aragem da Babilônia.

A quitanda era o posto avançado de Bóris, onde, no entardecer, quando a ruela de terra batida ganhava cor de cobre, Julieta fazia a janta na cozinha semi-aberta, à moda de tasca, e ficavam visíveis, do balcão, a curva da cintura e as pernas firmes, suadas do vapor. Freqüentador do pátio da Escola de Bellas Artes, Bóris deu-lhe de presente uma aquarela com temas avícolas e comprou uma câmara de segunda para fotografá-la junto com os papagaios.

"Quer vir cozinhar para papai e mamãe?"

Julieta caiu de amores. Não por Bóris, mas pelas suas irmãs — principalmente Sabina, talentosa cozinheira — e também por Ginda, Esther-Rivka e Fruma, sabedoras de velhas receitas. Logo aprendeu o pão trançado das sextas-feiras e os pratos das outras festas. Da simbiose nasceram também deliciosas transgressões que a família, com exceção de Esther-Rivka, recebeu com gosto: umas dobradinhas cheirando a funcho, sopas de beterraba com torresmo e creme, fígados de galinha no feijão, cachaça na rabada.

Julieta adaptou-se bem à rotina sem ordem, aos gritos madrugueiros e aos passos dos suarentos, pois os Bloch sofriam muito com o calor, principalmente Ginda e Fanny, que só pensavam em voltar à Rússia. A boa Julieta deixava prontos refrescos de frutas colhidas na rua e no quintal e um tonel cheio de chá-mate fresco. No verão, Arnaldo tomava banhos seguidos no chuveiro de fora. À espreita, Julieta perguntava-lhe se nos sonhos havia aparecido algum bicho para, logo depois, quando saía para comprar o pão, fazer a fé: com duzentos réis podia-se levar 1400 e garantir a feira do mês.

Joseph, que acordava muito cedo e a acompanhava, descobriu que o grande consumo de papel no pequeno comércio era para aquela atividade carioca que datava do tempo de sua chegada a Jitomir, inspirada na mecânica do jogo das flores, uma "roda da sorte" que funcionava na rua do Ouvidor. Em 1892, o Barão de Drummond aperfeiçoou o jogo, trocou as flores pelos bichos e usou os sorteios para sustentar o zoológico do Rio, fundado por ele naquele ano, pelas bandas da Fazenda dos Macacos, em Vila Isabel. Mas logo o Bicho se consagrou e se institucionalizou pelo uso popular.

Por intermédio de Julieta, Joseph chegou a um dos banqueiros, que encomendou, semanalmente, 100 mil folhas numeradas de formato pequeno. A renda foi suficiente para a família ir almoçar na leiteria da rua da Misericórdia e garantir, por um tempo, as passagens de bonde.

O amor segundo Adolpho

Ieu tinha dezesseis anos e lia o português com dificuldade, no jornal. Procurava o noticiário sobre os *pavilhóns* do Centenário, as festas, o rádio que tocava lá dentro e ecoava cá fora. Mas os jornais só queriam saber mesmo era de um famoso colar de brilhantes de duzentos contos de réis que o presidente Epitácio Pessoa tinha dado à mulher. Esse *iera* o grande escândalo.

O problema, do lado de cá, *iera* o dinheiro do bonde. Perdi namoradas porque *nón* podia pegar a linha Alto da Boa Vista, que tinha duas *baldeaçóns* de um *tostón* cada.

O motorneiro, com seu bigode caprichado, puxava o relógio Patek cebola para cumprir a pontualidade canadense. No carnaval (que chegou dois meses depois do nosso desembarque) o condutor sacudia a *món* cheia de níqueis e os *folións* fantasiados de bebê, de chupeta na boca, tocavam a campainha sem parar.

As batalhas de confete eram grandes acontecimentos. As mais famosas que *ieu* conhecia eram no bulevard 28 de Setembro e na rua Dona Zulmira. *Ieu* estava lá, firme. Comprei o jornal das modinhas para decorar as letras. Aprendi a cantar o "Pé de anjo".

A família trabalhou com alegria para a grande festa, e a cidade era como uma família. Minha *máe* e meus *irmóns* preparavam pratinhos russos, as cadeiras iam para a calçada, ajudávamos a iluminar a rua.

Minha avó Esther-Rivka, velhinha, fez limonada, montou uma banquinha na rua e faturou bem. Fiz amizade com o Leivas, da empresa de papel do Klabin, que fabricava confetes vendidos na casa David, na Ouvidor. Assim, *nón* faltou *muniçón* para o carnaval.

Naquela época todo mundo usava máscara. Uns se cobriam com lençol branco, faziam dois buracos na altura do olho e botavam um cinto. O diálogo era: "Você me conhece? Conheço". O bloco mais animado saía no sábado de manhã do café Cascatinha, no beco das Cancelas, e só se recolhia na quarta-feira de cinzas. *Ieu* estava nessa.

Iada, a filha mais velha do Nachmanovitch, *iera* uma beleza rara e assumiu comando do nosso carnaval. Lembro do meu espanto quando *iela* teve a audácia de alugar um Ford Bigode para fazer o corso da Saens Peña.

Ieu tinha me matriculado na escola Francisco Cabrita, pertinho da praça. A professora, dona Carmen, dizia que *ieu iera* "grande e sabido". Mas como ela mexia os pés debaixo da mesa, roçando o tornozelo nos calcanhares da cadeira, *ieu nón* conseguia prestar *atençón* na aula. Foi Iada, mais sabida, que me consolou, dizendo que me ensinaria português. *Iela* falava quase sem sotaque.

Ieu precisava mesmo: uma vez minha irmã Bella estava com dor de garganta e fomos de urgência numa enfermaria. Tive que explicar onde *iera* a dor, e expliquei *tón* bem que no final arrancaram um dente permanente.

Aos domingos *ieu* e Iada íamos juntos ao Cine América assistir, várias vezes seguidas, ao *Corcunda de Notre-Dame*. A camisa melhorzinha que Jorge arranjou para mim *ieu* usava durante a semana para trabalhar. No sábado, lavava a camisa. Se *nón* chovesse, secava no dia seguinte, quase na hora da *sessón* de cinema. Ficava gripado, mas valia a pena.

Na noite da batalha, estranhei quando fomos a pé até o corso. No caminho, Iada meteu um lenço cheiroso na minha cara e tudo girou; as lâmpadas penduradas por fios nas ruas do Arraial ficaram parecendo carrossel; o ritmo das marchinhas estalava que nem bombinha; os trombones eram como sinos.

Entón apareceu o Ford Bigode, do nada, com um brasileiro no volante. O homem puxou Iada para dentro do carro. *Iela* tentou me explicar alguma coisa, mas estava zonzo. Fiz um gesto para *iela* me puxar para dentro, mas Iada afastou minha *món* e o carro arrancou e sumiu naquela chuva de papel picado.

Quando papai soube, ficou ofendido. "Filho meu desfila em carro próprio e *nón* é abandonado por mulher bêbada." Por isso, na quarta-feira de cinzas já estávamos todos trabalhando duro e nos meses seguintes foi só trabalho.

Faturamos com o bicho e compramos uma máquina elétrica com motor de um cavalo. Era um jumbo. Tivemos que pedir licença à prefeitura para instalar a eletricidade. Nossa gráfica, apesar do repouso do *shabat*, era das poucas que recebia trabalho na sexta-feira e entregava na segunda.

No final daquele ano a família já tinha 300 mil-réis guardados. *Nón* era um *dinheirón*, mas era quase suficiente para comprar as passagens e partir para os Estados Unidos.

Até que um dia, quando a gente passeava por Botafogo, apareceu na vitrine da Mestre & Blatgé um Mármor conversível. Papai viu nossa alegria e, num impulso, assinou vinte papagaios de 30 mil-réis cada um (o dobro de nossas economias). No ano seguinte, desfilamos em triunfo na batalha de confetes da Rio Branco e nunca mais se falou em ir para os Estados Unidos.

Isso aconteceu há mais de meio século e nos fez adquirir o senso da brasilidade. Até hoje, *ieu* continuo assinando papagaios, só que com mais zeros à direita. É uma *tradiçón* da família.

Fanny e as laranjas

Intiligentes foram todos. Bóris foi mais. Estava ainda com dezoito anos e logo já foi ver trabalho, ajudou muito papai, e firma cresceu. Arnaldo trabalhava, mas era um pouco vagabundo. Adolpho *nón*: Adolpho era gente. Ainda rapazinho procurou fregueses e fez conhecimento de diretor de jornal *A Vanguarda*, que depois virou integralista. Conheceu lá português Oliveira que tinha papel de seda para embalar laranjas com mapa do Brasil. País exportava muita laranja. Era *boom* de frutas. Exportadores precisavam papel com mapa. *Entón* Adolpho levou idéia e papai descobriu jeito de beneficiar papel com máquina usada adaptada. Foi tempo de euforia na família com muito dinheiro por causa de laranjas e todo mundo já pensava casar. *Ieu* fui primeira arranjar marido aqui: Maurício Rubinstein. Ele sofreu muito com meus *irmóns*. Adolpho dizia que ele era *cagalhón*. Bella gritava: "Comunista!". Aí *ieu* tive filha Tamara e filho Dêive, que teve coqueluche e médico mandou ele ir para praia andar seis horas todo dia. *Entón* alugamos hotel *hurrível* em Copacabana. Papai um dia foi lá e ficou impressionado com miséria do quarto e disse: *"Nón* vai demorar muito, nós vamos ter casa boa e linda no bairro, para todos andarem na praia".

105

Jorge da Vila

Foram muitas as madrugadas que Jorge passou nos bancos do Passeio Público sonhando com refrãos de modinhas, árias italianas e canções de sinagoga. Rápido aprendedor de melodias, juntou-se aos violeiros e seresteiros e passou a freqüentar mais a Vila que a praça Onze.

Acabou se mudando para lá com os seus, indo morar numa casa melhorzinha. Nas noitadas conheceu gente como Noel, Almirante, o Bando dos Tangarás, Francisco Alves. De alguns artistas se fez tão amigo que o chamavam de "tio Jorge", igual à família que eles nem sequer conheciam.

Na casa nova, antes mesmo de ter os móveis, Jorge enfiou um piano Bechstein para a educação musical dos filhos e para poder receber músicos. Nesse piano, Henrique Vogeler mostrou "Ai ioiô" e Custódio Mesquita, cliente seu, deu audições. Ficavam, Jorge e Mesquitinha, até tarde ouvindo árias e conversando sobre Claudia Muzio, Beniamino Gigli, Tito Ruffo. Iam juntos aplaudir os ídolos nacionais Reis e Silva e Carmen Gomes, mesmo de longe, das torrinhas do Municipal.

"É de onde melhor se ouve. Poltrona, nem de graça."

Jorge comerciou, e não foi pouco: jóias, peles, tecidos. Levava os rolos no ombro. A clientela era quase só de amigos, elite artística, gente de ópera, cavalaria rusticana, compradores de bom pano, de modo que algum calote era sempre garantido. Era o caso do próprio Custódio Mesquita, jeitão de poeta romântico, que gostava de cortes brancos de linho "s-120" e também fazia encomendas caras para Iracema Vitória, vedete da Urca e sua grande paixão. Mas acabou em maus dias e, cioso de seus compromissos, levou-lhe uma oferta.

"Tio Jorge, você liquida minha dívida, me dá mais um corte inglês e eu te dou em troca dois terrenos herdados que tenho lá pros lados do mar, na praia de Ipanema."

"Ô, Mesquitinha, leva o corte mas não me engana. Naquele monte de areia não quero terreno nem de graça."

Jorge não sabia cobrar porque seu negócio era outro: comandar a folia do Clube dos Democráticos; puxar o cordão do Palácio das Festas; fazer o corso no 28 de setembro. Todos os anos, dava o grito de carnaval em Cambuquira nas costas de um burrico.

De altos e baixos, no ápice gostava de se vestir bem, escolhia os cortes, desenhava modelos, ia aos alfaiates. Na lona, pedia roupa emprestada e era visto em bufês de clubes israelitas enchendo o bolso de frango assado e omelete sem se dar ao trabalho de envolvê-los em guardanapo. Em casa dava cabo da ração com um vinho azedo que ele mesmo fabricava, dos restos de uva. Coisa de aldeão. Mas todos os anos, tristes ou felizes, ainda que tivesse de passar o maior aperto, alugava uns quartinhos na praia do Flamengo para, durante quinze dias de verão, tomar banho de sol e mergulhar da pedra.

Às vezes vinha a sorte grande, como no caso do português endividado que, saudoso da península, deixou a seus cuidados o baita palacete na Barão de Mesquita, com jardim de parreira, pombal, horta, pomar, carambola e jabuticaba. Com o primeiro dinheirinho novo pela mão, comprou um conversível Essex e contratou chofer uniformizado para ir bem com o palacete. Mas, mortas as saudades de lá, o português voltou com saudades de cá, e Jorge teve que vender o carro e se mudar para uma pensão. O piano foi junto e logo vieram os violinos para Jayme e Hélio. Jayme, o do meio, tocava o fino e acabaria na Sinfônica, onde fez carreira. "Filho meu toca mais que Yacha Haifetz." Hélio, o menor, nascido no Brasil, quando crescesse tocaria com mais sensibilidade, tinha alma de solista. Mas era livre-pensador e passaria até pela clandestinidade antes de partir para atividades tão variadas quanto fundar o Teatro Santa Rosa e dirigir uma campanha política para restauração da monarquia.

"Cada um tem sua ideologia", Jorge ponderava.

E havia Pedro, o mais velho, médico recém-formado. O Bechstein era para ele, chegou a ter aulas com Guilherme Fontainha, professor de Radamés Gnatali. Mas a prioridade eram os estudos de medicina, e tinha que sair de madrugada para ir socorrer hemorragia no hospital São Francisco de Assis. Jorge ficava acordado esperando ele voltar para contar como tinha sido. E, se perguntavam a ele quem era o filho preferido, respondia em dois tempos sem titubear: "Gosto igual dos três". Fazia uma pausa estudada, durante a qual parecia escolher a melhor forma de fazer a invariável ressalva: "Mas Pedro é diferente".

Jorge em Cambuquira, pronto para dar o grito de carnaval.

Cinco de Julho

No início da década de 1930, anúncios em Copacabana começaram a proclamar a substituição de "velhas casas de feição provinciana" por "risonhos bungalows, cottages em estilo normando, prédios bávaros, casas rústicas escocesas e modernas mansões coloniais".

Atraído pelos anúncios, Joseph fez visitas e acabou escolhendo um terreno na rua Cinco de Julho cercado de amendoeiras, cujo fundo dava para o quintal do vizinho e um galinheiro com vista para o morro dos Cabritos.

O vendedor oferecia, em planta, um projeto de Freire & Sodré, com dois andares, varanda térrea, quintal, terraço e fachada de pedras. Por 180 contos de réis, parte em dinheiro e outra em promissórias, fez lavrar, em 1932, a escritura — contra a vontade do caçula Adolpho, que, mais crescidinho, achava que o Jardim Pernambuco, no deserto e longínquo Leblon, era investimento melhor.

Quando, um ano depois, a casa pronta se encheu, a rua mudou a sua feição bucólica, à medida que o movimento incessante e imprevisível se propagava entre os vizinhos, os passantes e até além: gritaria, sobe-e-desce, estrondos de portas, insultos; mas também a alegria das noites de verão, quando os Bloch abandonavam os quartos e dividiam-se entre a varanda térrea e o terraço, cobriam os canapés de aço tramado e almofadas de couro com lençóis e consumiam as madrugadas de conversa em conversa.

Se o calor era insuportável, Arnaldo levava um colchão para a cozinha e se deitava de frente para a geladeira. Retirava a gaveta de verduras da parte inferior e metia ali os pés quentes, mantendo a porta aberta com uma trava de chumbo. De manhã, quando Julieta chegava para preparar o café, encontrava-o esparramado no chão, como um morto.

Às sextas-feiras sem chuva promoviam-se nos terraços noitadas muitas vezes freqüentadas por artistas de passagem pela cidade, trios de jazz, coristas do Municipal ou cantoras russas, trazidas por Jorge em suas visitas nos fins de semana.

Pelas mesas de pôquer passavam porteiros, gente do Café Brilhante (que ficava na esquina com a Santa Clara) e também o "seu Preto" da barbearia, neto de escravos, que falava alemão e entendia iídiche.

Com exceção de Zlata, única entre os nove rebentos de Joseph a alcançar grau universitário (virou cientista e fez carreira na Fundação Oswaldo Cruz), as outras irmãs seguiam caminhos caseiros. Sabina comandava a cozinha com a ajuda de Julieta. Ginda andava cansada e com problemas de vista desde a morte de Esther-Rivka, às vésperas da mudança para Copacabana. Fanny criava os filhos. Bella, vaidosa e ainda solteira, cuidava da aparência e do namoro com Marcos Kapeller.

"Existe alguém mais Bella do que eu?", perguntava ao espelho.

Pela sala do gramofone passavam músicas do mundo todo. Pela varanda térrea, os pretendentes. Pelos chuveiros, mulheres que não moravam ali eram surpreendidas pelas tias.

"Puuuuuuuutaaaaaaaaaaaa", gritou num fio de voz, quase assobio, a plácida Fanny ao ver o sobrinho Oscar, filho de Sabina, púbere da nova geração, montado sobre aquela que antes era sua babá.

Outros desentendimentos eram menos singelos: as brigas na Cinco de Julho lembravam monumentos, quadros de guerra, passagens de óperas. O vizinho, comendador Seráfico, era um dos que, nas redondezas, ouviam ricochetearem, por tabela, os pratos lançados às paredes. Para piorar, sua sala de visitas dava para os fundos de um dos banheiros dos Bloch.

"Não se pode limpar a bunda em paz?", ouvia o comendador, a qualquer hora, diante de visitas importantes, padres, consulesas, modistas e banqueiros. Sorte que Seráfico, homem de influência, era tão educado.

"Mil desculpas pelo incômodo, senhor Joseph, mas será que da próxima vez daria para moderar no palavreado?"

A casa se contorcia até de madrugada e, como um rim expele uma pedra, era capaz de expulsar os maus elementos que violavam sua intimidade. Foi o caso do ladrão que, por uma infelicidade, calhou entrar pela janela de Leonardinho. Ao perceber o gatuno no trajeto até a porta, o pequeno gordo, em pânico, correu esbaforido para o banheiro e atropelou o homem.

"Ladrão!"

O ventanista saiu corrido do quarto, tomando a primeira escada, onde Arnaldo, de cuecas, brandia um cabide sem saber por quê, como um autômato de trem fantasma. Com muita fé o mirrado ladrão conseguiu chegar ao pátio atrás da cozinha, onde encontrou, a postos, uma solícita senhora.

"Senhor, meu nome Fanny. Chame a polícia, tem *ladrón*."

"Pois não, minha senhora. Onde é que fica a saída?"

Logo depois, a mesa fumegou, pronta desde muito cedo, e nem se falou do invasor. Quando o último desjejum era tomado, começava-se a arrumá-la para o almoço, que não estava nunca muito longe de começar. Então os bules de café e o carvão do samovar eram renovados para o lanche, que se estendia até o jantar, ao fim do qual era montado um reforço para a madrugada. Quando, então, ao canto do galo, Julieta já vinha desfazê-la, para o café.

A mesa sempre posta, em movimento, servia não só refeições regulares, mas também as insondáveis, para os que voltavam desesperados dos cassinos, ou exaustos das *garçonnières* e dos bordéis. Os insones angustiados, os andarilhos, os visitantes, amigos e agregados, de passagem pela cidade, também encontravam ali sempre uma boquinha, quando não uma bocona.

Fosse a hora que fosse, havia sempre *borsht* com carne gorda, frango, pescoço, os impressionantes *catlietes* recheados de cebola, pão preto, salsichões, patês, sardinha, manteiga, fritadas e chá.

Na sala anexa, paralela à de lanches, se faziam festas formais e algumas reuniões familiares para tomada de decisões importantes. Quando morria alguém, era ali também que se cumpriam os sete dias de rezas fúnebres, e o serviço de lanche era reforçado.

Jorge, o ritualista informal da família, era quem comandava essas rezas, mas, de tanto que lhe pediam para apressar o ofício, ele, também faminto, cedia e atropelava as honras ao morto, pois a vida ensinara a todos que não havia nada pior que a fome e o frio — e nada mais sagrado que o pão e o vinho.

A varanda térrea da casa na Cinco de Julho.

Judith na confusão

Em 1930 eu trabalhava como datilógrafa num escritório em Riga, Letônia. Em frente tinha um parque lindo. Na hora do almoço, eu comia cerejas sentada num banco. Um dia um guarda, velhinho, muito educado, chegou perto e mostrou um pequeno cartaz no canteiro, que dizia: "Proibida a entrada de *cachórros* e judeus".

Como um de meus *irmóns* morava no Brasil, fui embora, contra a vontade de *mamáe*. No Rio eu arranjei bom emprego de governanta de Arthur Bernardes Filho, filho do ex-presidente. Ensinava *alemón* à filha dele. Tinha carro com motorista japonês e todos me chamavam de *freuland*.

Eu *gustava* do Rio e adorava Copacabana, que tinha casas e palacetes. A mais moderna era de um dos parentes do Klabin. A segunda era uma de pedras, na rua Cinco de Julho, dos Bloch, família de gráficos russos muito bem de vida.

No carnaval de 1932 fui ver o corso, que começava em Copacabana e ia do túnel novo até a avenida Rio Branco e tinha automóveis lindos. Uma noite fomos à Galeria Cruzeiro, onde era o máximo da festa, e foi ali que apareceram os três *irmáos*: Bóris, Adolpho e Arnaldo. Vinham num carro aberto, um Mármon. A gente estava pulando no meio da rua e eles saltaram para se juntar a nós.

Ali mesmo eu e Arnaldo começamos o namoro. Na semana seguinte ele me convidou para ir à Cinco de Julho. Quando eu estava quase chegando, ouvi gritos terríveis que vinham da varanda. Fiquei apavorada, achando que eram por causa da minha visita. Fui até o bar da esquina e telefonei. Arnaldo atendeu com a maior naturalidade. "Yúdka! Onde é que você anda? Tá todo mundo aqui na varanda te esperando!" Entrei na casa e estava uma grande alegria; *então*, entendi o tipo de família que era.

Até tive sorte: em geral eles *nó* eram muito abertos a novos elementos. Comigo foram bacanas. Principalmente o Bóris, a Fanny e a Bella. A Sabina era falsa. Ginda, a bisavó, era cega mas boazinha. Ela *gustava* de *mí*. Do Joseph eu *nó* ia com a cara. Ele era um tipo como Adolpho, sabe? Como é que se diz? Déspota.

Mas deixou umas *recordações* boas. Ele ensinou, pequenininhos, meus filhos a lerem jornal deitados na cama.

Entre namoro e casamento foram dois anos. Naquele tempo a gente ia ao cartório de chapéu, cartola. Fiz um traje só para o civil. O casamento religioso foi na Cinco de Julho. A festa ia ser no terraço, e o coquetel foi encomendado numa confeitaria na Santa Clara que tinha coxinhas de galinha famosas e *sándvitchs* enfeitados.

Mas na hora caiu uma chuva e passou tudo para as salas de jantar e de lanche. A tenda foi no jardim, onde tem um banco e uma pedra. Teve orquestra, dança, foi tudo muito molhado e muito alegre. No dia seguinte eu já estava morando na casa. A viagem de núpcias foi um piquenique domingo à tarde na Quinta da Boa Vista.

Judith, a letã.

"Jambon"

Judith não era nenhuma estrela de cinema, mas Arnaldo gostava do sorriso franco que os dentes frontais, pronunciados e separados entre si, formavam sob olhos vivos e curiosos. Todos os dias ia buscá-la nos jardins do Palácio do Catete, onde ela trabalhava. Ali, onde cães e judeus podiam passear, Judith se reconciliou com as cerejas frescas, ou uvas, já que as cerejas eram bem mais raras que em Riga. Oferecia o braço ao pretendente e, do Palácio, iam para o Lamas, no largo do Machado, onde já estava reservada mesa, e ficavam lá, tomando aperitivos e espiando os sinuqueiros.

Quando fizeram um mês de namoro, ele pediu que Judith saísse mais cedo para o almoço.

"Hoje vamos conhecer a fábrica da família."

Tomaram o bonde, saltaram no Ponto dos Cem Réis, em Vila Isabel, caminharam até os portões de fundos da monumental Confiança Industrial. Arnaldo saudou o vigia.

"Tudo bem aí? Manda trabalhar senão eu ponho na rua."

O homem tomou o maior susto ao ver o gringo conhecido de quando morava nas redondezas e tinha uma oficina na rua de trás. Mas presumiu que, se entrasse no jogo, sobraria algum, visto que o gringo, outrora modesto, vestia terno bom.

"Tudo em ordem, patrão."

Na volta Judith foi pedida em noivado diante do palácio presidencial, e aceitou. O casamento foi marcado para dali a um mês, na casa da família.

Não houve saída triunfal, automóvel, latas batendo no chão nem céus estrelados. Levou-a logo ao quarto no alto da escada, cuja porta podia ser vista por qualquer um que estivesse sentado lá embaixo, na sala de lanches.

Na manhã seguinte, o noivo deixou o quarto de cuecas, triunfante, mãos enlaçadas atrás da cabeça.

"*Jambon!*"

Todos aplaudiram, e Julieta foi logo à cozinha fritar os omeletes de presunto, enquanto Judith, lá em cima, aquecia o embrião de Leonardinho no quarto escuro.

Leonardinho.

Leonardo lembra
("Meida'le")[*]

Olha, depois que a minha geração começou a nascer chegaram a morar na casa quase trinta pessoas. Na cabeceira da mesa de lanche ficava o Zeide, que era como a gente dizia "vovô" em iídiche. Engraçado era que, de tanto ouvir, os filhos também passaram a chamar assim. Ninguém mais dizia "papai", "Joseph", "vovô": era o Zeide, e pronto.

O Zeide era sério e bonito, tinha uns bigodes penteados. Exceção numa família com tanta gente feia como era a nossa. Puta que o pariu! Minha bisavó parecia uma bruxa. Diziam que Haisura era a mulher mais feia da Rússia. Ginda tinha um nariz de coruja e as bochechas inchadas. Adolpho era uma mistura dela com a bisavó. Papai tinha cara bonachona, e o Bóris parecia um gavião baixinho e sacana. Sabina era um monstro, e Zlata, difícil de olhar. Só Bella e Fanny se salvavam. Engraçado é que eu e o Jaquito, filho da tia Bella, saímos bonitos, mas ele não tem esses olhos azuis e esses pêlos ruivos no braço. O Dêive seria bonito se não fosse aquele queixo. Já o Oscar puxou a turma feia e ainda aperfeiçoou. Puta que o pariu!

Das primas, a Tamara era muito bonita, tinha umas tranças, e as coxas da Betty eram muito boas. Eu dançava com ela nos bailes e ficava excitado. Rosaly, minha irmã, era linda, depois virou uma musa, todo mundo no Rio se apaixonou.

[*] Em iídiche, "menininha".

Verinha, a caçula, não era nenhuma miss, mas não comprometia. O nome dela ninguém sabia de onde vinha. O meu foi em homenagem ao avô materno, Leon. Rosaly (batizada "Esther Rosaly") também tinha procedência: "Esther" da bisavó e "Rosaly" de uma canção de cinema. E Vera?

A gente não sabia. E o mais misterioso era que Ginda só a chamava de "meida'le". Aos outros netos, chamava pelos nomes com aquele sotaque cômico, "Lianardo, Ascar, Rusaly, Dávid". Não é que ela não gostasse da Vera, não. Adorava. Ficava horas acariciando os cachos dourados da menininha. Então, o que havia com o nome?

Um dia descobri: era homenagem à amante russa do Zeide. Eu achava essa hipótese sórdida, mas um dia perguntei à Fanny, pensei que ela ia desmentir, mas ela ficou sem graça e despistou.

"Isso eu não sei. Pergunta ao Adolpho."

Rosaly e Vera.

* * *

Não era só o Zeide. Os homens traíam muito. Os filhos e os genros. A Mina uma vez surpreendeu Auffsey beijando a bunda de uma mulata na despensa da casa onde moravam, no Flamengo. Ele tinha caso com Sônia Zariar, uma dona rica e elegante, parceira de Mina no baralho, que passava o dia jogando *pif-paf*. Quando soube, Mina pediu para um afiador de facas transformar uma vassoura em lança e foi à casa de Sônia, matar a desgraçada. Quando a empregada abriu a porta, a jogatina do dia estava no auge.

"Mina, querida! Vem que tem lugar pra mais uma!"

O que é que ela ia fazer? O *pif-paf* corria nas veias. Largou a vassoura, juntou-se às amigas e foi uma alegria. Nunca mais quis saber do caso.

Mas se vingou. Gritava para estudantes na rua que o marido era um ladrão, e, para desmoralizar o puto do Auffsey, os convidava para subir, sabendo que não seria atendida. Acabava passando por louca.

Os netos tinham um misto de respeito e temor pelo Zeide. Não sei dizer se eu gostava dele. Ele não era de muita conversa e tinha uns olhos de desaprovação. Tio Jorge sim: esse era uma alegria, uma bola. Gente que gostava de gente. A antítese perfeita do Zeide: se Joseph vivia para o trabalho, Jorge trabalhava para a vida. E tinha aquela cara boa, com a papada e as calças puxadas até o peito.

Ele nunca morou na Cinco de Julho. Desde o início foi independente do Zeide. Mas vinha sempre, principalmente nos fins de semana, passar o dia. Ficava horas contando histórias incríveis aos sobrinhos. A gente trazia os amigos da escola, meninos da rua e até cachorros só para ouvir o Jorge falar.

Pedro e o papa
(Segundo Jorge)

Meu filho Pedro viajou para grande congresso médico em Roma e foi visitar Vaticano. Ele estava na multidão e papa fez sinal para ele subir. Aí guardas levaram Pedro até quarto do papa, e papa disse:

"Pedro, como vai?"

"Vou bem, papa. Em que língua quer falar?"

"Italiano está bom, meu filho."

E Pedro falou e papa caiu sentado na cadeira e disse: "Nunca vi italiano igual!".

"Obrigado."

"Pedro, eu tenho grande doença de soluço, você médico fabuloso, sei que vai me salvar."

E Pedro foi à mesa do papa e fez receita que papa quando leu disse: "Nunca vi receita igual, já estou melhor só de ler!".

Então papa levou Pedro até a porta e disse: "Volte sempre para um chá!".

E quando Pedro chegou ao Brasil estavam já cartazes: "*Bem visto* doutor Pedro! *Bem visto* doutor Pedro!".

E Pedro beijou chão e pessoas gritaram e dançaram na rua e navios apitaram.

Jorge no teatro

Pedro, realmente, era um colosso. Estudante promissor de piano que de repente vira médico e, um belo dia, vai à Argentina e volta ao Rio com uma nova especialidade: fonoaudiologia, foniatria, nunca se sabia, mas que era a ciência das palavras bem faladas, da voz projetada longe, da língua e das sílabas em seus lugares (desde menino, nas folgas do piano, namorava as palavras e, aos dez anos, publicou um texto no suplemento infantil do *Jornal do Brasil*).

Da Argentina, Pedro trouxe uns instrumentos de metal, ferramentas para consertar as bocas mal articuladas. Com a voz grave, alta e estudada, ensinava os tímidos a soltarem a língua, crianças a não trocarem as letras e artistas a evitar vexames. Abriu consultório, a coisa foi bem. Podia ter se ajeitado. Mas eis que, de repente, de tanto estudar vozes, inflexões e usos fônicos, lidar com atores e compreender a verdade que se esconde por trás das máscaras da voz, começou a sonhar com os palcos e meteu-se a escrever peças de teatro. Poderia ter sido só um passatempo, mas não: virou autor popular e até transgressor, quando Rodolfo Meyer interpretou *Mãos de Eurídice*, monólogo que inaugurava um certo tipo de interação entre público e ator. A popularíssima *Dona Xepa* seria traduzida para dezenas de idiomas e adaptada para a televisão.

Nos bastidores, Jorge relampejava com o sucesso do filho. Não perdia uma apresentação da peça em que Alda Garrido interpretava a feirante carioca. Depois, ia ao camarim.

"Sou o pai do autor."

"Eu sei, senhor Jorge. O senhor veio aqui ontem."

"E daí?"

Passou a usar também o nome do filho para entrar em outros espetáculos sem pagar, o que irritava o lendário Lubeltchick, que trazia, uma vez por ano, a trupe americana de teatro iídiche.

"O espetáculo não começa enquanto Jorge Bloch não pagar e o senhor Ostrov não sair."

Ostrov era um grande estróina de polacas, para quem os pais de família judaica viravam a cara socialmente, embora freqüentassem amiúde o seu estabelecimento.

Jorge não se intimidava: deixava a sala ofendido, ia ao caixa e voltava brandindo o bilhete — enquanto Ostrov, o rufião, era expulso a joelhadas pelo leão-de-chácara.

Voando para o mangue

Esse jovem Pedro — médico, foniatra e dramaturgo — ainda encontrava tempo para cuidar da formação do primo Adolpho — que, rumando para os trinta anos, não fizera o segundo grau e, preocupado em progredir, queria estudar. A solução encontrada foi ingressar no artigo 99 do colégio Pedro II, que oferecia para alunos especiais quatro anos em apenas um e cujas aulas noturnas não atrapalhavam o expediente na gráfica.

Foram juntos fazer e matrícula e, para ajudá-lo a engrenar, Pedro dava aulas particulares ao primo três vezes por semana.

Aquele ano foi um verdadeiro espetáculo de produtividade. Às sete da manhã, Adolpho pegava no trabalho. Às sete da noite, deixava a firma (que havia se mudado do Andaraí para a rua da Constituição, um de seus vários endereços antes da Frei Caneca) e ia para a escola. Às onze, quando saía, ainda acompanhava os colegas à Leiteria Mineira, onde tomava uma média com pão e manteiga digna de um Luís XIV. Depois pegavam o bonde, desciam em frente ao hospital São Francisco de Assis e caminhavam até o casario do Mangue, em cujo meretrício internacional a clientela "aprimorava o francês", como se dizia, pela bagatela de 5 mil-réis — estampados na moeda comemorativa em homenagem a Santos Dumont.

Sob a alcunha de "voando para o mangue", a moedinha dourada (com a efígie do pai da aviação na cara e um par de asas na coroa) cintilava nos puteiros. Às vezes, quando faltava trocado, era preciso recorrer à grande lata de biscoitos onde Ginda guardava as economias.

"Vai lá e pede à *bábe* as moedinhas da aviação."

Naquele ano Adolpho aprendeu muito. Teve a cafetina polaca que era a cara da avó Esther. Passou noites em claro pensando que, apesar de todo o sofrimento, o destino da família poderia ter sido menos generoso. Teve também a dona que exigiu receber adiantado, e nem era um avião. Ofendido, Adolpho, que vestia um sapato bicolor de furinhos, ia fazendo cena, deixando o conjugado, chegou a abrir a porta.

Mas, ao topar com aquela sua cara no espelho oblongo na saída, franziu os olhos, refletiu, deu meia-volta e foi se desculpar.

"Você tem *razón*."

Pagou adiantado e dali em diante adotou a norma de pagar antes, em respeito às donas — mesmo às que nada exigiam, contentavam-se com o bom sapato e o jantar.

No fim do ano, formou-se com louvor. Como agradecimento a Pedro, comprou-lhe uma caixa de bombons finos. Pedro adorou, não queria mais que isso, a educação de Adolpho já era suficiente por si só e, se ingressasse na faculdade (sonho vão), estariam no lucro.

Quem não gostou foi a mãe de Pedro. Mal aberta a caixa, Taibe pediu ao filho que lhe confiasse o presente, que ficou por umas duas décadas guardado no quarto dela. Só quando a velha adoeceu gravemente a caixa reapareceu na cabeceira do leito da morte. Fazia questão de mostrar a prova às visitas que vinham prestar-lhe as últimas homenagens, ao médico e ao rabino.

"Pedro fez de Adolpho um homem. E olha o que ele deu em troca. Um presente de puta."

Impulsionado pela boa influência de Pedro, Adolpho chegou a cursar a faculdade de medicina, que abandonou ao fim de três períodos, diante de uma obscura constatação: "Tudo se resume a permanganato de potássio. O resto é uma merda".

Tentou outras atividades paralelas à gráfica, como a natação no Botafogo (time pelo qual torcia) e o remo no Vasco, o que lhe rendeu um bom peitoral e alargou-lhe os ombros.

Mas logo a grande onda dos cassinos chegou, tomando por inteiro suas forças e seus sentidos.

Fanny Caneca

Papai estava preocupado porque gráfica nessa época era *pequeninha* e tinha muito trabalho, clientes ricos estrangeiros, Pfeizer, Cyba, Gillete, Esso, Eternit. Um dia, minha *irmá* Zlata, que era cientista, acordou e disse para ele: "Se você comprar jornal todo dia *ieu* vou ver se encontro terreno para gráfica nova".

Entón Zlata leu classificados e achou terreno na rua Frei Caneca que papai foi visitar. Preço estava muito baixo porque ficava do lado de *prisón* e ninguém queria comprar. *Entón* papai disse:

"Esse terreno é fabuloso".

E outros disseram: "Mas Joseph, fica do lado da *prisón*!".

"*Ieu nón* tenho nada com *prisón*. Presos *estón* lá, *ieu* estou aqui."

E comprou e limpou tudo e terreno foi lindo, comprido, assim. Depois todos queriam comprar.

"*Ieu* vou dar tanto, seu Bloch! *Ieu* vou dar tanto!"

"*Nón* adianta que *ieu nón* vendo."

Papai *entón* chamou Bóris e disse: "*Ieu* quero engenheiro verdadeiro, bom e antigo. E quero saber tudo como *són* gráficas nos Estados Unidos."

E Bóris foi para Estados Unidos ver. E viu que lá gráficas tinham mesa de mármore e *nón* banco de madeira. Cozinha em vez de marmita. Lá operário nunca come na rua. Ele tem armário com guarda-roupa e sapato.

"Eles *són* gente. Têm que trabalhar como gente", papai disse, e mandou construir igual América.

Quando primeira rotativa ficou pronta — Webendorf, da Alemanha —, a casa toda acordou de madrugada, inclusive crianças, e foram todos lá ver o Zeide apertar o *botón*. E gráfica de Frei Caneca foi uma coisa louca, mais moderna e mais evoluída do Brasil.

Dêive vê
(Um outro ângulo)

Vou dizer: a Cinco de Julho foi o manicômio. Era o covil das serpentes. Tinha uma tia, a Zlata, que era brava pra burro. Um dia, ganhei um par de patins. A casa tinha piso de azulejo, e as rodas faziam um barulho que a Zlata não agüentava. Um dia os patins sumiram. Eu chorava. Então, passa uma semana e de repente a cozinheira está gritando com uma fumaceira no forno. Eu vou lá ver o que é e encontro os patins, o cadarço, a roda, tudo no fogo: Zlata, a cientista, tinha mandado cozinhar.

Quando fiz treze anos — puta que o pariu, era o meu Bar Mitzvah! — não fizeram nada pra mim. Não tinha roupa nova. Nada. Nem festa, nem bolo. O único presente foi um cinto. E um livro do Robinson Crusoé. Bom, o cinto sumiu. Eu gostava. Sumiu. Mas, como tinha uma placa prateada com a letra D na fivela, fiquei de olho. Passaram quatro anos e um dia fui jantar na casa do tio Jorge, na Tijuca. De repente, não é que vejo meu cinto na calça dele? O mesmo modelo. A mesma fivela. A letra D. De Dêive.

"Jorge, você pegou meu cinto de Bar Mitzvah!", gritei, no meio do jantar, quando ele se levantou.

"Como? Você está me chamando *ladrón*? Eu comprei!"

"Você é o Jorge. Jota. Seu apelido é Herchel. Agá. Mas D não pode! D é de Dêive! Me dá!"

"Não tinha com J, comprei com D. É proibido pela *constituiçón*? Tem outra coisa: sou seu tio. Tio em iídiche é Djadja."

Como ele era mais velho e muito querido de todos, fui voto vencido. Ele era assim. No bonde, quando vinha o rapaz cobrar, fazia uma cara de espanto: "De novo?".

Não era por mal. Era generoso, ajudava os pobres, deixava cliente dar calote. Mas gostava desses pequenos furtos. Ele tinha um esconderijo no porão da Cinco de Julho. Cada vez que vinha, aos domingos, guardava coisa lá, comida, vinho, mantimentos, frangos de festa. Comia e bebia lá mesmo, fazia a festa sozinho. Então os meus primos Leonardo e Jaquito resolveram prender uns fios de náilon no bocal das garrafas e, quando ele foi pegar uma, puxaram, como se o goró fosse mal-assombrado. Mas Jorge não ficou com medo não: deu um salto e agarrou a garrafa no ar, bebeu tudo e nunca nem quis saber o que tinha acontecido.

Uma vez, me levou para ver ópera nas coxias: ele conseguia umas vagas de figurante, com uma ou duas entradas em cena, fazendo parte de alguma multidão. Assim ia à ópera todo dia e ainda via o espetáculo por dentro. Teve também o gerente do Severiano Ribeiro que comprou um guarda-chuva dele e ficou devendo dinheiro. Entrou de graça no cinema durante um ano por conta, e ainda punha os sobrinhos pra dentro. O Jorge era o pouco que havia de bom no covil, e nem morava lá. Era uma alegria que vinha de fora. O Zeide era bem diferente. Não gostava de ninguém. Quando vinham meus amigos ele ia para a varanda e cuspia.

Um dia, quando eu era criança, ele me chamou e disse: "Quando os bancos estão bem, o povo está na merda. Quando o povo está bem, os bancos é que estão na merda".

Ginda, minha avó, era muito boazinha. O Adolpho adorava ela. Mas abusava. No tempo em que ele se viciou em roleta, às vezes não tinha mais de onde tirar e ia pedir a ela, coitadinha, que guardava trocados numa lata de biscoito.

"*Bábe*, vou te dar um cheque", ele dizia para a velha, que estava quase cega. Sabe o que era o cheque? Um pedaço de papel recortado. Ele era foda. Uma vez vovó desconfiou e disse que só aceitava cheque se fosse da minha mão. Em mim ela confiava. Mas aí o Adolpho me chamava e dizia: "Vou te bater se você contar". Eu tinha medo. Da cara que ele fazia. Da idade. Até hoje eu me arrependo de ter enganado a *Bábe*.

Mas Adolpho sabia ser companheiro. Quando fui trabalhar na firma, tinha um cliente grande, Vital Brazil, em Niterói. Fui levar provas de um anúncio. Pois na estação das barcas eu de repente ouço o Adolpho atrás de uma pilastra, como se estivesse se escondendo, com a mão esticada, me oferecendo dinheiro.

"Psiu, psiu, toma aqui. Vai ver filme no Cine Acre, deixa que eu levo isso."

O Cine Acre tinha aqueles filmes que nunca acabavam. Eu topei, claro. Nem quis saber. Só depois da última sessão é que entendi: em Niterói, o cassino abria cedo, às duas. Com a desculpa do compromisso, ele podia jogar a tarde toda. Estava no auge do vício.

Por causa disso quase perderam tudo. Quem salvou foi o Dutra, e depois, o fim da guerra, quando o Brasil ficou entupido de dólares e todo mundo tinha automóvel estrangeiro de linha. Os três irmãos compraram carros. Antes era um só para toda a família. O Adolpho chegou a comprar um Nash novo em folha para presentear um cliente.

O carro veio numa caixa e foi para o depósito da Frei Caneca, onde ficava a nova sede da firma. O Adolpho mandou desencaixotar e emplacar. Aí o tio Arnaldo veio para mim e disse: "Vamos dar uma volta".

Eu tinha uma amiga que tinha outra amiga que quando trepava era uma coisa... hummmmm... E saímos eu, tio Arnaldo e as duas. Eu estava tremendo. O Arnaldo ria como um boneco de ventríloquo. Se o Adolpho descobre, ele me mata.

Fomos pelo Alto da Tijuca. Pensei: "Meu Deus, agora é que vou morrer". Na subida o carro parou por falta de gasolina, o freio travou, o carro invadiu um bananal e batemos de frente na primeira árvore. No dia seguinte, o Adolpho foi inspecionar o carro. Não tinha carro. Ele fez aquela expressão que parecia um eclipse.

"Cadê?"

"Não veio", disse o Arnaldo, com a maior naturalidade, sem mover um músculo.

"Como não veio? Eu vi a caixa!"

"Era outra caixa."

"Que outra caixa?"

"Outra."

Ainda bem que os funcionários adoravam o Arnaldo e confirmaram a história. Mas Adolpho ficou de olho e, uns dois dias depois, no caminho do ponto de bonde para a firma, passou pela oficina do Nicola, o Nash estava lá, em pedaços, no reparo. Puta que o pariu. Ele deu porrada em todo mundo. Fiquei três dias escondido debaixo da cama.

Ele não era fácil. Dizia que meu pai era cagalhão. "Maurício é perigo de vida!" E a Bella, irmãzinha dele, dizia que ele era comunista. A Bella era um encanto, mas não me enganava: ela era má. Com essa história de cagalhão e comunista conseguiram botar meu pai pra fora de casa: papai e mamãe foram morar na casa dos fundos, atrás do quintal. Era o exílio. Fanny, que era passiva, deixou. Ela com aquele jeito manso também me fez muito mal e ao meu pai.

"Come, senão eu vou chamar o Borer", ela dizia, quando eu, pequeno, não queria comer. O Borer era chefe da Polícia Especial, que dava porrada em todo mundo.

Nem eu nem papai fizemos nada para merecer isso. Ele era um homem bom. Gostava de poesia, tinha ideais humanistas e nadava muito bem. Era ousado. Tinha medo de avião, mas, como queria conhecer uma irmã na França, tomou coragem e, em 1960, pegou o Douglas DC, turboélice da Panair.

Mas logo naquele dia, mal o avião decolou, já fez uma parábola e caiu na Ilha do Governador. Foi o primeiro acidente com vítimas da aviação brasileira. Eu estava com mamãe e minha irmã Tamara no terraço do Galeão e saí correndo na ânsia de ajudar. Quase me afoguei, mas vi papai sair ileso, sozinho, da fuselagem e nadar até terra firme. Foi um dos 85 sobreviventes.

"Ele era um bom vagabundo e fez natação a vida inteira só para se preparar pro acidente", disse o Adolpho, anos depois, no enterro de papai.

Ele era foda. Dizia essas coisas e tinha gente que ria. Eu chorava.

Ele tinha fibra. Não só sabia o que queria. Mas fazia. Se depois dava certo era outra coisa. Quando acabaram os cassinos ele se concentrou no trabalho e progrediu muito. No final, conseguiu passar para trás o Arnaldo e o Bóris e fazer a revista. Se dependesse de mim, não tinha feito. A família era de gráficos. O negócio era expandir a gráfica. Era o que o Arnaldo e o Bóris sempre quiseram.

Uma vez chegou um grupo da Finlândia, fabricante de papel. Fizeram uma reunião na Cinco de Julho. Bóris, Arnaldo, Adolpho. Queriam financiar uma fábrica de papel aqui. O Adolpho queria. O Bóris estava em dúvida.

Mas Arnaldo ficou com medo de complicar as coisas. Gemeu. Pra que ampliar? Do jeito que estava era bom. Então desistiram, e os finlandeses ofereceram o negócio para o Leão Feffer, que na época ganhava dinheiro com aparas de papel. Com isso, o Feffer virou um magnata.

O Adolpho gostava de mim, ouvia muito o que eu dizia. Chegou a me nomear gerente da gráfica. Até que ele descobriu que estavam descontando duplicatas demais todo mês. Eu sabia de tudo, mas não queria dedurar. Então ele convocou uma reunião com toda a diretoria.

"Vocês são uns merdas. Quem me sustenta é o Dêive."

E bateu no meu ombro. Naquela hora baixei a cabeça e disse, baixinho, para mim mesmo: "Minha vida acabou na empresa".

Eu tinha um Monza nessa época, e dava muita carona ao Adolpho. No fim daquele dia ele mandou esperar. Estava com aquele sorriso que parecia careta de desgosto. Me deu um beliscão. "E aí? Gostou?"

"Não. Você me condenou à morte."

Três ou quatro dias depois veio a prova do que eu dizia. Tinha sido eleito diretor social do CIB, o Clube Israelita em Copacabana que tinha sinagoga e salões, onde eu jogava biriba e um pouquinho de pôquer. Acontece que às terças-feiras eu tinha uma reunião no clube, que começava ainda na parte da tarde. Nesse dia eu saía mais cedo do trabalho. Um dia o Adolpho me chamou: "Estou muito triste com você. Soube que você joga toda terça-feira na sinagoga".

Alguém tinha ido buzinar no ouvido dele a minha sentença. Acabou tudo pra mim. O Adolpho passou a me chamar de senhor por um tempo. Depois amaciou, mas nunca mais foi a mesma coisa, e eu choro até hoje sempre que me lembro.

Agora a gente vai ter que interromper a entrevista porque eu tenho que fazer a quarta sessão diária de hemodiálise. Foi isso que sobrou da minha vida.

III.
OS JOGADORES

Leonardinho

O vento agita o mar e levanta nuvens de areia que se confundem com o céu branco do último meio-dia do ano. O TL azul-piscina de Leonardo, maravilha da classe média, marcha suavemente sobre o asfalto aproveitando a seqüência de sinais abertos (a "onda verde"), ótima para apreciar os quatro quilômetros de gente no calçadão, caminhando, deixando oferendas na espuma ou aguardando, nos bares, a virada para 1972. Na altura da Santa Clara, a duas quadras da Cinco de Julho, o sinal fecha e, antes mesmo de frear, Leonardo aponta para o homem na esquina. Corpulento, rosto redondo, papada respeitável, quase até o peito, o homem tem os olhos pequenos espremidos pelo inchaço das têmporas. Chapéu, suspensórios e um terno largo de alfaiataria, parece dessas figuras de outro tempo, espectrais, perdidas na paisagem contemporânea de um bairro.

O indicador de Leonardo treme.

"É ele."

"Quem?"

"Paizinho!"

A voz saiu gemida. Como nos gritos de sonho ruim.

Acontecia sempre, e eu corria ao quarto, assustado.

"É pesadelo com vovô Arnaldo."

Pedia para contar o sonho. Ele não queria. Uma vez insisti. Irritou-se, me deu um empurrão, caí de costas.

Na noite seguinte apareceu no quarto de cuecas.

"Desculpa."

Cantou em espanhol "*la última noche que pasé contigo*" e versos doloridos, "lábios que beijei", com rimas avacalhadas, "bocetas que afaguei". Contou o sonho. Gostava, quando menino, de bater a porta do Cadillac do pai. Do barulho que fazia. Até a vez em que viu o sangue espirrar na ferragem. Bóris correu, libertou a mão de Arnaldo. No final, foi só ferimento leve.

"Mas podia ter decepado."

Depois a unha ficou preta, da cor da carroceria. Diziam que o dedo do pai podia cair. Não caiu. No sonho sempre voltava o martírio frio da lembrança de ter visto a mão fofa, branca, antes de bater a porta, a tempo de parar.

"Paizinho!"

Mas não parou.

No rádio marrom Transglobe de múltiplas freqüências ouvíamos a Turma da Maré-Mansa, com os grandes humoristas do rádio. Antes de dormir Leonardo empinava as pernas numa impressionante pose de "ioga de gordo": só o pescoço no chão, a pança cobrindo o peito, as pernas eretas, quase alinhadas ao tronco. "É pra merda descer pra cabeça. Dá bons pesadelos."

Era só ele fechar os olhos para o pai corpulento voltar, como outrora, a conduzi-lo distraído pelas ruas, contemplando o mar, levando pela mão seu ruivo fora de série, como se fosse um cão de raça. Até que um passante se detinha, admirado pelo azul profundo dos olhos e das sardas principescas. Só aí Arnaldo se dava conta e exibia o filho, como um boneco de porcelana, um relógio Gobelin, um bibelô de puta. Ou pedra melhor, preciosa, daquela que comprava no lojista sírio da rua da Alfândega para a amante: Vilma Elisa, securitária de Niterói.

"Lembro até hoje do cheiro do negócio dela", recordava Leonardo, mastigando o vazio e forçando o ar pelas narinas, como um animal que tem o paladar ativado por um aroma indefinido.

Era uma manhã de domingo. Judith, grávida de Verinha, ainda nem tinha acordado e Arnaldo já mandara chamar o filho bem cedo. E logo veio a babá Maria vesti-lo de jardineira, bermuda de lã, mocassim e meia branca.

"Para passear com papai."

À altura da Santa Clara com a Atlântica pararam no prédio com escadinha, de onde desceu o mulherão de cabelos tingidos. Um vento quente de verão levantou a saia e rebateu o vapor de maresia e patchuli.

"É meu filho. Está um pouco gordo".

"É lindo. Parece uma moça".

A dona afagou os cachos largos de Leonardinho.

Arnaldo puxou o filho pela nuca com a mão massuda, meio carinho, meio porrada, ele nunca soube.

* * *

Você já viu barrigudo dançar?
quá, quá, quá, quá, quá.
Quando ele dança, oi, sacode a pança, oi,
quá, quá, quá, quá, quá.

Nos bailes, o menino pensava que a marcha tocava só para ele. E girava como pião no meio do salão, que girava em torno dele, cheio de olhos maus.

Estava gordo. Culpa das tias, principalmente Bella, que, achando-o pálido, mandava servir fígado de galinha. Culpa também da babá Maria, em conluios com Julieta para ver o sorriso do lindo e guloso Leonardinho quando via a frigideira despejar a omelete. Culpa de Judith, concentrada no trabalho comunitário no comitê das damas da ORT, uma organização judaica internacional, nas partidas de buraco do CIB ou naqueles bordados que duravam anos, com vitrais de Chagall tramados em lã. Foi Zlata, a cientista, quem resolveu partir para a ação: levou-o a um especialista americano que receitava e vendia a última palavra em emagrecimento — a Gortulina —, espécie de marmelada que vinha em potes de rótulo bonito.

De passagem pela cidade, o esperto doutor recebeu Leonardinho e seu pai na suíte do Copa, para onde, naqueles dias, corriam em romaria gordos de todo o Brasil. Metido a psicólogo, o marmeleiro americano separou dois potes para a dieta de um mês e anotou, no pé do receituário: "*Lacks father affection, leading to compulsion*".*

* "Falta-lhe afeição paterna, o que leva à compulsão."

O festeiro Arnaldo, com sorriso de boneco, ao fundo, num dos bailes do CIB.

Sentindo-se culpado, Arnaldo chegou em casa abraçado a Leonardinho, e a entrada foi triunfal. "Agora é nova vida."

Todos aplaudiram, e Arnaldo anunciou que também faria a dieta da marmelada, em solidariedade. Cumpriu a promessa até o momento em que a geléia lhe caiu mal e pegou três dias de cama só à base de caldo (durante os quais, realmente, perdeu peso). O menino, por sua vez, seguiu a dieta com entusiasmo: o marmelo ficava ótimo com queijo-de-minas, e os potes acabaram em menos de uma semana.

Raspado o último tacho, invadiu, num surto, o quarto do pai, que, combalido, nem notou. Abriu o armário, encheu as mãos com um punhado de gravatas de seda e saiu para vendê-las nos armarinhos, a preço de botão. Gastou a bolada de uma vez no café de esquina, o Brilhante, que servia xícaras de maizena gelada coberta por finas membranas de chocolate.

Restabelecido, Arnaldo deu por falta das suas gravatas italianas e saiu pela rua à procura do ladrão, mas nem precisou chegar à delegacia: à medida que percorria o quarteirão, as gravatas desfilavam nas vitrines a preços especiais.

"Um menino banhudo veio aqui", delataram, e desfez-se o negócio em troca de indenização. Em casa, Arnaldo arrastou Leonardinho à sala de lanches na hora do café.

"Gordo *ladrón*, vergonha de papai!"

"Deixa menino em paz!", Bella veio em socorro.

"Transformaram o garoto numa rainha!", Adolpho, numa trovoada, acusou.

Na cabeceira, Joseph, velho e trêmulo, apontou para a porta a exigir respeito e Arnaldo recolheu o filho — que lá dentro levou sabão de cozinha no nariz e cascudos com os nós do indicador.

Solto, refugiou-se no banheiro minúsculo e torto entre a sala de telefone e a de lanche, rebaixado sob um telhado que tornava o teto muito anguloso — de modo que urinar ali, só mulher ou homem sentado. Os cagantes, sim, esses tinham paz naquela arquitetura: o assento, largo e confortável, coberto por pano de veludo, era privada digna de um papa.

Leonardinho acalmou-se, deixou a vergonha passar e a nuca parar de doer, tirou o gosto do sabão com uma barra de chocolate roubada da gaveta da Sabina e leu gibis até adormecer, sem imaginar que uma vingança dos céus já se abatia sobre o pai.

Ao cair da tarde, uma tempestade de verão inundou os depósitos da gráfica. Temeroso como sempre do futuro, Arnaldo encheu-se de cachaça no Joaquim e, saudoso do menino, e sentou-se no meio-fio, a implorar.

"Traz Leonardinho!"

Telefonaram para a casa, mas não havia modo de encontrar o menino. Não estava lá, nem na escola. Onde estava Leonardinho, que no lavabo torto ninguém foi procurar?

"Traz Leonardinhoooooooo!"

Funcionários vieram em socorro e foram repelidos pelo patrão, aos safanões. Até que o Zé, do transporte, veio com a idéia genial de trazer Felisberto, anão do almoxarifado — que Arnaldo, mamado, enganchou, tomando-o pelo filho, e babou-lhe a cara de beijos e lágrimas. Dedo em riste, Felisberto desvencilhou-se.

"Peraí, seu Arnaldo, homem não!"

E sumiu nas imediações para nunca mais voltar.

"Leonardinho!", retomou Arnaldo, correndo para o meio da rua na direção de um bonde estacionado que, a seus olhos, vinha a seu encontro. Agarrado antes de se esborrachar nos trilhos, foi levado, à força, para a sala da diretoria, onde adormeceu.

"Deixa o puto dormir essa noite aí mesmo", recomendou Bóris.

Leonardinho, que ninguém achava (já se tinha inclusive acionado a polícia, sem contar nada a Judith), saiu do banheirinho na manhã seguinte despertado pela fome.

Ao vê-lo, Bella espantou-se: "Como pálido ele está!".

As tias todas apareceram como que de algum bastidor e o cercaram. Depois vieram Judith e Maria. Logo estava pronta a fritada de camarão, que ele engoliu, observado, com gula e gozo, pelas mulheres da casa.

"Olha a camisa", o motorneiro advertia os que se arriscavam no estribo do bonde quando passava por trechos esburacados e curvas fechadas. Nessas horas Leonardinho (que já não era tão *inho* assim) sentia o calor subir até a borda do peru e largava sobre a coxa o gibi — "Shana, rainha das Selvas", cabelos louros e soltos, pés descalços sujos de terra. Tomava uma linha diferente cada dia, com a mochila cheia de revistas e doces. Deixava o trem rodar bastante, desde que não passasse pelo colégio. Chegava em casa de pau duro e não sabia como resolver.

O diabo era que, nesse tempo, dividia o quarto com a prima de coxas torneadas e quentes, mais velha que ele, que veio de São Paulo passar uma temporada na casa.

Antes de dormir jogavam xadrez, passavam fotos e desenhos.

"Conhece? É o Caralho Voador."

Ela dormia pesado na cama de frente, oposta. Ele custava a cravar no sono. Mas, como a casa ficava na franja dos Cabritos, a uma distância média da praia, o orvalho filtrava a maresia e o ar temperado concedia umas horas de descanso à agonia. Acordava com o primeiro fio de luz vindo da janela atrás da cabeceira e o pássaro em ponta, junto com o sol, querendo amanhecer e, quem sabe, voar. A essa hora a menina, calorenta, já tinha empurrado as cobertas para o lado, mostrando os seus melhores ângulos.

Um dia Leonardinho tomou coragem, foi ao pé da cama, agachou-se, sentou à borda, de costas para a prima, e deixou o corpo escorregar até que o rosto se encaixasse no vão entre as coxas. Ao respirar-lhe a essência, sentiu que a coisa vinha para valer, como um sonho represado nas longas semanas que ficou ali, seco de desejo.

Mas o grito no andar de baixo empatou a farra.

"Faz um bife!"

Levantou-se de um salto e correu ao topo da escada para espiar. Lá embaixo Adolpho, chegado de uma noite ruim nos cassinos, pisava e torcia, com a sola de um sapato bicolor, o dedão descalço do sobrinho Oscar — que suportava a tortura calado. Quando foi solto, mancou apressado até a cozinha para esquentar, logo, a manteiga. Leonardinho lavou-se bem no bidê, voltou ao quarto e fechou os olhos. Mas o cheiro bom do bife não deixou ele dormir.

Leonardo no espelho.

"O Bloch"
(Segundo Lucy)

Era a virada para os anos 1940 e eu estava morando com mamãe por uma temporada no Rio de Janeiro, no edifício Líbano, onde tínhamos um apartamento. Um dia fomos jantar no OK, um dos restaurantes mais chiques da cidade. Na mesa em frente vimos cinco rapazes e um deles me reconheceu, era do Rio Grande, veio me abraçar. "Fizeste um sucesso tremendo, Lucy." Depois de um tempo ele volta à nossa mesa com o Adolpho Bloch, que tinha pedido para ser apresentado a mim, e os outros rapazes gaúchos escoltando ele.

No dia seguinte fui sentar com mamãe na praça do Lido e de repente vemos o Bloch e os gaúchos no outro banco. Ele achava que estar com os gaúchos aumentava suas chances. Eu quis ir embora, mas mamãe entrou na conversa e tivemos que aceitar carona para casa.

Cada dia então era uma surpresa: num, me aparece o Bloch num carro velho perguntando se eu queria dar uma volta. Recusei, mas mamãe insistiu, quis ir junto, demos a volta. Depois recebi rosas e, à noite, ele passou em frente ao prédio com o carro e buzinou. Desci e avacalhei:

"Esse carro é velho. E as rosas, a troco de quê?".

Mamãe me achou malcriada e eu guardei as rosas. Uma semana passou e ele apareceu com um automóvel zero: "Agora você não vai me dizer que o carro é velho".

Começamos a sair, e ele trazia as irmãs. Cada vez vinha uma. Exibia com orgulho aquelas peças humanas. Não saíamos sozinhos, acho que ele queria mostrar respeito. Trazia sempre alguém para passear junto, muitas vezes os sobrinhos, como o Dêive e a Tamara, que gostavam de mim.

Até que fez um jantar em casa. Todas as irmãs me acharam muito bem vestida, e a Sabina fez um banquete. Elas me admiravam, tratavam bem, mas tinha uma coisa egoísta naquele afeto: eu era a estranha, a gói, e ouvi uma vez a Bella se referir a mim, aos cochichos, como "a puta do Líbano".

Mas eu me divertia, falava muito e achava engraçada a coisa de chamarem o Bloch de *Abracha*. Era comovente o amor de Ginda, velhinha, por ele, e o apego dele pelo tio Jorge, bem mais do que pelo pai. Comentava-se muito que ele era filho do Jorge.

Acabei cedendo ao encanto da família. Mas, como sabia que ele queria muito casar, impus uma condição: já que na sinagoga era impossível, tinha que ser na igreja. Ele disse que não podia, que o padre não ia aceitar, mas eu expliquei que era permitido casar no católico sem mudar de religião. Ele topou e fomos falar com o padre, que era irmão do Castello Branco. No fim, ficaram amigos, o Bloch vivia mandando rosas e santinhos para ele.

Por ser mista, a cerimônia foi feita na sacristia e não no altar principal. O Bloch pediu três carros para buscar os sobrinhos, que assistiram ao casamento com a condição de não contar nada aos irmãos, tios e pais.

Não demorou, descobri que o Adolpho era um jogador, e aquele era o auge dos cassinos. Eu ficava acordada até quatro horas. Isso durou até o Dutra fechar as roletas. E vou dizer: foi por muito pouco que não perderam a empresa para a banca.

Lucy e Adolpho.

Noite ruim em Niterói

Preto, 17!
Deu preto 17!
E nem um cão
entre os amigos
encontrou!

Adolpho jogava sempre no mesmo número e cor, fato que muitos atribuíam ao tango de Nasser e Herivelto, coqueluche nos salões. "Nunca escutei", jurava, mas todos sabiam que os trágicos versos percutiam docemente nos seus ouvidos como ficha no feltro ou bolinha saltando na roleta. Claro que o Preto 17 acabava saindo, na dança das probabilidades, mas quase nunca além delas.

"E daí?", rosnava, quando lhe mandavam variar o número, e jogava em dobro, vingando-se. Se o dinheiro acabava, o jeito era fazer retiradas do caixa da firma. Ou apelar à agiotagem, às duplicatas e até à caixa de biscoitos de Ginda. Numa noite de compulsão em Niterói chegou a alternar sete mesas até não restar ficha. Procurou Arnaldo e o cunhado Marcos, recentemente casado com Bella, mas eles estavam batidos na banca do bacará. Foram os três à me-

145

sa central e, surpresos, viram Auffsey, marido de Mina, cercado de gente. Incrédulo, contemplava cinco grandes pilhas de fichas.

"Chega, vamos embora", ordenou Adolpho, num raro momento de sensatez, vendo a oportunidade de saírem bem e dividirem os lucros. Puxou o cunhado pelo braço, mas Auffsey se desvencilhou e, erguendo o queixo ornado pelo cavanhaque escovinha, declarou em sintaxe russa, dedo em riste: "Só quando fichas chegarem até barba!".

Com um grande gesto fez as pilhas ruírem, espalhando-as por todo o feltro e atrapalhando apostas alheias, o que lhe valeu esporro do crupiê, metro e meio, voz de barítono.

"Bárbaro!"

Auffsey empurrou as fichas para os vermelhos ímpares. Adolpho tentou impedir:

"Aposta metade no..."

A roleta girou, soberana.

"... Preto 17!", gritou o crupiê.

Arnaldo e Marcos levaram Adolpho dali. Teria sido o palpite da noite.

Auffsey permaneceu por um tempo ainda, com os olhos fixos no vazio onde antes se erguiam castelos de fichas.

Lá fora, o relógio na fachada marcava duas da madrugada. Na pequena venda em frente ao cassino, a fumaça de pão com lingüiça espalhava-se com a brisa do porto. Auffsey foi encarregado, como punição, de ir ao caixa apanhar a estia (esmola que as casas davam aos arruinados, para o lanche e a passagem de volta).

"Vê lá, hein?", advertiu Adolpho.

"Não sou moleque", ofendeu-se Auffsey.

Meia hora depois, voltou de mãos vazias, passos em ziguezague. Ao pressentir o desastre, Adolpho avançou.

"Filho-da-puta!"

Tombou como um muro sobre o cunhado. Arnaldo veio acudir com golpes nas cabeças, amortecidos pelo sanduíche.

"Os judeus estão se matando!", desesperou-se o leão-de-chácara, tomando o molho de tomate por sangue.

"Jogou a estia!"

"Me deixa em paz! Isso é um vício maldito!"

146

Desfeita a briga, em respeito aos clientes tão fiéis, o gerente concedeu outra estia.

Na barca Adolpho passou o percurso debruçado sobre as ondas. Do lado oposto, Auffsey, num espaço entre duas fileiras de bancos, escondia-se. Sentado retraidamente em sua cadeirinha, Marcos, inocente, tentava dar cabo de seu lanche.

Alheio num dos bancos laterais, Arnaldo tinha outros assuntos. Com uma dona cheirosa, banho recém-tomado, cabelos ainda úmidos tingidos de cor de gema. Usava saia de tergal estufada e, sob as meias cinza-claras, mostrava as coxas fortes, morenas.

"Moça elegante no batente *tón* cedo?"

"Securitária Vilma Elisa."

"Arnaldo Bloch, gráfico."

A dona aproximou-se e soprou, em cheio, no rosto do judeu, o perfume da sua voz.

"Muito prazer, seu Arnaldo. O senhor já tem seguro?"

Arnaldo, Marcos e Bóris.

O polvo

No dia seguinte ninguém na casa queria encarar Leonardinho. Dissimulada, a prima de coxas quentes estivera acordada o tempo todo, mas deixou o gordo bolinar à vontade e, assim que a casa acordou, foi delatá-lo aos pais e tios. Cientes, afinal, de que a responsabilidade no episódio era coletiva, contemplaram Leonardinho com um quarto só para ele: ao mesmo tempo um castigo e um presente. E teria sido ainda pior se a atenção da casa não estivesse voltada para a porrada que comia solta em decorrência do comportamento de Adolpho na madrugada anterior, sobre o qual Oscar se queixara a Bóris, seu protetor.

Bóris cresceu para cima de Adolpho, que ouviu calado e levou do irmão um tapa na orelha, sem revidar. Sabia que as coisas andavam pretas para o seu lado, e não era só o 17: eram as promissórias, aos milhares, acumuladas em torres de dívidas, como fichas. Sem piedade, Bóris aproveitou a crise para acordar o Zeide aos socos na porta.

"Teu filhinho vai nos levar ao fosso!"

Já vinha, desde a ascensão nazista na Europa, cuidando sistematicamente de instalar o pânico no coração do patriarca.

"O governo vai tomar tudo, *pápe*!"

Já era 1942, mas ainda estavam frescas as cicatrizes da aproximação entre

Vargas e a Alemanha, e todos se viam muito preocupados. Mina, que se mudara com Auffsey da casa em Copacabana para um sobrado no Flamengo, ligava todo dia.

"Estão mandando matar judeus no Catete!"

No fim daquele dia o coração do Zeide, traumatizado de fugas e guerras, fraquejou, o velho acabou tendo uma síncope, caiu de cama, precisou de balão de oxigênio e sangria.

Assim que melhorou, mandou chamar os varões.

"Vocês resolvem tudo."

Transferia as ações, contentando-se com a renda das aparas de papel, vendidas no mercado.

Nascia, assim, das entranhas de Joseph Bloch & Filhos, a novíssima Bóris Bloch & Irmãos, com ações divididas por três e ingerência moral de Bóris.

Joseph, no final da vida, entre crianças, em espetáculo de mágica na Cinco de Julho para angariar fundos para vítimas da Segunda Guerra.

Mesmo derrotado, Adolpho teve sorte: com a queda de Vargas, em 1945, e a redemocratização, começaram a chover encomendas de trabalhos gráficos de propaganda política para as primeiras eleições livres após quinze anos, que levariam Dutra ao poder.

Durante alguns meses, a questão do jogo foi esquecida, as contas quase se reequilibraram e Bóris precisou da ajuda de Adolpho para dar conta das encomendas e até encarregou Arnaldo de importar, em regime de urgência, uma nova rotativa italiana, para atender à demanda.

Vendo aí uma oportunidade de faturar algum por fora, Arnaldo procurou, em São Paulo, o cunhado Moses Gerson, que trabalhava no ramo de importações e representava um fabricante de rotativas. Com a crise na Europa pós-guerra, o homem estava liquidando o estoque. Inclusive lotes condenados, resgatados de cargueiros naufragados e recauchutados para funcionar até o desembolso do pagamento.

"Ótimo, vamos desovar uma dessas", exultou Moses. "Eu compro a preço de ferro-velho e vendo a vocês a preço de nova, mas com um puta desconto. O Bóris vai ficar feliz."

Arnaldo cuidaria do desembaraço da mercadoria na aduana e daria um jeito de torná-la operacional antes de Adolpho e Bóris descobrirem a mamata. Em troca, embolsaria a metade do faturado.

Para que tudo saísse bem, Arnaldo envolveu no desfalque outro cunhado, o inseparável Marcos, marido de Bella, oferecendo-lhe uma parte menor, desde que ele cuidasse da papelada.

Marcos, que trabalhava na área de compras e vendas e tinha experiência nos trâmites, ponderou: "Arnaldo, isso é um saco furado. A empresa precisa da máquina. E quando abrirem o caixote?".

"E daí? Quando abrirem o caixote já está tudo resolvido."

"O que está resolvido?"

"Já vai estar no banco."

"O quê?"

"A nossa parte, inteligência rara!"

"Arnaldo, isso vai estourar pro nosso lado, é uma questão de tempo. Você é dono da empresa."

"Por isso mesmo. Eu sou dono, eu decido. Damos uma bola pro pessoal da oficina, eles fazem aquela porcaria funcionar. O Adolpho não vai nem perceber."

"E o Bóris?"

"No Bóris temos que ficar de olho. O jerico é perigoso."

"Você é louco! Vão descobrir tudo! A máquina não vai funcionar! Vão me pegar!"

"Marcos, quer saber? Vá à merda. Não quer participar, não participa. Mas não me enche o saco. Deixa de ser cagão. Ladrão tem que ter coração forte!"

A transação foi feita conforme o combinado, o pagamento embolsado num prazo excepcional, o dinheiro repartido de acordo com o que fora acertado, e o grupamento com dez caixotes prontamente retirado do porto para que os reparos começassem antes que os irmãos descobrissem.

Adolpho passava uns dias em São Paulo, mas Bóris estava no Rio quando a máquina chegou. Arnaldo prontificou-se a ir buscar.

"Bóris, não precisa se preocupar, eu vou lá e cuido de tudo. Descansa, você anda fodendo muito, vai ficar tuberculoso. Vai pra casa, querido."

"Tem certeza de que você dá conta?"

"Você devia tirar uns dias em São Lourenço, olha só essa palidez... vai descansar, filho-da-mãe!"

Desconfiado do excesso de zelo, Bóris não pegou no sono. No último instante, pôs um chapéu bem enterrado, apanhou um paletó, tomou um táxi e entrou incógnito na Frei Caneca por uma porta lateral de que tinha chave para não ser notado pelo vigia, que era cupincha de Arnaldo. Com todo cuidado, instalou-se no escuro de uma das salinhas de controle, para espiar.

Chegara no momento exato em que operários, com o auxílio de pés-de-cabra, abriam o primeiro caixote da rotativa, sob supervisão de Arnaldo. Ao seu lado, Marcos, transpirando muito, olhava para os lados a todo instante. O último sarrafo de madeira cedeu e um componente da rotativa foi retirado com esforço e disposto sobre uma pequena carreta.

Arnaldo, Marcos, os operários, o chefe de unidade e os técnicos guardaram um silêncio pasmo: o exportador não se dera sequer ao trabalho de cromar, ou ao menos lubrificar, a peça. Cobertas de ferrugem, úmidas, as engrenagens fediam e, entre as roldanas, havia algas apodrecidas. O fedor infestou o parque gráfico e foi sentido até na penitenciária. De um furo circular nas ferragens, pendia algo semelhante a um braço, esbranquiçado e poroso, com a ponta mais fina que o resto.

"Que merda é essa?"

Um operário tomou a iniciativa de desparafusar uma seção da máquina, de onde despencou o polvo gigantesco em estágio avançado de decomposição, mas ainda gordo.

Foi a deixa para Bóris irromper no centro da oficina. Engalfinharam-se. Marcos fugiu. Os operários tiveram dificuldades para separar os irmãos. Adolpho foi chamado às pressas de São Paulo para decidir o que fazer com Arnaldo, que, na cara dura, tentou distribuir o butim, ao que Adolpho e Bóris fizeram-no ver que estariam repartindo o dinheiro que lhes fora roubado. Com a interferência de Judith, Arnaldo acabou tendo que convencer Moses a desfazer o negócio, redirecionando o dinheiro para a compra de uma máquina nova e operacional. Dias depois, Adolpho chamou Marcos num canto.

"Da próxima vez faz tudo comigo que dá certo."

Expedição ao Quitandinha

Uma vez eleito o Marechal Dutra, começaram a circular os boatos de que por insistência da primeira-dama, dona Santinha, muito religiosa, os cassinos iriam fechar.

A notícia caiu como uma bomba na Frei Caneca.

"Vamos recuperar", conclamou Adolpho, lançando-se ao périplo da redenção. Se já fazia semanalmente a ronda das casas, passou a fazê-la diariamente: Copa, Urca, Atlântico, Niterói, onde quer que houvesse mesas abertas — e aquelas eram as últimas, as mais febris da história da roleta pátria.

Resumo da ópera: de 1941 a 1946, Adolpho, Arnaldo, Marcos e Auffsey jogaram tudo o que passou e não passou pelos cofres. O que haviam faturado com a campanha eleitoral foi investido naquele esforço desesperado. Bóris, que podia ter impedido a sangria, fez vista grossa e assistiu à derrocada de camarote.

Até que, em maio de 1946, o presidente Dutra cedeu aos apelos de dona Santinha e baixou o decreto proibindo o funcionamento dos cassinos em todo o território nacional. No entanto alguns, como o Quitandinha, em Petrópolis, ainda funcionariam por uns dias, graças a uma licença especial. Foi agarrado a esse fio de esperança que Adolpho liderou a última expedição.

Às três da madrugada de uma noitada de abril, seus gritos foram ouvidos pelos hóspedes do grande hotel Serrano, muitos dos quais, na manhã seguinte, comentaram os estranhos ecos de Bloch pelos corredores, socando as portas a esmo, acordando o irmão e os cunhados — que o haviam deixado sozinho — querendo descer a serra imediatamente.

A receita do mês, a provisão para os salários, os impostos — fora tudo para o espaço.

"Ele vai se matar e nós vamos nos foder", Arnaldo temeu.

Marcos tentou convencê-lo a não dirigir, mas Adolpho assumiu na marra o volante e permaneceu a primeira meia hora de viagem num silêncio apocalíptico.

No banco de trás, Leonardinho dormia ao balanço das pirambeiras, sob neblina espessa. Era comum levarem crianças para jogar na serra: em caso de perda feia, podiam ser deixadas como garantia até que descessem a serra e subissem novamente com o pagamento. Isso já acontecera uma vez, após uma noitada catastrófica no Higino.

Numa longa reta em declive, Adolpho apertou o volante do Cadillac, estrangulando o couro carmesim. Com os olhos submersos num ralo escuro, levou as mãos às têmporas, deixando o volante a esmo.

"O QUE FOI QUE EU FIZ???"

Jogado contra a porta pelo empuxo da curva, Marcos, o carona, não alcançou o volante, mas, desafiando todas as probabilidades, esticou a perna o suficiente para tocar com a ponta do sapato o freio, obrigando o carro, já um pouco além da margem do abismo, a interromper, contra a vontade, o mergulho para a morte.

Do rescaldo dessa grande crise emergiu, num sábado, com saia de tergal e coxas de meia cinzenta, a securitária Vilma Elisa, ao portão da Cinco de Julho, e viu na varanda térrea o Zeide dormindo de boca aberta numa espreguiçadeira, bigode ralo, fidalguia em frangalhos. Arnaldo veio atender com um sorriso de surpresa.

"Achei que moça não vinha mais."

Tomou-a pelo braço, transpôs a varanda e entrou pela porta que dava na sala de estar, onde Bella ouvia música. Ao vê-la, levantou-se de um pulo do divã, aprumou-se, ajeitou o broche e o cabelo.

"Essa é minha irmã, Bella. Bella, essa é dona Vilma."

"Linda moça você é."

"Tenho negócios com ela", e puxou-a ao salão de festas.

Vilma encantou-se quando Julieta trouxe o grande compartimento de prata forjada, na forma de um balão anguloso, a torneira e a base de carvão quente. De longe o samovar parecera-lhe uma urna funerária. De perto, o reflexo do cristal do lustre na mesa de ébano era um festival para a moça humilde.

Ao retirar de sua pasta os formulários da apólice, Vilma avistou, através das portas de madeira envidraçada, na varanda térrea, uma senhora tacanha, de pele clara e cabelos negros, a bordar.

"Minha mulher, Judith."

Saiu da casa sem vender a apólice, mas levou numa bolsa de veludo um colar de ametistas. No sábado seguinte, tomaram chocolate na Colombo. Domingo, foram a Niterói, beijar a mãe de Vilma. No final do dia tomaram a barca e, na *garçonnière* de frente para o mar, conheceram-se. Ao primeiro ronco de Arnaldo ela saltou da cama, fez faxina completa e lavou as manchas nos sofás, mal disfarçadas por águas de cheiro. Um dia também trocaria os móveis, compraria novos jogos de cama e de mesa e seria, com a graça de Deus, uma senhora de Copacabana.

Fanny vê Ginda ver

Mamãe era muito *intiligente*. Intelectual ela era. Sabia todas as histórias de Stefan Zweig e muita geografia. Ela nem falava português e já dizia de cor afluentes de Amazonas. Ela sofreu muito com calor, e *ieu* também. Se achei o Rio bonito? *Nón*. Achei calor. A gente no início *nón* sabia que tem lugar aqui como Petrópolis, e quando compramos casa na serra ela já era morta.

Papai teve alergia e, quando firma começou ganhar dinheiro, sentiu saudade e foi passar seis meses em Kiev. A gente tinha medo que ele *nón* voltasse, mas voltou, porque achou Rússia miserável. *Mamãe nón* quis ir com ele. Eles *nón* se falavam muito. Coitada. Ela foi muito fina. Hummmm... Ela tinha rosto lindo e macio.

Depois ela ficou enxergando mal. Sofria muito. Ficava na janela para pegar última luz da vida. Bóris tentou salvar *visón* dela e foi a grande oculista que morava na Lapa e ele disse "vou operar". Mas primeiro tinha emergência em Minas Gerais e quando voltou *mamãe* disse "*ieu nón* quero mais cirurgia". E ficou cega.

Um dia muito velha ela estava sentada na varanda, com Judith e as filhas, e de repente disse: "Estou vendo todo mundo, o que é isso?"

E ela olhou para Judith e disse: "Querida, você está com vestido *tón* bonitinho assim!".

E nós fomos todos alegres. Mas Bóris desconfiou e chamou médico, e médico disse que foi derrame que mexeu cérebro e ela viu pessoas na hora do ataque.

Entón ela foi de novo cega, deitou, tomou quarenta xícaras de chá e morreu.

Reinado de Bóris

Bóris chorou como um rio no enterro da mãe. Assim, às lágrimas, aproveitou o atordoamento geral para colher assinaturas de Arnaldo e do Zeide na papelada que destituía Adolpho, o culpado pela situação, da diretoria, e redistribuía as ações em quatro partes, das quais o protegido Oscar passava a ter uma cota. Do abismo nascia Gráficos Bloch SA, sob o reinado de Bóris, o habilidoso, o culto, o viajado, o "jerico", com sua pose, o nariz e barriga empertigados, insolentes.

Bóris, o grande vendedor de anúncios, abrira as portas para a publicidade da época, faturando as caixinhas da Gillete e os rótulos de fortificante Phimatosam. Excêntrico, colecionava fantasias importadas, que trajava não só nas ocasiões festivas, mas também nas formais: recebia clientes vestido de pierrô; fornecedores, em traje viking; e fiscais, em chifres gauleses.

Priápico diagnosticado, passaria várias vezes pelo consultório do doutor Aron Ackerman, médico e mágico reputado, com direito a carteirinha da associação dos ilusionistas e uma coluna de truques publicada no jornal *O Globo*, sob a alcunha de "AronAke". No mesmo jornal saía, várias vezes por semana, um tijolinho anunciando seus serviços:

Dr. A. Ackermann
Blenorragia — tratamento rápido
Distúrbios sexuais — Doenças das Senhoras

Aparelhagem completa para diagnóstico e tratamento das doenças
dos órgãos genitais-urinários. Exames de laboratório para controle de cura.
Processos empregados nas clínicas de New York, Berlim, Viena e Paris.
Das 13 às 19 horas, Rua Uruguaiana, 24, tel 22-2447

Num tempo em que a única droga conhecida para a gonorréia era o Elixir 914 — que, além de não curar, era indutor de seborréia, diarréia e outros efeitos sem rima —, Ackerman, cerimonioso, mexia nos caralhos com astúcia, fingindo extrair-lhes uns cristais fluorescentes, escondidos entre os dedos.

"Os cristais bacterianos já foram retirados com sucesso. Agora precisa tomar uma injeçãozinha de vitamina."

Vitamina era codinome para a recém-descoberta penicilina, que o Brasil ainda não tinha licença para produzir, mas que já era usada nos Estados Unidos e na Europa e tinha rota de contrabando garantida.

Na sala de espera, um quepe com insígnias da marinha repousava numa das extremidades do cabideiro, impressionando os clientes.

"O doutor está com o almirante", dizia a secretária.

Como o almirante nunca aparecia, os mais assíduos pediam explicação.

"É homem de confiança do presidente, só sai pelos fundos", desculpava-se.

"Sem apanhar o boné?"

"Que boné?"

"O que está no cabideiro."

"Aquilo é o quepe de emergência. O almirante tem outro."

Bóris, o ilimitado, almejou as filhas do ricaço Ostrov, polonês que passava as tardes tomando Campari na pérgula do Copa, que os irmãos muito freqüentavam. Em companhia do rufião, sempre duas ruivas idênticas, que apresentava como suas próprias filhas — e os traços eram, de fato, parecidos.

"Ele tem um *bilhón*", sussurrava Arnaldo, que já fora apresentado às gêmeas, tomara vermute com Ostrov e até inventara apelidos em russo para elas.

"Como se chamam?", Bóris quis saber.

"Uma é *Ia ne Galodni*. Ela fala muito e quase não come. Outra é *Ia ne Gavariu*,* que come muito e não fala.

Um dia Bóris puxou Ostrov pelo braço e deu voltas com ele em torno da piscina do Copa, até apertarem as mãos, selando algum acordo.

Na semana seguinte, a notícia já corria: "O Bloch traçou as filhas do Ostrov".

Aos que lhe perguntaram, o gráfico não negou.

"Eram semelhantes e dessemelhantes como duas tangerinas. Descasquei-as ambas."

Por vender, além das filhas dos outros, as próprias filhas (gêmeas!), Ostrov virou um pária na comunidade, e Bóris viu chegar a hora de sossegar o facho: entrou em namoro sério com Rita, filha de um industrial de origem também eslava.

"Agora é vida nova", prometeu, pediu-lhe a mão, e casaram. Foram morar num apartamento de luxo na Paula Freitas, a um quarteirão da praia. De modos aristocráticos, a pequena detestava a família do marido.

"*Kagda va Bloch cushet sup, tak sinphonie!*",** dizia à mesa de lanche, e as bochechas de Bóris inchavam de humilhação.

Logo se viu que nada andava bem: a senhora Bóris Bloch estava sempre na serra, onde o pai tinha casa de veraneio. A esse respeito, Adolpho cuidou de espalhar o mau boato: "Ela só se deita com o marido em troca de jóias".

Dizia-se testemunha ocular da perversão: ao desembarcarem na Leopoldina — de uma viagem a São Paulo para receber por cartazes de propaganda política —, Bóris arrancara-lhe a maleta de dinheiro e saíra correndo da estação na direção do centro.

"Fui atrás dele. Ele parou no joalheiro português viado, num sobrado na Uruguaiana, esvaziou a maleta e escolheu jóias até não sobrar um tostão. Palavra de honra: tinha dinheiro para dois anos. Tentei impedir, mas ele me deu um soco no olho que me deixou um mês de cama."

Ao saber-se acusada de prostituição marital, a moça, em contrapartida, fez espalhar que Bóris era um anormal, daí as suas fugas para a serra, para escapar de sua influência e de suas orgias.

---

* Do russo, *Ia ne galodni,* "eu não tenho fome", e *Ia ne gavariu,* "eu não falo".
** "Quando os Bloch tomam sopa, é uma sinfonia!"

Arnaldo e Bóris (à frente) *com senhoras.*

E o que dizer das notícias que chegavam a ela sobre o comportamento do marido no trabalho, testemunhado por funcionários? Que, em sua escrivaninha, sem cerimônia, vivia a alisar o Biriba, cão felpudo e preto, roncolho e viril, batizado em homenagem ao mascote do Botafogo e aos carrinhos de levar bobina, assim apelidados no jargão dos gráficos. Os que o viam, contudo, juravam que o gesto era sem lascívia: manipulava o colhão singular como a um brinquedo para executivos, no curso de telefonemas e despachos.

O problema era que, depois de algum tempo, o cão ficava excitadíssimo, e Bóris, enojado, pedia para levarem-no dali. O roncolho saía da mesa agarrando as panturrilhas que via, até um dia topar com as da servente do cafezinho, e violá-la, num caso que acabou na delegacia. Como Bóris não podia responder por crimes de cão, acabou liberado desde que o bruto fosse recolhido aos canis públicos. Mas logo foi montada, pelos impressores, uma operação para salvá-lo, e Biriba teve que passar o resto de seus dias na clandestinidade da oficina, entre cilindros e depósitos de papel.

Meses depois, Bóris encontraria o ápice de notoriedade quando seu nome foi impresso nas páginas policiais, em manchete garrafal:

GRÁFICO RUSSO ESTRANGULA FILHA DE INDUSTRIAL

A esposa escapou por pouco da morte. Na audiência, Bóris confessou seus motivos: "Há anos ela não se deita comigo".

Num recesso, ainda tentou uma reconciliação: acompanhado do sobrinho Leonardo, subiu a serra e pulou o muro da casa da mulher. Voltou tonificado: ela o havia recebido para um último banho quente de chuveiro, em que fizeram um amor turbulento, o derradeiro.

Dias depois já estavam de novo no tribunal. A causa da promotoria era forte: além do comportamento desviante do marido, havia o caso de Bóris com Joan, cantora gospel americana, substituta da trupe das irmãs Sisters. Havia também a empregada do apartamento na Paula Freitas, que, ao testemunhar em favor da patroa, exibiu, no tribunal, uma calcinha maculada pelo soro do fauno.

Como não bastasse isso, veio o sogro com tudo para cima, contratando os melhores advogados. Bóris jurou vingança e mandou buscar nos arquivos uma foto que mostrava o velho abraçado a três vagabundas na saída do jantar natalino para clientes. Foi uma noite alegre, em que o homem até se congraçou com o genro ao vê-lo arrastar a cozinheira para o salão e dançar com ela um maxixe, para embevecimento geral.

Na saída, o viúvo posou abraçado a umas putas que caçavam os saídos desacompanhados da festa, mas logo partiu sozinho para o hotel, num táxi.

O pessoal das chapas retocou a foto no pincel, de modo a não se identificar o local. O fundo foi escurecido, dando à imagem um aspecto escuso. E as cópias, distribuídas à comunidade, aos funcionários e aos clientes do sogro, com um bilhete:

"Diverte-se nas melhores casas de tolerância do Rio".

Atingido em sua honra, o velho, inocente, contratou peritos que logo identificaram a origem das letras impressas, exclusivas da oficina do genro:

famílias tipográficas alemãs de última linha. E moveu um segundo processo, por falsificação e injúria, que custou uma fortuna.

"O senhor não tem mais condições morais de comandar a empresa", Bóris ouviu, cabisbaixo, de Adolpho. Arnaldo, fiel da balança, ficou neutro, facilitando a aprovação, em assembléia, da destituição de Bóris, que passava a opinar em relativa igualdade. "Bóris Bloch e Irmãos" dava lugar a "Gráficos Bloch". Adolpho, o quase abortado, estava pronto para nascer.

Lucy e a Troika

O problema do Bloch era com os irmãos. As brigas eram terríveis, ele chegava em casa com a roupa rasgada e sangue na camisa. Uma vez levou um lustre na cabeça.

Eu gostava muito do Arnaldo. Nós éramos amigos. Não sei por que o Bloch brigava tanto com ele. O Bóris não. Era uma pessoa má. Metido a intelectual, não suportava minha presença, pois eu tinha a habilidade de pintar e bordar e era boa cozinheira.

O Bloch se queixava muito dessas brigas e um dia eu resolvi engrossar: "Assim não posso. O casamento não vai continuar desse jeito. Você não está na Rússia. Está num país civilizado. Você é quem mais trabalha lá. Concentre-se".

Na época o Bloch estava imprimindo umas revistas para o Exército e também uma publicação de moda, coisa pobre. Então eu disse: "Adolpho, por que você não faz uma revista sua?".

Eu sabia que ele sonhava com isso e, no dia seguinte, ele me apareceu com o Henrique Pongetti, ex-cronista de *O Cruzeiro*, com quem a gente tomava banho de sol em Copacabana.

"Podemos começar amanhã?", ele perguntou, e eu disse: "Claro, criatura". E ele, com aquele jeito, "Lucy, você cuida de tudo".

A partir daquele momento a revista era sua idéia fixa. Quando soube, o Arnaldo ficou apavorado, fez de tudo para impedir. Aí o Bloch pôs a culpa em mim:

"A idéia foi da Lucy". E o Arnaldo, que era muito gentil, telefonou: "Lucy, se a idéia é sua, as brigas vão parar".

Então me senti mais à vontade para ajudar, e saí comprando casas em todo o Brasil para montar os escritórios, decorei todas, arrumei até dinheiro do exterior. Precisava ver como o Bloch cintilava de alegria.

Nasce *Manchete*, morre Joseph

Depois de Dutra, era a vez de Getúlio salvar a pátria. Alinhado com o editor Samuel Wainer — que havia patrocinado, nas páginas do jornal *Última Hora*, sua volta ao Catete em 1951 —, o presidente baixou um decreto permitindo que as gráficas e as editoras importassem máquinas com subsídios e sem direitos alfandegários.

De uma tacada, Adolpho importou rotativas como se fossem radinhos de pilha. O parque industrial, que já trabalhava na capacidade máxima, ficou com três dias de folga nas máquinas.

Além de revistas de pouca expressão para terceiros, os Bloch imprimiam alguns títulos infantis editados pelo também patrício Adolfo Aizen. Atendiam também a encomendas de gibis do empresário Roberto Marinho, que algum tempo depois pediu assistência na montagem de seu próprio parque de revistas, a Rio Gráfica, e Adolpho pôs uma equipe para trabalhar com o dono de *O Globo*.

Com a capacidade instalada no céu, faltavam apenas as centenas de milhares de exemplares para ocupá-la. Foi quando Adolpho recebeu uma proposta de peso: imprimir o almanaque *Reader's Digest*, gigante editorial americano de variedades. Bóris e Arnaldo acharam fabuloso: dinheiro fácil no caixa, sem responsabilidades editoriais.

Adolpho viu a hora de dar o próximo soco na mesa.

"Porra, se é para imprimir revista, vamos fazer a nossa própria."

Bóris foi voto contra. Arnaldo uniu-se a ele. Mas Adolpho já tinha a carta na manga: foi ao Zeide, que, velhinho, velhinho, teve um brilho nos olhos: "Uma revista..."

A revista já estava sendo gestada em banhos diários de sol no Posto 3, que reuniam Adolpho, Lucy, o jornalista Henrique Pongetti e o primo Pedro Bloch, que teve a idéia do título, irresistível: "*Manchete*".

Além de pertencer ao jargão da imprensa e até dos leitores, a grafia remetia à francesa *Paris Match*, que Adolpho tinha como um dos modelos para a linha editorial da futura revista e era a líder das semanais ilustradas européias (que tinham em *Life* sua congênere americana). Com a bênção do Zeide, o comitê começou a trabalhar na formação da equipe, sob o comando geral de Adolpho e as rédeas de Pongetti e Lucy, cheia de contatos na alta sociedade carioca e até na elite lisboeta.

O mercado de revistas era liderado por *O Cruzeiro*, dos Diários Associados, nas bancas desde 1928, com tiragens regulares próximas de meio milhão e estrelas como David Nasser, os traços do Amigo da Onça, de Péricles, e a verve de Millôr Fernandes. Adolpho, imediatamente, fixou-se na imagem de Assis Chateaubriand — à frente também da recém-inaugurada TV Tupi, a primeira a operar no país — como modelo de sucesso, ao mesmo tempo desejoso de diferenciar-se dele e superá-lo. A Pongetti uniu-se o jornalista Raimundo Magalhães Junior, conhecido de Adolpho dos jantares no Assírius — onde ocupava uma mesa junto à pista e dançava tangos. Para a parte gráfica puseram um anúncio de jornal, e veio Wilson Passos, desenhista industrial. Na publicidade, Dirceu Torres Nascimento dava as cartas.

A fundação da revista, na sala nobre da Cinco de Julho — onde as grandes festas e as rezas mortuárias se faziam —, teve o vitorioso Adolpho numa cabeceira, Joseph na outra, os irmãos no meio, Lucy, Pongetti e Pedro no lado oposto.

Semanas depois — mais exatamente em 26 de abril de 1952 —, *Manchete* foi lançada com grande campanha promocional, umas poucas dezenas de milhares de exemplares e a liteira da Marquesa de Santos na capa, com Inês Litowski, bailarina do Municipal, e a legenda: "Inês Litowski queria viver nesse tempo".

Manchete nº 1: *"A liteira da Marquesa de Santos e a bailarina Inês Litowski."*

A primeira edição anunciava um olimpo de repórteres e colaboradores, em que reinavam semideuses das letras como Rubem Braga, Otto Maria Carpeaux, Antonio Callado, Joel Silveira, Orígenes Lessa, Marques Rebelo, Manuel Bandeira, Cyro dos Anjos, Lygia Fagundes e toda a mineirada de primeira linha (Drummond, Sabino, Paulo Mendes Campos e Otto Lara). O próprio Drummond escrevia na estréia, e o crítico de arte Pietro Maria Bardi aprontava um barraco ao dizer que a maior obra-prima da arte moderna era um quadro do poeta Menotti del Picchia.

No corpo de reportagem, o respeitadíssimo fotógrafo Jean Manzon, em parceria com Rui Pena, acompanhava a rotina do Congresso e o desencanto do "zé-povinho" quando ia à casa legislativa pedir por seu futuro. Na abertura do texto, uma advertência: "O pior Congresso é melhor que nenhum".

Ao lado do expediente, num editorial intitulado "Um momento, leitor" e assinado "A diretoria" (leia-se Adolpho), é anunciado o paradigma editorial que orientaria as décadas seguintes: "Em todos os números daremos páginas em cores, para que essas cores se ponham sistematicamente a serviço da beleza do Brasil e das manifestações de seu progresso".

Ao folhear o número 1, o Zeide, já bem doente, gostou dessa profusão de cores brotando da névoa de preto-e-branco.

"Uma beleza."

É o que se podia dizer também da capa da segunda edição, tão bela quanto distante dos fatos: o perfil de um papagaio em plano fechado, sob o título "Os bichos também choram". Dentro, um longo ensaio fotográfico do mesmo Manzon trazia lágrimas de crocodilos, cobras em pranto e hipopótamos em crise existencial, entre demais agruras da alma animal.

A edição seguinte, cuja capa era ilustrada com razoável grau de cafonice belissimamente impressa, trazia como chamada principal "Uma fantasia de cores", que correspondia a um ensaio de poucas linhas sobre os "Sonhos de uma noite de verão" e uma batelada de desenhos. Na seqüência, *Manchete* foi aparecendo nas bancas com atrações tais como o fardão de Oswaldo Cruz, as lembranças de carreira de Maria della Costa, a evolução da saia rodada para o biquíni em alternância com o talento dos cronistas.

Tanta beleza e leveza, contudo, nem de longe faziam frente às enxurradas de *O Cruzeiro* nas bancas e a sua proporção de anúncios. Se, por um lado, *Manchete* se impunha como um fato de mercado, nem por isso provocava filas ou enchia o cofre. Os encalhes, necessários para a revista se fazer mais conhecida, se acumulavam com o passar dos meses, mas o corpo da revista não engrossava em publicidade e mesmo as colaborações de peso começavam a rarear.

De forma que, lá pelo número 17, um Bóris renascido das cinzas irrompeu no mezanino da Frei Caneca: "Adolpho, você está demitido!".

O caçula encarou-o com o olho que precedia os grandes acessos, mas o jerico não se intimidou e mandou chumbo grosso.

"Não era nem para você ter nascido."

Adolpho despencou-lhe em cima e, com as mãos em gancho, visou a jugular. Do pátio da oficina os funcionários assistiam, paralisados, ao embate na diretoria.

"Sou seu irmão!", implorou Bóris, quando o ar começou a faltar.

Arnaldo veio em socorro, escorregou, bateu com o ombro na quina de uma mesa. De súbito, Adolpho largou a garganta, enojado da carne mole e fria, úmida e peluda, como a de uma galinha velha. Correu para o banheiro e vomitou o almoço.

"Bóris morreu!", gritaram.

Mas quem estava mesmo para morrer, já instalado no leito da Cinco de Julho, era o patriarca, que da confusão nada sabia. À véspera do passamento, anunciado para a primeira quinzena de fevereiro de 1953, os três varões e o sobrinho Oscar, que já despontava na diretoria, levaram-lhe o caderno central da edição seguinte de *Manchete*, que ainda estava sendo impressa.

Na mesma edição, Henrique Pongetti (que passara a assinar todos os editoriais que abriam a revista) de última hora escreveu um emocionado necrológio, em que citava a casa da Cinco de Julho como coração da família. Segundo Pongetti, Joseph, em vez de morrer, "parava".

> Homens de trabalho como ele, que viveu muito tempo para ter tempo de realizar uma porção de coisas, não morrem: param. Parar é exato. Não se diz que morreu uma velha máquina gasta nas suas peças essenciais. Parou.

Adiante, o jornalista faz uma síntese da saga familiar, em que se equivalem o czar e o chefe supremo da Revolução:

Um dia chegam a Kiev os vermelhos. Nenhum outro instrumento de trabalho interessava aos vermelhos como as máquinas de imprimir, com aqueles tipos e aqueles preços passivos. As mentiras que sustentavam o czar, bem viradas ao avesso, sustentariam Lenine.

E fecha o elogio pondo na boca de Joseph as últimas palavras, pintadas com tintas de pompa que jamais sairiam impressas com tal formalidade na voz e na regência do imigrante:

Agora está perfeito. Agora eu posso parar. Não preciso ver uma prova da nova rotativa. E, depois, meus caros, com esses colapsos de eletricidade nem dá gosto mais funcionar. Adeus, estou parando, podem cobrir-me com a capa de lona.

O editorial de Pongetti sobre a morte de Joseph.

E o Zeide bateu as botas. O enterro foi muito chorado e sofrido, principalmente pelas filhas.

"Papai era o melhor homem do mundo."

A semana de rezas, contudo, foi abreviada: era preciso salvar, ou dar outro destino, a *Manchete*, seu belo corpo, seu bolso vazio, antes que fosse ela a próxima moribunda.

Gráficos, jornalistas e bancários
("A volta de Bernardo Peru")

Pressionado pelos irmãos a desistir da aventura, Adolpho, intempestivamente, pôs *Manchete* à venda. Foi do primo Bernardo Wull, o corcunda, a idéia de procurar Roberto Marinho.

Criado pela tia Fruma (que se casara nos anos 1920 e não chegara a morar na Cinco de Julho), Bernardo, outrora criança gigante, agora homem feito, pouco crescera em tamanho, contrariamente à corcova e à anatomia reprodutiva.

Nos tempos de solteiro, andou praticando uma pragmática modalidade de exibicionismo que consistia em atar à gigantesca genitália notas de cinqüenta dólares e surpreender, nos corredores ou escadarias da firma, as secretárias e serventes mais desavisadas. Às ofendidas, ponderava.

"Pense bem. É uma oferta irrecusável."

Com tamanho ímpeto empreendedor, o pequeno grande corcunda se meteu no ramo de entretenimento, iniciando o negócio com brigas de galo, passando pelo teatro de marionetes e chegando, enfim, ao rentável filão das lutas livres. Arrumou uma arena no aterro do Flamengo, o Estádio Brasil, onde se enfrentavam em batalhas uns tipos que atendiam por Homem Montanha, Conde Karol e Diabo Basco.

Trouxe shows cafonas do estrangeiro, águas dançantes de Santiago, os

Harlem Globetrotters e a trupe do mágico alemão Kalanagh, que, mal chegou, já fez das suas: em show aberto, atravessou a Rio Branco de olhos vendados ao volante de um conversível. Kalanagh era tudo que havia no baralho: em entrevista de rádio, adivinhou o resultado de um Flamengo e Vasco e, trancado num cofre debaixo d'água, antecipou um temporal de granizo em Teresópolis.

"Ele só não adivinhou que Bernardo Wull ia mudar o contrato", disse Adolpho, quando, à véspera da estréia no espetáculo, o primo se desentendeu com o ilusionista, que quis cancelar tudo.

Adolpho ofereceu-se para cobrir a diferença, e o show estreou com o famoso número do desaparecimento do Fusca. O problema era que Kalanagh já havia se pavoneado tanto pela cidade que a temporada murchou antes do tempo. Um fiasco total, pelo qual Bernardo Peru culpou o primo.

"Tua mãe te deu uma surra e você ficou aleijado", reagiu Adolpho, o real culpado pela deformação. Reza o folclore que Peru voltou empunhando uma maça medieval, em perseguição de morte. Fato é que, restabelecido da queda, o corcunda partiu para seu mais ambicioso plano: trazer ao Rio o lendário *boxeur* Joe Louis.

Caberia ao sobrinho Leonardo — que, aos quinze anos, fazia com os pais e a irmã Rosaly uma grande viagem de navio aos Estados Unidos — a missão de encontrar uns empresários mal-encarados do Saint Nicholas Arena e entregar-lhes a proposta. Aposentado e decadente, o campeão (que terminaria seus dias como motorista) aceitou o bico.

Conseguidos os patrocínios, garantida a cobertura em jornal, escolhido o local (o estádio do Botafogo, na enseada), só faltava assinar o contrato com as condições da grande luta, contra um estivador português.

Pelo instrumento, a batalha duraria pelo menos três *rounds*, para ficarem bem com o público, os investidores, a imprensa e a *bombonnière*. Louis, que aceitou tudo pacificamente, impôs uma única condição: "Só peço ao meu adversário que não toque em meu cabelo", ponderou, apegado ao gumex em seu pixaim ondulado de cinema.

Se o português não foi avisado ou se não entendeu, não se sabe; pois, ao primeiro clinche, agarrou-se em desespero logo à cabeleira de Louis e, com dez segundos de luta, já estava desacordado, esperando a ambulância, vertendo uma espuma vermelha pelo nariz.

O público invadiu as dependências exigindo o dinheiro de volta. A polícia interveio. Nos vestiários, Peru avançou sobre Louis.

"Vou te matar!"

"O que este aleijado quer de mim?", devolveu o campeão, pasmo, o corpo largado num sofá.

O evento teve repercussão na imprensa, chamando a atenção de Roberto Marinho, que convidou Bernardo para uma visita ao *Globo*, curioso em conhecer aquele estranho primo do Bloch que, além de tudo, era amigo do escritor José Lins do Rego e do jornalista Mário Filho.

"Ouvi falar que o seu primo está tendo dificuldades com a revista."

"Aquilo é um puto. Ele está fodido. Ele quer te fazer uma visita."

Excitado, Peru saiu do encontro direto para a Frei Caneca, onde Adolpho, atônito, via seu sonho editorial se esvair naqueles encalhes acachapantes.

O mais alto é o lendário boxeur *Joe Louis.*
À sua direita, Bernardo contempla, embevecido.

"Vai ao Roberto Marinho. Ele é meu amigo e gosta de você, é grato pela sua ajuda."

Marinho recebeu o homem da Frei Caneca com um abraço. Adolpho comoveu-se e chorou.

"Acabou tudo. É a minha *rúina*."

Constrangido, o empresário afastou-o e ofereceu-lhe um lenço.

"Bloch, você é gráfico. Esse negócio de editora não é, nunca foi, para a sua família."

Saiu dali com o lenço de Marinho no bolso e as mãos vazias. Como um compulsivo, pediu ao motorista que seguisse, rápido, para a *Última Hora*, onde Samuel Wainer, sem nenhuma compaixão, também desdenhou da oferta.

"Dou-lhe aí uns quinhentos cruzeiros pelo título, que é razoável, mas você fica com o prejuízo."

Ofendido, Adolpho trovejou. Chega! Agora não vendia mais porra nenhuma, nem que a Time-Life viesse com a oferta do século. Encorajado pelo humorista Leon Eliachar, desistiu de desistir.

"Adolpho, tenho uma idéia porreta."

"Chuta."

"Convida o Hélio. Ele vai esquentar a sua revista."

Hélio Fernandes, que já dirigira *O Cruzeiro*, topou vir à Frei Caneca, almoçou com os irmãos, foi bajulado, gostou do ambiente e da comida, e aceitou o convite. Mas com uma condição: "Quero total independência na linha editorial".

"Mas não posso nem palpitar?", gemeu Adolpho.

"Não. Só vai ver a revista depois de impressa."

Assim assumiu *Manchete* no número 25, com Danuza Leão na capa e um grande almoço no restaurante da Frei Caneca, com a presença da musa aniversariante. Convidou-se gente de toda a sociedade carioca. Dedicado à parte comercial da empresa, Oscar encheu o restaurante de clientes e publicitários. No almoço, foi inaugurado um mural do pintor Harry Elsas que mostrava os três irmãos numa cena de feira, misturados ao povaréu carioca, Adolpho vestido de padre, Arnaldo na confortável pele de ladrão, e o chefe da cozinha da Frei Caneca trajado de czar.

Mãos à obra, Hélio tratou de esquentar, e muito, as páginas. Inovou, ignorando a regra de ouro do *Cruzeiro* (na capa, só mulheres), e passou a alternar, com as damas da primeira, figuras viris como Eisenhower ou Stálin (um vivo, outro morto). As longas reportagens de até 24 páginas foram substituídas por matérias de duas ou três folhas vibrantes, grandes fotos e textos de alta qualidade discursiva e cunho muitas vezes sensacionalista, muitas assinadas pelo próprio Hélio. Na primeira página, chamadas carregadas de malícia ou de conteúdo explosivo:

"O flagelo dos entorpecentes"
"Faliu a Prefeitura do DF"
"O caso das quatro taradas"
"Contrabando na Alfândega"

Em sua redação blindada a acionistas, Hélio pisou fundo. Na reportagem "Por que não me ufano de meu país", retratou o Brasil como um paraíso de doenças diante do abandono da saúde. Metendo o nariz na diplomacia, Luiz Werneck passou o rodo na "Intelligentsia do Itamaraty", desenhada como um teatro frívolo onde predomina o medo de ser preterido.

Em "Os generais da imprensa", espécie de almanaque ilustrado, ponteavam Macedo Soares, Chatô, Wainer, Herbert Moses, Roberto Marinho e Carlos Lacerda, "especializado em criar fatos, fazer oposição e ser contraditório".

Era preciso alvejar Lacerda, que, através de sua *Tribuna da Imprensa* — jornal fundado por ele, principal porta-voz da oposição a Vargas em seu segundo mandato —, liderava uma campanha contra a *Última Hora* de Samuel Wainer, a quem acusava de se valer da proximidade com Getúlio "para se beneficiar de um empréstimo fraudulento do Banco do Brasil para colocar o seu maquinário em funcionamento".

Numa campanha de estranhas tonalidades, Lacerda carimbava em Wainer — nascido no Brasil, filho de judeus da Bessarábia radicados em São Paulo — a marca de "estrangeiro". E, numa espécie de devassa, entregava tudo: navios, datas, nomes eslavos.

Era só dizer o nome de Lacerda que a mãe de Samuel Wainer tinha uma síncope. Já as irmãs de Adolpho, apesar do anti-semitismo de ocasião, adoravam o político.

"Eu não voto no senhor, mas elas sim", disse-lhe Adolpho, quando, mais tarde, ele se candidatou ao governo do Rio.

Mina passava horas assistindo aos discursos na tevê. O sobrinho Leonardo implicava. Punha-se na frente da televisão, checava se havia alguém por perto e mostrava o peru.

"Olha o Lacerdaaaa!"

Mina esbugalhava-se, inchava as bochechas, mas não se movia. Aguardava o flagelo até que Léo se cansasse e voltasse para dentro. Já estava acostumada e até estranhou quando, metido a maduro (depois de uma colação de grau ou coisa assim), o sobrinho deu para lhe trazer uns chás.

"Que é? Ficou *gorgulhoso*?"

Na Frei Caneca, porém, Lacerda não tinha refresco. Numa edição de agosto de 1953, Hélio publica o passo-a-passo do dossiê, sob o título "Lacerda ataca Wainer", em que "o estrangeiro" se defende ao esclarecer, em inquérito, que o único motivo de não ser, no papel, brasileiro é o fato de a lei não permitir, obrigando-o a manter a nacionalidade dos pais. A certa altura Lacerda, obstinado, começa a também pegar no pé de Adolpho, o outro judeu com poderio na imprensa, ao questionar os financiamentos do banqueiro Magalhães Pinto para a compra de máquinas. Num lance de astúcia, Adolpho discou para a Tribuna e pediu para chamá-lo: "Olha só, Lacerda, só vou te dizer uma coisa: eu NÃO nasci no Brasil. Pode publicar no seu jornal".

Cheia de flashes, páginas soltas com *faits-divers*, páginas duplas de Rubem Braga, nova rubrica de Antônio Maria, "Soirrées" de Ibrahim Sued, a "Sala de Espera Fernando Sabino" e o humor nonsense de Leon Eliachar (ou, conforme a edição, "Eliachato", "Eliasheila", "Eliacharm", "Eliachapa", "Eliacheiro" ou "Eliajazz"), *Manchete* viu sua tiragem subir de novo e firmar-se num patamar próximo à primeira centena de milhares.

Os colaboradores de primeira linha passaram a escrever com mais regularidade e outros, novos, surgiam no plantel, como o jovem capixaba de dezenove anos Carlos de Oliveira, que, chegado direto da rodoviária, trazia no bolso um texto sobre o suicídio de seu pai e foi imediatamente admitido — da rodoviária para a posteridade.

Animadíssimo, Adolpho ajudou seu novo diretor, fazendo contatos com agências de fotografia internacionais e permitindo a Hélio trazer para a revista um conteúdo ligado aos fatos do mundo. Se na redação não incomodava seu diretor, na noite, libertado de suas limitações patronais de contrato, tomava uísque com Hélio em boates de Copacabana.

Contudo, para alimentar as rotativas que cuspiam revistas, garantir a folha salarial e os impostos no dia certo, não levar multa nem perder concorrências, Adolpho tinha que reinvestir tudo e ainda apertar o *trottoir* bancário.

E, na arte de tirar dinheiro de pedra, ele era o rei. Criou um notável sistema de compensação de cheques, geralmente envolvendo o Banco do Brasil e o Banco de Crédito Real de Minas Gerais, na Praça da Bandeira. A coisa funcionava mais ou menos assim: depositava o cheque descoberto do Crédito Real no caixa do Banco do Brasil; fazia o saque, na confiança, com o gerente, que segurava o cheque até ele cobrir o saldo; cobria o saldo no Crédito Real com um outro cheque, este do Banco do Brasil, contando com a paciência do respectivo gerente; voltava ao Banco do Brasil e começava tudo de novo.

Um dia o dinheiro acabava aparecendo, mas, até isso acontecer, ia empurrando a dívida em prazos extraordinários, sem juros, comprando máquinas e insumos, com uma única garantia: a conta estava sempre estourada.

A relação com os bancos e demais instituições era tão fluida que acabou trazendo para a Frei Caneca um dos gerentes do Banco do Brasil, Nelson Alves, para ser seu diretor financeiro; na tarefa de assessorar a área tributária, empossou ninguém menos que um fiscal da receita, José Bem Susan.

Na contabilidade figurava um cubano-americano de nome Nápoles, que tomava porres fabulosos no bar em frente e era auxiliado por Julio Rotberg, que Adolpho tirou da Editora Horizonte, que pertencia ao Partido Comunista — para o qual, ideologia à parte, a gráfica fazia cartazes de campanha e outros trabalhos.

Negócio era negócio e, não raro, sobrava até uma comissão para o emissário do PCB, Marcos Jaymovitch. Com o tempo, o homem nem precisava mais pegar autorização com Adolpho: uma vez faturado o trabalho, passava direto no caixa para receber o seu. O sobrinho Jaquito, ainda rapazola, no ímpeto de mostrar serviço, tentou barrar a jogada:

"O senhor não é um idealista?"

Com desdém, Jaymovitch nem se deu ao trabalho de argumentar.

"Menino, me chama aí o Adolpho que eu não converso com criança."

De tempos em tempos, os banqueiros, sentindo-se explorados pelo astuto imigrante, fechavam a torneira. Nessas horas, ai do Joaquim do bar da frente, cuja freguesia em muito dependia da atividade na Frei Caneca.

"Você está rico, Joaquim. Eu estou morrendo."

"Morrendo de quê? O senhor está até corado!"

"Me dá!"

"Não dou, seu Adolpho!"

"Você não era nada, eu te salvei, te dei freguesia!"

"Com todo o respeito, isso não lhe dá o direito de dispor do meu caixa!"

"Me dá!", explodiu. Num acesso, passou pela portinhola sob o balcão, invadiu a tasca, tirou o Joaquim do caminho e avançou sobre o caixa.

"Seu Adolpho, o senhor não tem o direito..."

"Se chegar perto vai levar."

Abriu a gaveta da caixa registradora, tirou tudo que tinha, enfiou nos bolsos largos. Joaquim aguardou o desfecho, petrificado.

"Você não sabe o que eu estou passando, querido. Eu te pago semana que vem", gemeu Adolpho, deixando o estabelecimento. Aproveitou o pasmo para escapar até a Kombi onde o esperava o Nelson Alves, para irem ao banco.

"Joaquim, você é um santo. Deus vai te pagar. E *ieu* também", gritou, da janela do carro.

Na falta, Adolpho seria capaz até de ir ao papa. Estava mesmo em Roma para um congresso quando por coincidência encontrou o Paulo Mendes Campos no saguão do hotel.

"Amanhã vamos ver o homem."

"Que homem?"

"Na janela. Ele aparece todo dia."

"Adolpho, você é judeu e eu sou poeta!"

"Judeu, poeta, todo mundo tem que ver o papa."

Às sete da manhã o poeta foi arrancado da cama e meia hora depois estavam esperando Pio XII vir ao parapeito. Quando o velhinho deu as caras e o povo o saudou, Paulo, que cochilava em pé, acordou assustado. A seu lado, Adolpho, de braços esticados, brandia, na direção da janela papal, um grosso maço de papel.

"Que merda é essa, Adolpho?"

"Depois eu explico."

Almoçaram, passaram a tarde juntos e não se falou mais do assunto. Um mês depois, Paulo, de volta aos seus afazeres pátrios, recebeu o telefonema de voz pastosa.

"Você pode vir aqui hoje, querido?"

Tomaram cafezinho e falaram generalidades. Até Alzira passar a ligação para o Bloch. Era o banqueiro Magalhães Pinto.

"Magalhães? Espera um minutinho que o poeta Paulo Mendes Campos vai falar."

Passou o telefone e as instruções.

"Diz pra ele, Paulinho, quem abençoou as duplicatas."

Sem alternativas, Paulo percebeu a jogada: não podia omitir a verdade.

"Foi o papa."

Meia hora depois o portador do banqueiro veio buscar os papéis que ele endossou, pessoalmente, um a um.

A atividade bancária estava intensa, a revista vendia bem e Hélio, com carta branca, continuava a provocar a alta sociedade, o poder constituído, a indústria e a publicidade. Partiu com chumbo grosso para a área de educação privada com a série "Os tubarões do ensino" e alvejou as Forças Armadas: em reportagem, Pedro Gomes propunha um tema a ser debatido: "É lícito aos militares sair da carreira e fazer política entre paisanos?"

No dia seguinte passou um caminhão que vinha sempre pegar umas revistas de cortesia para os almirantes: "Eles vêm nos buscar!", Arnaldo, pelas ruas, correu em pânico.

No dossiê "A Marinha vai a pique", Hélio revela detalhes do relatório estarrecedor do almirante Penna Botto, que custou ao oficial o emprego, por inventariar "canhões que não podem atirar", apinhados de "pólvora estragada". Em grande estilo, Hélio adverte: "Nem a toque de clarim (a Marinha) despertará".

A partir daí, e apesar do excelente momento, Adolpho passou a ressentir-se da estrela de Hélio, que conseguira fazer da *Manchete* temida entre os poderosos e detestada por muitos, o que não estava nos planos. Assim que o alarme soou, Adolpho, como um tubarão, passou a rondar a redação, falando sozinho. Arnaldo observava o irmão, preocupado: "Esse puto enlouqueceu, vai botar o Hélio para fora".

Sentindo-se vigiado, Hélio mandou instalar dois avisos na porta:

Os que não têm o que fazer aqui, não o façam.

Proibida a entrada de Blochs.

Como o Bloch queria entrar de todo jeito, Hélio saiu. Na penúltima edição, publicou, assinado por Ronaldo Bôscoli, uma entrevista em que Joel Silveira (futuro colaborador da revista) declarava a imprensa "em crise", crivada que estava de "analfabetismo, diletantismo e literatice". Na derradeira edição comandada por Hélio, de 21 de novembro, Carlinhos de Oliveira, em reportagem especial com fotos neo-realistas de Gervásio Batista, profetiza:

Está chegando um natal com fome para milhares de crianças abandonadas nas favelas, nos terrenos baldios. Nascidas entre a miséria e o crime, as crianças crescem e pouco a pouco se farão homens — estamos criando uma geração de revoltados sociais.

Página da última edição de Hélio Fernandes,
por Carlinhos de Oliveira e Gervásio Batista.

Morrer vende
(Dois anos com Otto)

No número seguinte já era Nelson Quadros (cujo traseiro largo provoca calafrios em Adolpho) quem assinava como diretor de redação, numa administração transitória. Até que, em meados de 1954, assumia, entre seduzido e relutante, o mineiro Otto Lara Resende. Este, mineiramente, não afrontou os imigrantes. Ao contrário, integrou-se à troika e fixou-se no jeitão de Adolpho, entre fascinado e aterrorizado. Juntos, os dois mandaram às favas as *starlets* de Hollywood, a família real inglesa e os concursos de misses sempre que um assunto maior, ou de preferência um defunto maior, se interpunha à pauta da semana. O filão já fora experimentado sob a gestão de Fernandes, quando a morte de Francisco Alves, cantor das multidões, ganhou a capa e deu um belo implemento nas vendas.

Mas não saberiam o que era um grande sucesso até Getúlio estourar o peito no Catete. À véspera já estava impressa uma edição que trazia na capa, coincidentemente, o brigadeiro Eduardo Gomes, adversário político do suicidado. Morto, Vargas tomou seu lugar em edição vespertina, depois de se jogar fora toda a tiragem. Ao estampar na primeira página uma ampliação em preto-e-branco do furo chamuscado e do sangue cinza-escuro no pijama, Otto e Adolpho esgotaram a edição antes do anoitecer.

Depois foi Carmen Miranda, morta nos Estados Unidos e sepultada no

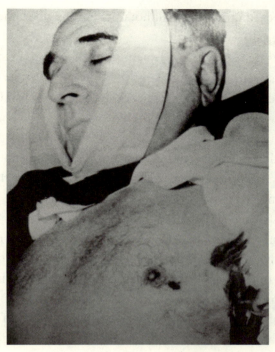
Getúlio morto: sucesso nas bancas.

Rio num sábado. A cobertura do enterro e da impressionante repercussão já estava indo para a máquina quando, no domingo à tarde — 24 horas depois de o túmulo notável baixar —, a boate Vogue, fulgor de Copacabana, pegou fogo, matando cinco pessoas. Dois homens em desespero se atiraram do prédio. Entre as vítimas, o cantor americano Warren Hayes. O esqueleto da *Vogue* em chamas tomou o lugar de Carmen em edição extra, que esgotou domingo de noite, enquanto as cinzas ainda ardiam. Do cortejo dos mortos famosos ao da folia, o mineiro e o judeu encontrariam no carnaval filão capaz de levar ao sonhado milhão de exemplares, com fotos impressas no melhor padrão gráfico da época.

Craque das descrições de tipos e frasista cultivado por Nelson Rodrigues, Otto era obcecado pelo patrão, de quem relataria várias peculiaridades, como a puxadinha que dava nas laterais das calças presas por suspensórios, como se "saltasse poças imaginárias". Entusiasta das batalhas fratricidas que aconteciam no mezanino da diretoria.

"Os Bloch eram um só torvelinho: uma família solidamente unida pela desunião."

Eram cenas de teatro grego, testemunhadas, com incredulidade, pelos operários, que se reuniam no vão central. As mais violentas envolviam tramóias de Arnaldo com as aparas de papel, que outrora garantiam a renda de Joseph aposentado e que, com sua morte, Arnaldo reivindicara para si.

"São para a lápide do Zeide."

Três anos depois, a cobertura de mármore carrara prometido ainda não fora inaugurada e o dinheiro das aparas no período — que daria para construir um pequeno cemitério — não fora contabilizado.

"*Rugi vór*" [ladrão ruivo], bradava Adolpho.

Sem argumentos, Arnaldo chegava a extremos como correr até a salinha da telefonista Alzira, arrancar o grande telefone preto da central de chamadas e arremessá-lo contra o irmão. Numa dessas batalhas, chegou inesperadamente o Efraim Tolipan, filho de um fabricante de material elétrico que perdera tudo e vinha jogar conversa fora, pedir dinheiro ou favores e fazer odes ao falecido Wolf Klabin, magnata da indústria de papéis, protetor de seu pai. A certa altura, Adolpho sempre chamava-o a uma sala reservada.

"Não atendo ninguém. Estou com o Tolipan tratando de negócios."

O negócio de Tolipan era a venda de lâmpadas de reposição queimadas da massa falida paterna.

Passavam uma boa hora discutindo preço e, quando chegavam a um acordo, Adolpho passava o cheque e mandava recolher a encomenda ao lixo. Gostava do Tolipan, e gostava tanto que acabou levando a farsa longe demais.

"Não faço mais negócios com o senhor. O seu caso é com o Wolf Klabin. Se quiser lhe dou o endereço: cemitério do Caju, Aléia 27, túmulo 156."

Tolipan ficou uns três anos sem aparecer, até que, um dia, sem marcar hora, ressurgiu. Trazia, em vez de lâmpadas, um grande aquário, com um peixe dourado. Queria propor a Adolpho um negócio de representação de venda de animais aquáticos.

Sofrendo de surdez, o homem subiu as escadas sem notar a discussão que, lá em cima, tomava grandes proporções. Despontou no momento exato em que Bóris lançava a esmo o bojudo telefone preto, que atingiu em cheio o aquário, provocando uma enxurrada de água e vidro. Carregado pela correnteza, o peixinho despencou no abismo do mezanino. Lá embaixo, foi resgatado ainda com vida por funcionários, mas morreu antes que lhe arranjassem um copo. Tolipan protestou: "Se vocês querem se matar, que culpa tem o meu peixe, porra?".

Adolpho prometeu comprar um novo aquário. Bóris, familiarizado com o mercado de compra e venda de animais, disse que o peixe era uma merda. Ia apresentar-lhe a outro fornecedor. O homem das lâmpadas exultou. E foram todos tomar café no Joaquim. Otto foi junto. Ia sempre, aonde Adolpho fosse. E, a cada espirro da nação ou do mundo, tinha sobressaltos, pois já vinha o Adolpho com aquela cara de sofrimento, puxando as calças, cobrar-lhe cada linha, cada página, cada foto. E era duro enfrentar o russo em suas teimosias. Quando chamou Ferreira Gullar, então no departamento de revisão, para militar na redação, o russo barrou.

"Não pode, *iele* é revisor."

"Adolpho, este revisor é um dos maiores poetas brasileiros, em nascedouro!"

"Mas é revisor."

Otto não desistiu. No primeiro porre de Rubem Braga, chamou Gullar — autor da famosa frase "uma vírgula não foi feita para humilhar ninguém", em referência à implicância de Adolpho — para ser dublê do cronista capixaba, que não trouxera o texto da semana e não atendia o telefone de jeito nenhum.

"Otto, adorei a última crônica do Rubem", veio avisar Adolpho, na redação. O mineiro pediu que o patrão esperasse um pouco, chamou toda a equipe e apontou para o poeta maranhense: "Pois saiba, Adolpho, que esta crônica do Braga na verdade foi escrita pelo revisor Ferreira Gullar".

Adolpho pôs o rabo entre as pernas. Mais tarde se encontraram na escada do mezanino. Otto se preveniu: "Já sei, estou demitido".

Com o chiste, desarmou o titã. Veio o abraço. E, para variar, o café no Joaquim.

Mas a relação estava deteriorada: em que pesasse toda a admiração, carinho, quase devoção, Otto simplesmente não agüentava Adolpho. Nos últimos tempos, andava até se refugiando no apartamento do Pedro Bloch, na Constante Ramos, pertinho da Cinco de Julho, com quem abria o coração.

Até o dia em que Adolpho, de faro afiado, descobriu-o ali e foi cobrar explicações. Pelo tranco na porta do elevador, Otto reconheceu o ímpeto do titã. Deu um beijo em Pedro, largou o café na mesa de centro e saiu pelos fundos.

Na semana seguinte, já estava convertido, por vontade própria, em simples redator, posto que ocuparia ainda por muitos anos. Com isso, à distância, deu sobrevida e eternizou a amizade com o caçula, e novo czar, dos Karamabloch.

Adolpho e Otto: dia e noite, linha a linha.

O homem na esquina
("Arnaldo morreu")

"Foi ali", disse Leonardo ao apontar para o homem redondo na esquina da avenida Atlântica com a Santa Clara no sinal fechado, início de tarde, véspera do réveillon de 1972.

Parecia mesmo com Arnaldo, pelo que eu conhecera das fotos.

"Morreu fodendo."

Corriam histórias fantásticas sobre aquele dia. Que Adolpho, avisado pela amante do irmão, veio pessoalmente buscar o corpo, com ajuda de Lucy, que deu banho no cunhado, vestiu-o e instalou-o numa cadeira de rodas com tal distinção que, ao sair do elevador, o defunto parecia um embaixador.

"Seu Arnaldo, como o senhor está pálido", acenou o porteiro.

Depois vieram contar uma versão diferente e bem menos heróica.

"Morreu fodendo porra nenhuma."

Na véspera Arnaldo e Vilma haviam saído para jantar, a mesa no Nino, de sempre. Na hora do champanhe o garçom trouxe junto, na bandeja, o presente: uma pasta de couro com cartão, número de conta de poupança e escritura definitiva. Arnaldo dormiu sem forças para tocá-la e só acordou depois do meio-dia com a pressão no estômago. Mesmo assim deram a fodinha matinal, depois do que a pressão aumentou.

"É peido encruado."

Tomou água com gás, vomitou, vestiu-se e saiu às pressas, como se tivesse compromisso importante.

Tinha: ao empurrar a porta de vidro fumê, sentiu a queimação.

Na atalaia da escadaria em forma de onda sentou para respirar, e caiu esparramado nos degraus, a cabeça roçando as pedras portuguesas. De volta do almoço o porteiro deu com o tumulto, vendedor de picolé fazendo freguesia, um par de policiais fumando junto ao poste e um cachorro da vizinhança a espreitar o morto, conhecido da rua.

Faleceu Arnaldo Bloch

Aos 51 anos de idade, vítima de um mal súbito, faleceu Arnaldo Bloch, diretor de Bloch Editôres S. A., proprietários de MANCHETE. O extinto – irmão de Adolpho e Bóris – deixa viúva d. Judith e três filhos, o acadêmico de Direito Leonardo, Rosaly e Vera.

Nota fúnebre sobre a morte de Arnaldo, em Manchete.

No quinto andar, Vilma cochila, imersa em banheira de pastilhas cor-de-rosa, água cheirando a sais. O zelador tem que esmurrar a porta até que ela ouça, vista o roupão egípcio, acenda cigarro de piteira e, num passo curto, de falsa pressa, vá até a porta dos fundos.

"Seu Arnaldo caiu, está lá, a senhora desce?"

Ela puxou a fumaça. "Não." Soltou o fumo. "Licença." Bateu a porta. "Não desço."

Fez força para chorar, mas a porra do morto escorreu pelas pernas antes. Largou a cinza no granito, correu para dentro e abrigou-se no calor da banheira, até não restar vestígio: do morto, só o roupão, os chinelos de pêlo e a casa.

"A pasta!"

Afoita, corre ao escritório, abre a gaveta, acaricia o couro bom. Olha em volta, como se a espreitassem, e devolve os documentos à gaveta.

Vai até a sala e estende o corpo no sofá, os dedos esticados enlaçam a piteira, o pensamento vai com o fumo e a tarde cai, mar emoldurado, esquadrias de alumínio untadas de sal, no tempo em que as ondas batiam pertinho dos prédios.

Roupão aberto, orvalho de maresia na pelagem, dá-se conta do dever, apanha o telefone e goza lentamente do ruído do disco sem desviar os olhos da paisagem.

"Adolpho? Teu irmão. Vem buscar."

O corpo
(Segundo Lucy)

O Bloch me telefonou da Frei Caneca e disse: "Aconteceu alguma coisa com o Arnaldo. Eu não tenho forças. Vai lá ver o que é".

Eu estava em casa, o acidente tinha acontecido a uma quadra, num prédio de esquina da praia com a Santa Clara.

Quando cheguei, o Arnaldo estava morto na rua. Tive que botar a cabeça dele num degrau. Queriam levá-lo ao IML, mas eu disse ao delegado que era do Rio Grande que o homem sofria do coração, era um grande amigo, não ia deixar que fosse aberto, julgado; ainda mais que os judeus não apreciam essa coisa de autópsia.

Logo chegou o Isaac Hazan, arquiteto e diretor de engenharia da empresa, casado com uma sobrinha do Bloch, com o Mustang verde musgo. Sentei atrás, apoiei a cabeça do Arnaldo, coitado, no meu colo, e fomos para a Cinco de Julho.

Dentro da casa as irmãs gritavam e atiravam objetos. Haviam trancado as portas de entrada. O Isaac chamou um pedreiro, que teve que arrancar a porta.

Entrei com o corpo. Eu queria que botassem em cima da mesa preta na sala de jantar, mas o Isaac disse que não podia, que os judeus punham o morto no chão.

As irmãs não queriam descer. Estavam entrincheiradas no segundo andar. Até que Bella apareceu lá em cima. Com uma mão, cobriu os olhos. Com a outra, jogou um lençol para proteger o corpo, e só então a casa ficou silenciosa e as irmãs foram descendo, uma a uma.

Fui embora e notei que o quarteirão, sempre barulhento àquela hora, estava silencioso. O bar, a barbearia, as varandas, tudo cheio de gente prestando as últimas homenagens.

Judith não quis saber de nada. Estava no apartamento do edifício Chopin, a sete quadras dali, para o qual haviam se mudado uma semana antes. Arnaldo foi o último dos filhos de Joseph a deixar a casa. Era o mais apegado, o que tinha mais carinho pela família e o mais amado por todos, até pela gente simples da rua. Tinha puxado isso do Jorge.

Mesmo assim, tinha decorado o novo apartamento com o que havia de melhor, e Judith já estava preparando a festa de inauguração, que acabou sendo substituída pela reza inaugural, quando levaram a alma de Arnaldo ao lindo hall espelhado, com um vão de mármore talhado, e dali ele tomou o elevador.

O corpo de Arnaldo, em frente à Cinco de Julho.

Leonardo

No mesmo instante em que meu pai morria, senti uma alegria. Eu estava num bonde, distraído, fazendo o percurso da Lapa à Frei Caneca. Depois, quando soube, tive uma culpa horrível. Aí pensei: culpa de quê? Eu não sabia de nada, e a tarde estava tão bonita...

Eu voltava de um puteiro na Conde de Lage, ali aonde iam muito o Adolpho, o papai e também o Auffsey, que escrevia cartas em russo para as escravas brancas tentarem contato com as famílias. No caminho de volta, do puteiro ao bonde, recheei a barriga de pernil e cachaça no Barbadinho, cujo dono era um fiscal da Receita que refrescava a situação da clientela. E rebati o lanche com Hidrolitol, soda borbulhante em saquinhos que fazia bem aos rins, prevenia gonorréia e ajudava a peidar e cagar bem. O pessoal dizia que eram "hidropeidos" — puns minerais, quase santos.

Peguei o bonde me sentindo bem comigo mesmo, bem na minha própria pele. Subi no bonde em movimento e, como um dançarino, agarrei um balaústre, depois passei ao estribo e terminei na taioba, o vagão dos humildes. Quando o vento bateu a alegria foi tanta... parecia que eu levitava.

Cheguei à Frei Caneca e pensei em ir direto ao mezanino, pela escada aparente, mas preferi tomar o elevador de cargas, cinzento, gigante, com portas dos dois lados que se fechavam verticalmente com um estrondo.

Eu gostava daquele estrondo, e de saltar do outro lado do elevador, que dava para a sala das rotativas. O som das máquinas mexia com o meu sangue, e o cheiro de tinta e químicos, misturado às bolinhas de anfetamina que eu tomava para emagrecer, me deixava doidão.

Aí, no elevador, eu encontrei a Alzira, secretária. Ela estava branca e ficou mais branca quando me viu. "Leonardo, seu Adolpho quer falar muito com você, tem uma certa urgência."

Na sala da diretoria vi o Adolpho com o rosto entre as mãos. Na mesa do lado, Bóris olhava para o nada. Onde estava o papai?

Só de me lembrar fico arrepiado. Foi uma tragédia.

Mas foi também a afirmação de como Arnaldo era querido. O cortejo foi grande e parou na Frei Caneca e em Parada de Lucas, onde funcionava a nova gráfica, para ser saudado pelos impressores. Na saída do cemitério fomos todos à Leiteria Mineira para pegar o lombo.

Dias depois, numa das rezas, encontrei o Nelson Rodrigues, que nessa época trabalhava na firma, escrevendo para *Manchete Esportiva*, que tinha fundado com os irmãos. Nelson me falou da nova peça que queria montar, *Os sete gatinhos*. Eu sabia que vinha aí uma bolada de herança e vivia louco para ser independente. Ali mesmo fechamos minha participação como co-produtor.

Lembro como se fosse hoje dele no Joaquim tomando leite e olhando os clientes comerem sardinha com manteiga. Ele chorava. Era fascinado pelo Adolpho. Jurava que o tinha conhecido rapazola, na Aldeia Campista, onde a família Rodrigues tinha morado. Que era um fedelho sardento de bermudas, com expressão contrariada.

Saímos muito para almoçar na churrascaria Gaúcha, em Laranjeiras. Nelson não podia comer nada, tinha uma úlcera e problemas na vesícula, mas gostava de me ver devorar os bifes. Os olhos ficavam molhados e ele dizia, com um ajuntamento de cuspe no canto da boca: "Come. Come por mim, filho-da-puta".

Ele soube que eu andava comendo também a babá de alguém e ficou preocupado. "Não deixa ela te chamar de você. Nem na hora do gozo. Só de senhor. Compreende?"

Investi de uma tacada só boa parte da herança na montagem de *Os sete gatinhos*, que estreou em 1958, com Jece Valadão no papel principal. Era o texto mais escandaloso do Nelson, e a temporada foi um grande fracasso de público, com direito a ovo podre e espectador empunhando revólver.

Para desanuviar o clima, o Adolpho pagou, para mim e para o meu primo Jaquito, uma viagem à Europa e aos Estados Unidos. Passamos por Paris. No Moulin Rouge, cruzamos com duas putas. Uma delas me encarou e disse: "*Regardez les yeux*". De manhã o Jaquito não quis os ovos fritos e eu comi em dobro. Ele teve uma caganeira e eu fiquei ótimo.

Depois fomos aos Estados Unidos, onde me apaixonei por um buda de jade. Achei que estava de graça e que no Brasil ia valer uma fortuna, mas era fajuto. Fomos também a Chicago, visitar uns parentes distantes que tinham ido tentar "fazer a América": os irmãos mais velhos de Joseph, Avrumari, Leizer-Lieb e Meyer, e suas famílias.

Mas eles estavam fodidos. Eram uma versão pobre da família daqui. E o Zeide, que sempre sonhou ir viver lá, já tinha "feito o Brasil" e agora descansava na alameda 18 do cemitério de Vila Rosaly.

Ali, onde papai havia acabado de se instalar. E onde eu também, um dia, vou acabar indo morar.

Leonardo (à direita do trompete) em noitada na Cinco de Julho animada pelo músicos do maestro Quinderé.

IV.
A GLÓRIA

Duas letras
(Depois do papa, JK)

"Vem buscar."

Adolpho cobriu o rosto com as mãos e observou entre os dedos a escrivaninha do irmão morto. Na véspera haviam brigado feio. O motivo eram os enfeites circulares em alto-relevo que Arnaldo pusera nas sancas do apartamento novo, no edifício Chopin. Fazia-lhe graves acusações: cravadas nos vértices do teto, as "empadas" — como Adolpho chamava os adornos — teriam custado mais que o próprio apartamento.

E era a mais pura verdade: em 1953 Adolpho comprara, ainda na planta, três unidades do grande terreno posto à venda ao lado do Copa. Assinou uma pilha de promissórias e, antes de começar a quitar, vendeu uma pelo dobro para um cliente endividado; que, por sua vez, assinou outra pilha de promissórias. E com as promissórias do comprador foi pagando as próprias promissórias, sendo o dinheiro a incógnita da equação. Um apartamento ficou para ele, outro para Arnaldo.

Aos amigos e colaboradores, como o editor Hélio Fernandes, Adolpho gabava-se da arquitetura financeira.

"Você tem que comprar um, o prédio é uma coisa louca."

"Adolpho, um apartamento desses não sai por menos de dois milhões de cruzeiros. Meu salário é quarenta mil."

"E quem falou em dinheiro?"

Então, se o dinheiro era um detalhe, uma abstração, para que ficar chateando o Arnaldo por causa das "empadas", detalhes, se comparadas às dezenas de metros de mármore desenhado, à boa madeira, à pista de dança em formato de trapézio, aos vitrais coloridos no salão com a figura das Três Graças atadas por fitas esvoaçantes.

"As empadas custaram um *milhón*", insistia.

Foi depois dessa discussão que Arnaldo desceu e se postou no meio-fio, naquela posição de mendigo, apontando para o prédio, como um profeta.

"Senhor... senhor... um dia tudo isso foi meu!"

Agora, as palavras de Arnaldo na véspera ecoavam, enigmáticas. Na escrivaninha ao lado, Bóris roncava, a cabeça por trás do espaldar. No queixo curvado para cima, uma lagoa de cuspe. Uma sombra do orgulhoso e temido *jerico*.

Sua última alegria, Joan, a mulata americana, engravidara de outro e voltara para a América. Bóris nunca mais foi aquele. Desistiu dos saraus com pianistas e bailarinas e mandou vender as fantasias que mofavam no armário. Passou a ir regularmente ao mercado da praça Quinze, dividido em pequenos comércios variados, onde havia de tudo. Contratava um burro-sem-rabo, comungava nas várias lojinhas de tijolo e não saía enquanto o carreto não estivesse cheio de especiarias, roupas, enfeites, bijuterias, que depois acumulava em casa. Comprava uns polvos frescos, estocava no freezer da Cinco de Julho, outrora maravilha da modernidade que ele trouxera dos Estados Unidos. Agora, o freezer era sua última barricada.

Um polvo gigante ficou ali por dois anos antes de Bóris tirá-lo do gelo para fazer um ensopadão. Chamou todo mundo. Até Adolpho veio comer o polvo. Depois se sentou com o irmão na sala de música e ouviram umas bolachas de Dzigan e Schumacher, comediantes de teatro iídiche americano. Olharam-se. Um para o outro (quando o outro não estava olhando), para ver se achava a mesma graça. Os olhos se cruzaram por acidente e um encabulado sorriso escapou. O último. Um dos únicos.

No fim da vida — que se aproximava — deu para comprar umas aves silvestres ruidosas, papagaios, periquitos, cacatuas, tucanos, que ficavam instalados em poleiros, na varanda. Ninguém tinha paz na vizinhança do Leme, onde passou seus anos derradeiros. De uma ave Bóris afeiçoou-se. Conduzia-a por um barbante, como um cachorro verde com bico e asas. Ninguém dizia nada.

Virou um sentimental. Gostava de todo mundo. Não brigava mais. Só implicava ainda com o pobre do Jorge, que uma vez por semana ia à Frei Caneca bem cedo buscar uma dezena de exemplares quentes da nova edição de *Manchete*. Bóris não gostava. Se estava por perto, arrancava as revistas da mão dele e deixava-o com uma só. Acusava-o de usá-las como moeda de troca. De ser um ladrão.

Mas naquela manhã de quarta-feira, final de 1958, ao ver o tio Jorge arfar e perceber o seu mau aspecto, Bóris não chiou. Ao contrário: pediu que um motorista o levasse para casa, ajudou a carregar as revistas até o carro. Desconfiado, Jorge pediu ao chofer que parasse nos correios e telegrafou para Adolpho, que passava umas semanas em São Paulo:

ADOLPHO AQUI JORGE. BÓRIS ESTÁ GENTIL COMIGO. E SE BÓRIS ESTÁ GENTIL
É PORQUE VOU MORRER. FAZ FAVOR VOLTA LOGO. TENHO SEGREDO PRA CONTAR.

No dia seguinte já estava de cama, cercado por seus queridos Pedro, Jayme e Hélio, Taibe, e pelas sobrinhas. Adolpho voltou de urgência, a tempo de apresentar-se ao pé do leito e ouvir a confissão: "Na casa em Kiev tinha uma arca enterrada debaixo da macieira, com dinheiro e jóias. Vai lá e desenterra. É nosso direito".

Dias depois, deu o suspiro final. Deixou de herança poucos bens e muitas fábulas, daquelas que Oscarito, um de seus amigos artistas, dizia achar mais graça que de suas próprias piadas. Onde o fantasioso deixava sempre uma pulga de verdade atrás da orelha do ouvinte: se o ovo em Nápoles não era um bago de Caruso, era bem factível que um maluco dizendo-se Virgílio tivesse oferecido um ovo, jurando tratar-se do saco do defunto; se Pedro não curou os soluços de Pio XII, era verdade incontestável que o papa sofria do terrível mal.

De suas obsessões pontificais nasceu também uma profecia repetida a esmo:

"Só morro depois do papa".

E, de fato, o óbito se deu a 11 de novembro de 1958: um mês e dois dias depois de Pio piar, ou soluçar, pela última vez.

A mortandade continuou: no ano seguinte, foi a vez de Bóris, precocemente, como Arnaldo, ir à tumba, também vítima de mal súbito. Como Liova morrera anos antes, da geração de Joseph, portanto, ninguém mais restara e, dos seus três varões, só Adolpho, o caçula, com as rédeas na mão. Sobrevivera ao dilúvio, aos presságios, às promissórias. A vida era uma noite em Niterói. E, além da certeza da morte, o resto era acaso. Por que se contentar com pouco se, até aqui, sua maior aposta resultara em ganho? Dera à luz uma revista, fizera-a sobreviver e crescer. Agora, só faltava um lance final, maior, para superar definitivamente o colosso de Assis Chateaubriand.

Um número de sorte incontestável, que, num único giro, lançasse seu sonho na direção do futuro. Mas seriam letras, e não números, que lhe apareceriam, como numa bola de cristal:

J. K.

Gostava de dizer que em todo o governo só vira o presidente Juscelino Kubitscheck três vezes. A primeira, em início de mandato, no Catete, durante uma greve dos estudantes que paralisava a cidade. JK, como um operário, "almoçava de uma marmita", e quis dividi-la fraternalmente com o judeu.

"A capital não pode mais ficar no Rio", disse. Depois, um coronel o chamou para mostrar fotos da construção de Brasília. Ao ver o retrato épico com as multidões de candangos fazendo crescer uma cidade no cerrado, Adolpho sentiu o sangue ferver, como numa apoteose operística. A obra de Juscelino seria, dali em diante, sua pauta permanente.

"*Manchete* é que devia pagar ao governo pelo privilégio de mostrar Brasília", disse, publicamente, em resposta a Assis Chateaubriand, que tinha debochado do presidente, dizendo que em suas revistas só daria espaço às obras da capital se Juscelino pagasse.

O primeiro passo foi a edição especial de 500 mil exemplares. O gaúcho Justino Martins, então diretor de *Manchete*, avesso a tanto entusiasmo, no qual via um interesse além do jornalístico, foi cético, achou que era revista demais.

Em dois dias, estava tudo esgotado.

A segunda das três vezes, na memória de Adolpho, foi para entregar a edição especial ao presidente, com um agradecimento: sabia que, a partir daquele momento, *Manchete* se tornaria uma revista verdadeiramente nacional. E

Edição especial de Manchete sobre a nova capital.

foi assim: com a euforia de Brasília, as tiragens se multiplicaram a ponto de, enfim, fazer frente ao *Cruzeiro* nas bancas e se firmar como o futuro do gênero semanal ilustrada.

A terceira vez com JK, em 1960, foi na inauguração da capital, quando mandou fazer, pela primeira vez, uma casaca e apareceu nas fotos junto à comitiva de honra. O editor Justino Martins reclamou dos sapatos do patrão, que não estavam de acordo. Como um mendigo de barriga cheia, Adolpho aproveitou o mote: "Os sapatos não estão mesmo de acordo: é o nascimento de um novo Brasil, e eu sou quase um velho. Venho de outro tempo. Mas acredito no futuro do país".

Para o futuro, porém, anunciavam-se, no céu de brigadeiro, nuvens carregadas de sangue. Mas Adolpho já tinha feito sua aposta.

Almoço no parque gráfico de Parada de Lucas: grandes tiragens.

O golpe em quatro cores

Testemunha ocular, nem sempre exata, de pedaços da história, Adolpho também teve seus flertes com João Goulart, que assumiria a presidência no ano seguinte ao da criação da nova capital, e de quem fora vizinho quando morava no edifício Chopin. E esteve na comitiva da viagem de Jango aos Estados Unidos.

Foi nessa viagem que Adolpho, em almoço com o embaixador Walter Moreira Salles, conheceu outro João, o Kennedy, que nas suas palavras era "um jovem cheio de vida e ideais" e, a certa altura do jantar, pediu sua opinião sobre a guerra do Vietnã, que estava em seu início.

"Não entraria numa guerra quando os franceses saem dela", ensinou Adolpho. O presidente americano "achou graça", mas teria ficado, na versão do imigrante, extremamente pensativo durante o resto do jantar.

Um ano depois, *Manchete* publicava a série "A Morte de um Presidente" e recebia o João daqui, Goulart, na Frei Caneca, para examinar com ele a maquete que recebera do arquiteto Oscar Niemeyer para a futura sede da empresa na rua do Russel, na Glória. No refeitório da Frei Caneca — onde gente de todas as redações do Rio e repórteres em início de carreira e miserê (como o futuro homem forte de *O Globo*, Evandro Carlos de Andrade) vinham comer por causa da cozinha reputada e barata — a maquete foi colocada entre postas de badejo e travessas de arroz à grega.

"Adolpho, você está preparado financeiramente para esse projeto?", perguntou o presidente.

"Meu problema é arrumar dinheiro para comprar estampilhas para as promissórias."

"Gostei da sua pobreza", exultou Jango.

Depois, o homem de *Manchete* serviria de garoto de recados de Juscelino para Jango em momentos capitais, como o 13 de março de 1964, data do comício de Goulart e Brizola na Central do Brasil.

"Se você é o presidente, por que o comício?"

No dia seguinte Adolpho participou de uma conferência sobre Joaquim Nabuco na Academia Teresopolitana de Letras, que teve a presença de José de Magalhães Pinto. Ao mesmo tempo grande banqueiro, governador de Minas e chefe civil do movimento golpista que estava por vir, teve que voltar de urgência para o Rio.

De manhã, apareceu na casa de Adolpho em Teresópolis o fotógrafo Jáder Neves, de *Manchete*, com dois seguranças de Jango, avisando que o presidente vinha almoçar. A comitiva incluía o filho e o general Assis Brasil. Serviu-se um cozido no varandão da casa, à sombra das trepadeiras através das quais se avistavam o Dedo de Deus e todo o relevo da Serra dos Órgãos.

"Presidente, seus amigos desejam que o senhor continue no governo, mas sei que seus adversários estão dispostos a agir", advertiu Adolpho, na hora do cafezinho.

"Isso é bobagem. Temos um dispositivo militar invencível", reagiu, furioso, o general Assis Brasil, sem esperar resposta do presidente, que calou.

"Por favor, Bloch, insista com o Jango para resistir", cochichou o secretário particular de Jango, Eugênio Caillard.

Na edição seguinte de *Manchete*, entre perfis de Manabu Mabe de sandálias japonesas e de Elke Sommer "nos States", chamava atenção a reportagem dos lendários fotógrafos Gervásio Batista, Gil Pinheiro e Nicolau Drei (num tempo e num contexto gráfico em que fotógrafo e jornalista se equivaliam), com imagens do Comício da Guanabara publicadas em páginas duplas sangradas, com títulos e subtítulos em tom de júbilo:

Milhares de braços saudaram o presidente quando ele surgiu no palanque oficial acompanhado de Dona Maria Teresa, que, numa experiência emocionante, compareceu pela primeira vez a um comício em praça pública.

Em longas chamadas em cores, as reformas de Jango eram saudadas respeitosamente:

O governo do senhor João Goulart assumiu uma posição histórica ao enfrentar o problema da injustiça distributiva de propriedades rurais no Brasil para realizar de forma democrática e cristã a reforma agrária, hoje reclamada pelas forças armadas, pela Igreja, pela esmagadora maioria dos brasileiros, com condição de paz social e progresso econômico. O reformismo agrário é hoje uma idéia irreversível, cuja marcha nenhuma força pode mais deter.

A edição seguinte, ensanduichada entre o comício de Jango e a Marcha da Família com Deus pela Liberdade, tinha uma pauta esquizofrênica. Por um la-

Numa edição, Manchete *saudava Jango. Na seguinte, festejaria a chegada dos militares ao poder.*

205

do, decidido a conservar a liderança das massas "recuperada no Comício da Guanabara", Jango estaria na iminência de tomar por decreto "uma série de outras medidas que desorientarão seus adversários". Adiante, duas páginas encartadas a toque de caixa registravam a marcha em São Paulo, prelúdio para o Golpe Militar, como "uma manifestação pela liberdade". E, nas notas sociais, Adolpho era condecorado comendador do mérito aeronáutico, primeira das várias insígnias que receberia, entre as quais a de *chevalier de la legion d'honneur* francesa.

Para desanuviar as tensões, análises políticas denotavam um clima de normalidade e legalismo. Reportagens sobre a morte de Marilyn, entrevistas com Manuel Bandeira e Aracy de Almeida (por Pedro Bloch e Ney Bianchi) e um manual de Lêdo Ivo para entender o Banco do Brasil entretinham o leitor.

Fechada antes do golpe, a edição de 4 de abril trazia em sua abertura apoteótica o título "A volta de JK, o candidato do otimismo", dando conta da segunda candidatura do político mineiro à presidência, homologada dias antes, e de suas novas sessenta metas. As reformas de base de Jango ganhavam mais um portentoso relatório, seguido de doze páginas sobre os marechais da República e mais umas tantas sobre a Paixão de Cristo! Involuntariamente ou não, Paulo Mendes Campos, em sua crônica, fechava a tampa:

> Todos os governos estão a cargo de nomes mais teóricos do que realistas ou de poetas, no pior sentido da palavra.

Dias depois, como num passe de mágica, chega às bancas, tendo como chefe de reportagem Arnaldo Niskier, a Edição Histórica, sem número, com Carlos Lacerda em triunfo e outros "heróis" transitórios da Revolução em destaque, comemorando entusiasticamente o golpe. A "Marcha da Família" tem agora tratamento de luxo em páginas a fio e em cores, com registros engordados da multidão:

> Nem o tempo chuvoso impediu que mais de um milhão de cariocas dessem o testemunho público de seu amor às liberdades públicas e de seu espírito sinceramente cristão.

Como se tivesse futuro e não fosse títere dos militares, o presidente subitamente empossado, deputado Renieri Mazzilli, tinha tudo para completar "O qüinqüênio iniciado por Jânio Quadros", afirmava Murilo Mello Filho, homem forte de *Manchete* em Brasília, especialmente junto aos militares. De acordo com os relatos, a maior emoção de Lacerda durante os dramáticos acontecimentos foi "presenciar a chegada de tanques para defender seu Palácio". Numa outra edição extra, em furo fotográfico, *Manchete* é a única revista a publicar a foto do presidente deposto no momento em que deixava o Rio, rumo ao Uruguai.

Numa recepção para militares cinco estrelas para a qual alguns homens de imprensa são convidados, Adolpho encontra Manuel Francisco do Nascimento Britto, do *Jornal do Brasil*.

"*Ieles* não vão sair tão cedo de Brasília."

"Como é que você pode ter certeza, Adolpho?"

"Olha a alegria das mulheres dos generais. Você tem alguma dúvida?"

Alinhado aos novos e tenebrosos tempos, Adolpho prova, contudo, sua lealdade ao senador Juscelino Kubitscheck, que, na lista principal dos imediatamente perseguidos pelo novo regime, tem seus direitos políticos cassados. Voz fundamental a convencê-lo a partir para o auto-exílio, evitando um mal maior, arrisca a pele para ajudá-lo, e demonstra apoio sem constrangimento.

"Tem judeu afrontando a Revolução", mandaria dizer dona Yolanda Costa e Silva, instalada no camarote vizinho ao de Adolpho e JK, num Carnaval do Municipal, quando o público cantou em peso o "Peixe Vivo" e o russo acompanhou. O tumulto foi tal que, na saída, a primeira-dama levou até mão na bunda da irreverência popular. "Essa sopa vai acabar", gritaram. Leal ao cliente e contumaz descontador de duplicatas, o golpista Magalhães Pinto procuraria Adolpho para avisar que estavam querendo prendê-lo. Um militar da altíssima, cruzando no calçadão da Atlântica com um sobrinho do editor, exaltaria a coragem do homem: "Você não é sobrinho do Bloch? Pois vou dizer: ele tem colhão".

Mas a vida continuou e o movimento também, de modo que esse Adolpho tão leal ao democrata Juscelino não somente se acomodou às circunstâncias como adaptou seu natural impulso de otimismo ao discurso, ainda em formação, do Brasil Grande. Na Frei Caneca, liderava esse novo império, que já contava com o recém-inaugurado parque gráfico de Parada de Lucas, onde as máquinas imprimiam não apenas *Manchete*, mas outros títulos do grupo, como *Jóia* — capitaneada por Lucy Bloch —, *Fatos & Fotos* — outra semanal de atualidades, com um tom mais ágil — e *Sétimo Céu*, feminina e de fotonovelas.

207

A pauta de *Manchete*, examinada retrospectivamente, era capaz de provocar, na vertente extrapolítica, suspiros de prazer (nas crônicas de Paulo Mendes Campos, num capítulo da série "Quem matou Vargas", de Carlos Heitor Cony, numa entrevista de Clarice Lispector em seus "Encontros possíveis", em empreitadas brilhantes como "As obras-primas que poucos leram"); ou uma boa quantidade de engulhos e mal-estar, nas dezenas de páginas dedicadas ao elogio fácil ao regime militar — bem além das limitações da censura —, a projetos de infra-estrutura governamentais e a longas propagandas sem tarja.

Assim, com esse perfil esquizóide, era, e seria, *Manchete* ao longo de toda a sua existência futura, durante os anos de chumbo e mesmo depois deles: a revista pela qual passaria a nata da literatura e do jornalismo brasileiro (embora cada vez menos com o passar do tempo) e na qual muitos grandes nomes fariam sua escola. Em seu corpo belamente impresso, colossais reportagens sobre sociedade, aventura, jet set, natureza selvagem, esportes (na pena iluminada de Ney Bianchi), arquitetura e variedades internacionais — intercalados com uma pauta política e econômica altamente tendenciosa e laudatória de valores dos quais o país lutaria para se livrar durante quase três décadas.

"Um *ecktachrome* sobre a miséria nacional", diria, não sem alguma razão, Millôr Fernandes, um dos detratores de plantão da tribo.

Mas, qual força da natureza, obstinado, contraditório, polimorfo, Adolpho avançava em meio ao turbilhão, com seu sonho de construção permanente. Em novembro de 1968, finalmente, conseguiria inaugurar o primeiro prédio da nova sede projetada pelo comunista Oscar Niemeyer, com quem travava as mais calorosas relações.

No saguão ainda em obras, uma atração: o lançamento do Aerowillys Itamaraty, primeiro grande trabalho do Mauro Salles em publicidade. Ao lado do carro foram fotografadas as dez mais elegantes do Ibrahim Sued, com cachê para a ABBR. A badalação atraiu atenções para o Russel, que se tornaria, a partir daí, um dos grandes palcos da cidade, roubando a cena dos salões de Parada de Lucas, em cujas paredes havia autógrafos de Sartre e Simone de Beauvoir.

Era charmoso personalidades que passavam pelo Rio irem almoçar na gráfica, no grande restaurante industrial, junto com Adolpho e todo o operariado. Mas a nova sala de visitas, a partir dali, seria o monumento na Glória, onde o imigrante recebia com os mesmos salamaleques de mendigo e imperador um desconhecido representante de uma delegação do Congo, os astronautas da Apolo, Liza Minelli ou Roman Polanski.

E todos ouviam, atentos e curiosos, contrariados ou aos frouxos risos, as máximas do russo; provavam seu bacalhau com feijão e saíam com a impressão, para o bem ou para o mal, de ter conhecido uma das figuras mais singulares de suas vidas.

E enquanto sobre o país nuvens carregadas (identificadas por Alberto Dines na lendária previsão do tempo na decretação do AI-5, na primeira página do *Jornal do Brasil*) se engrossavam com o fim da vida legislativa e com a guerra suja contra a resistência, Adolpho — o sexagenário czar de um novo império de comunicações — ainda encontrou tempo, naquele 1968, para ir à União Soviética pela primeira vez desde a grande fuga de 1921. Atrás, entre outras coisas, da arca enterrada de Jorge, ao pé de uma macieira.

Adolpho com Justino Martins, o cineasta William Wyler e Murilo Mello Filho.

O médico e dramaturgo Pedro Bloch, criador do nome Manchete, *troca idéias com o astronauta Neil Armstrong em visita ao Rio.*

Em Jitomir localizou a casa e a oficina, transformada em fábrica de macarrão. Em Kiev emocionou-se com a placa que havia sobrevivido no 4º búlvar. Passou uma hora diante do estreito gradeado. Chorou como nunca ao verificar que a barra coberta de ferrugem, quando forçada, ainda se movia, como naquele inverno em que ele e o irmão saquearam a oficina interditada do pai. Por quatro décadas, permanecera do mesmo jeito que a deixara. O porão estava intocado, coberto por montanhas de fuligem. Perguntaram se queria guardar para ele a barra de ferro, mas Adolpho largou-a ali e pediu que o levassem embora, aos soluços. Depois, mais calmo, fez troça.

"É patrimônio do povo."

Deixou para o fim a visita à antiga casa de Jorge, onde estaria o tesouro. O casebre rural ainda estava lá, e, no quintal, a grande macieira em meio às outras, menores. Na casa, morava um casal idoso. Pueril, Adolpho contou-lhes a história do tesouro, certo de que iriam tomá-la por lenda — ou a ele por louco. Mas a velha reagiu com naturalidade: no ano anterior, uma equipe de saneamento havia remexido a área para instalação de ductos pluviais e, surpresa, achou ali uma arca, confiscada aos cofres do governo.

"Ali, debaixo da macieira maior, no meio do jardim", a velha apontou pela janela.

De volta ao Brasil, Adolpho revelou a todos a descoberta, abalado pelo fato de ter perdido por um ano a chance de recuperar o tesouro. Lamentou a falta de coragem de ir buscá-la logo, quando Jorge deu o comando. E a todos que via pela frente repetia, com os olhos arregalados: "Juro pela minha morta mãe: *ieu* olhei para a macieira e ela ria da minha cara".

E, sob as nuvens irrespiráveis do AI-5, imerso na névoa da fantasia do Brasil Grande e do mundo colossal, providenciou, para as primeiras semanas de 1969, uma edição de 250 páginas sobre o progresso do país, e uma outra, com as imagens sensacionais da chegada do homem à Lua.

Adolpho de volta a Kiev, diante do gradeado que dava para o porão da gráfica.

Liberdade e sacrifício

A estudiosa Vera, caçula de Arnaldo e Judith, certa vez comparou a empresa a um "útero catalisador". Ali, as expressões individuais eram sufocadas por uma educação familiar que mantinha todos unidos na forma de tribo. As diferenças eram, no máximo, toleradas, mas nunca respeitadas. Representavam a quebra de alguma corrente, a queda de uma murada, que protegia o clã de um inimigo comum sempre à espreita. Era como se estivessem, dia e noite, de uma só vez, sob a mira do czar, dos bolcheviques, dos cossacos, de Hitler e Getúlio, de Lacerda, dos militares. Com a morte de Joseph e, prematuramente, dos cinqüentões Arnaldo e Bóris, o senso de perigo se aguçou, ecoado pelos suspiros das irmãs. Mesmo alijadas do processo decisório e acionário, elas tinham voz forte na corrente emocional que ia se erigindo em torno de Adolpho, que tinha nas mãos as rédeas e o chicote da carruagem.

Na geração dos nascidos aqui, eram todos impelidos, quisessem ou não, a se encaixar de algum modo na engrenagem do império familiar-empresarial. Oscar, o mais velho, já atuava na linha de frente, com um terço das ações. Dêive, da mesma geração, tentou avançar, mas foi infeliz. Os mais novos, Jaquito e Leonardo, lançavam-se, cada um a seu estilo, à torrente. Atenta observadora, Bella avaliava o desempenho do filho e do sobrinho: "Lianardo inteligente. Jaquito, trabalhador", decretou, com seu timbre de opereta.

Em outras palavras, Jaquito para o trono, restando a Leonardo a sensibilidade.

Quisera Jaquito tivesse o mesmo apetite que o gordo, sempre pronto para a próxima colherada. Ao magro Jaquitinho, comer era mais difícil. Para salvá-lo da inanição valia tudo: até apelar para o mal asmático de Mina, cuja respiração doente soava engraçada para uma criança.

"Mina, querida, faz assovio pra Jaquito comer."

Como, já na primavera da puberdade, o menino continuasse magro, Bella era capaz de interromper sessões no Cine Americano — um poeira na Nossa Senhora de Copacabana com sessões *non stop* — para chamá-lo à bóia. "Jaquito! *Viém* almoçar!", gritava no escuro da sala, para vexame e espanto da audiência.

Apesar de magro, o menino cresceu suficientemente alimentado para, rapazola, ser bom em matemática e interessar-se pela história das guerras. Fazia o tipo criativo-engenhoso, caçador de tudo que fosse tecnologia, e era capaz de montar um telégrafo sem fio.

Bem diferente de Leonardo, com seu espírito vago e angustioso, que investia o tempo entre crônicas romanas, clássicos russos e putaria, de bolso e também de fato.

No xadrez, Jaquito, estrategista competente, ganhava quase todas. Mas eram de Leonardo, sim, os sacrifícios vãos, as vitórias inexplicáveis e as grandes derrotas.

Como primo mais velho, Leonardo cumpriu o dever de levar Jaquito à casa Rosa (mais no alto, dita Bocetinha de Ouro), na rua Alice, onde estavam as melhores putas do Rio. Depois passaram a freqüentar a "de Prata", um pouco abaixo, menos chique, mas orgulhosa de suas mulheres quentes e de seu dancing animado.

Aos domingos os dois primos partiam em bicicleta dos fundos da casa e enveredavam por trilhas que venciam o morro dos Cabritos, entravam pelo Cantagalo e, depois, mergulhavam na Sacopenopã, virgem, lagoa-mãe, de Rodrigo de Freitas. Ali, Leonardo e Jaquito eram iguais. E em igualdade de condições despontariam juntos para os negócios da família, Leonardo com a teórica vantagem da idade.

Mas, inábil nas políticas da empresa, o gordo não era páreo para Jaquito. Entusiasta do trabalho, tomado de um sentido de dever inabalável, o filho de

Bella logo consolidaria a posição de herdeiro natural de Adolpho. De certa maneira, oferecera a vida à causa: primeiro aluno do Anglo-Americano, levou pau dois anos seguidos no exame final para engenharia, carreira de seus sonhos. Se deixou voluntariamente a prova em branco ou se deu branco, pouco importa. Branco por branco, Adolpho chamava-o para a alegria e o sacrifício de vir juntar-se, incondicionalmente, à marcha dos imigrantes.

Um sacrifício de filho para pai. Filho que Adolpho nunca teria. Pai que Jaquito, menino, viu partir, deixando-o, aos sete anos, e a esposa Bella, com um aviso breve e cinematográfico: "Vou comprar cigarro".

Eram fins dos anos 1940 quando Marcos foi comprar o tal maço sem filtro, e dele só se ouviu falar anos depois, através de correspondência de Nova Jersey — que incluía, sempre, culpadas cartas ao filho.

As cartas iam parar numa caixa de sapatos inacessível ao menino. Nos momentos de desânimo, em que o filho único de Bella cogitou largar a escola, era Adolpho quem vinha lhe dar banhos de realidade, literais, às seis da manhã, debaixo do chuveiro frio, e lhe estendia a mão no trajeto de bonde.

Dez anos depois da partida, Arnaldo fez uma grande viagem de navio aos Estados Unidos, levando Judith, Leonardo e Rosaly. Deram uma esticada em Nova Jersey e encontraram Marcos casado com uma dona americana de nome Seal, que pesava cem quilos, tinha um caminhão de entregas e fazia ovos com bacon suntuosos.

Quando, tempos depois, Marcos veio ao Rio, não foi enxotado, como poderia. Ficou hospedado na Cinco de Julho, e Bella serviu-lhe o chá de sempre, com geléia de Jersey. Foi a Teresópolis, casa recentemente inaugurada. Adolpho animou-se, tirou a roleta do armário, fizeram a farra.

Haviam se passado dez anos desde que Marcos vira o filho pela última vez. Agora, às vésperas dos dezoito, o garoto magro sardento que sorria com os olhos fechados era o obstinado Jaquito, sem sardas, que o recebia com todas as reservas, mas não lhe negava respeito. Jaquito iria também a Jersey, quando Marcos teve um derrame. E, bem velho, o pai viria ainda uma vez ao Rio e, perto da morte, ficaria hospedado na casa do filho. Tinha, então, uma das mãos paralisadas. Mas era à mão de Adolpho, forte e impaciente, que Jaquito estaria atado até o fim. Com seu discurso retilíneo, reprovava aqueles que não assumissem o carma da tribo e os que não suassem a camisa pela causa do clã, como ele fez. Pois condenados estavam, todos, em respeito aos ante-passados, a não terem vida própria, como ele.

Nessa perspectiva, Leonardo, embora quisesse fazer carreira na empresa, sempre teve uma propensão a escolher a liberdade. O problema é que não aceitava bem a idéia do preço de ser livre.

Apesar de reclamar do peso (sempre acima dos 130), Adolpho gostava de como o gordo trabalhava: os banqueiros achavam-no uma bola, o que fazia dele um ótimo agente na cata de crédito na praça.

"Leonardo é que nem macaco: só quer saber de comida e putaria", comentavam os gerentes. Até gente do staff, como Magalhães Pinto, caía no charme do sobrinho bonachão do Bloch.

Leonardo, se quisesse, também sabia falar sério. Teve papel importante na compra do terreno para a construção do prédio na Glória, conseguindo dinheiro junto ao Banco da Bahia para o financiamento. Chegou a representar Adolpho em reunião com o governo de São Paulo e fez bonito na comissão que foi entregar a JK a famosa edição especial da revista sobre a capital. O gordo angariou simpatia até do arqui-rival Chateaubriand, num almoço de cavalheirismo nos Diários Associados.

Jogavam na loteria: Léo aprendera a "desdobrar" os cartões, o que aumentava as chances. Adolpho bancava a técnica. De tanto insistir acabaram por apanhar uma bolada, abriram champanhe, foram às putas.

Iam sempre. Chegaram a compartilhar uma dona no Leme, por quem Adolpho tinha ternura. "É a mulher mais honesta que eu conheço. Vai lá", ordenou. Estava às voltas com uma cantora portuguesa que o recebia para fados e fodas todas as manhãs, antes do trabalho.

Léo foi à dona do Leme, viu, fartou-se na mulher do tio, apaixonou-se, pediu-a em casamento, deu anel. "Vou mandar o cafetão te dar porrada", ela ameaçou. Mas não havia cafetão: trabalhava por conta própria, discreta, aluguel em dia. Léo, impulsivo, vingou-se da rejeição com rabiscos torpes no jacarandá do elevador:

peidocupeidocupeidocupeido

A dona mandou recado, que nunca mais aparecesse ou ia acordar presunto gordo, formiguento, em frente ao edifício Manchete. Adolpho interferiu, e fez a boa intriga: "Ele está apaixonado, vai se jogar pela janela, e a culpa vai ser toda sua".

Pagou o prejuízo e conseguiu que a dona recebesse o rapaz para as pazes. Mas Léo estava agora empenhado em conquistar moça judia, Iná, filha de geógrafo e de médica da Bessarábia: Salomão Serebrenick e sua querida Bertha.

"Quer ver o meu legume?", perguntou logo no primeiro encontro. E, como um anjo libertador, atraiu Iná, demasiado recatada. Mas, como era moça direita, o legume só brotou em plenitude um ano depois, na lua-de-mel em São Lourenço. Assim, no aniversário do golpe de 64, rebentei numa maternidade do Flamengo.

Adolpho e Jaquito: pai e filho.

Laranjeiras e além

Leonardo levantou cedo e veio ao quarto.

"Vamos à Cinco de Julho."

Assim que ele deu as costas e saiu, adormeci de novo com o cheiro forte do seu perfume (um frasco verde talhado em pinha).

"Está lá embaixo", Iná veio avisar. Pulei da cama, desci.

Estacionado em frente ao prédio de pastilhas rosa em Laranjeiras, o TL azul-piscina combinava com o azulão dos portões do mercadinho São José, do outro lado da rua. Rumamos para a casa da Cinco de Julho — que, a essa altura, "era" o triunvirato Fanny, Bella e Sabina. Morava lá também a filha de Sabina, Betty, de peruca armada desde o café-da-manhã.

Em forma nos seus sessenta e poucos anos, Bella ainda era a estrela: sempre empinadinha, as faces coradas, o sorriso minúsculo, vibrante, arredondado pelo batom. E sempre o broche — ou a flor — no vestido. Era uma boneca russa que lia Pushkin, gostava de piano e acompanhava, como um velho folhetim, a novela das oito da Globo. Ansiosa para dividir suas opiniões sobre as tramas, pediu ao Jaquito (nessa época já diretor-superintendente da editora) que conseguisse, através da equipe da revista *Amiga*, o telefone pessoal de Janete Clair, com quem passou a conversar regularmente e cujos palpites a novelista tinha em alta conta.

Fraca da doença dos rins, Sabina, chefe do cerimonial da casa, contentava-se agora em dar instruções a Julieta. O resto do tempo passava estocando, sistematicamente, barras de chocolate e bolinhas de naftalina nas gavetas do quarto, visitadas pelos netos e sobrinhos, que assaltavam a doceria da tia.

Na cabeceira, estava Adolpho, visitante semanal, em torno de quem todos os humores giravam: se ele estava bem, havia esperança de não chover. Se estava mal, era tempestade certa, e pronto.

Quando a visita passava bem, íamos depois do almoço para os cumes do Rio. Gostava do cheiro dos bancos do carro e do ruído que o motor rouco fazia quando tomava as curvas do Alto da Tijuca, percorrendo rotas estreitas tão cobertas de árvores que bloqueavam a luz do sol com um túnel de folhas ventilado de ar cheiroso. Depois, de volta à cidade que víramos lá de cima, tentava localizar o ponto anterior, mas era montanha para tudo que era lado.

E mar: nos domingos de sol, bem cedo, o TL ia à casa de Judith. Na saída da garagem, carregados de barracas e toalhas, já se sentia aquele cheiro abafado de sol, areia e sal. Sempre ereta, com seu cigarrinho, Judith, quase quinze anos de viuvez, recebia os netos com as mãos abertas, mirando as têmporas, até alcançar o beijo.

O conjunto pomposo na avenida Atlântica, ao lado do Copacabana Palace, era formado por três edifícios com nomes musicais: nos fundos, "Prelúdio" e "Balada", e, de frente para o mar, "Chopin", impresso em dourado sobre o portão fumê. Um dia um gaiato pintou as duas letras que faltavam e o prédio amanheceu "Chopinho". O porteiro teve que expulsar freguês.

Judith ocupava o quarto andar desde a morte de Arnaldo. O apartamento no edifício Chopin era cheio de fotos dele, no piano, numa cômoda, nas caixas de sapato. No fundo de um armário, o troféu em ouro gravado em homenagem a "Arnaldo, o rei das ximbicas", confraria hedonista dedicada a baralho e festins. Ao contrário dos irmãos, Arnaldo, nas fotos, tinha cara boa, tendendo para o riso, diferente da expressão torturada de Adolpho ou do sorrisinho ameaçador de Bóris. Em um naïf, que batia palmas diante do próprio bolo de aniversário.

Nas mesas, Adolpho adorava esculhambar o irmão morto. "*Iera* um simples *ladrón*."

Nada nos falava sobre o trenó em Kiev, que só mencionaria tardiamente, num pequeno perfil autobiográfico. Nada sobre a alma branda do irmão, sempre querendo vê-lo feliz. Nada sobre os cassinos, traço que Adolpho apagaria de suas fragmentárias memórias (a não ser a roleta escondida no armário em Teresópolis, na qual éramos proibidos de tocar, a não ser que ele mesmo decidisse tirá-la dali).

Nas grandes mesas de fim de tarde na serra — onde serviam chá, queijo, salsichões, pão e manteiga — as histórias sobre Arnaldo eram uma constante pregação sobre o merda que ele era. Que vendia bobinas no paralelo. Que desviava dinheiro da tumba do Zeide.

Vera, caçula do falecido, magoava-se.

"Não vou ficar aqui ouvindo o senhor falar assim do meu pai."

E corria ao quarto, aturdida.

"Eu disse alguma mentira?", ele olhava em torno, perplexo, sem ser contestado.

O apartamento em frente ao Mercadinho Azul era quase uma quitinete, se comparado aos colossos onde moravam Oscar e Adolpho, no edifício Machado de Assis, com suas varandas de mármore ornadas de jardins e seus quase mil metros quadrados de área interna, ou às moradas de outros tios e tias.

"É alugado", dizia Iná.

Eu gostava. Era feliz ali. Afinal, havia um pátio em labirinto que copiava, no piso de pedras portuguesas, as tramas de aço do portão e que, nos canteiros, tinha pastilhas das mesmas cores que a fachada. E o apartamento tinha um corredor hexagonal incomum interligando os quartos.

Quando estava muito alegre, Leonardo ia à rua num rompante, voltava meia hora depois com vinte caixas de Ki-Krokante e jogava na cama os quadriláteros de baunilha com casca de chocolate. "Sorvete pra todo mundo!"

Depois vieram os dias tensos: alguma coisa não corria bem no Russel, Leonardo chutara o balde.

"Adolpho, vá tomar no cu", disse, e saiu de peito empinado da sala no oitavo andar na Glória, onde funcionava a diretoria, contígua à redação de *Manchete*.

219

"Leonardo, você é do butim!", espantou-se o gerente do pessoal quando ele foi pedir as contas.

"Não quero mais nenhum tostão!", inflamou-se, mas acabou convencido a negociar, a preço de banana, a maior parte das ações que tinha, dividida entre Judith, ele e as irmãs.

Preço de banana estava bom. Era miséria rica. Valia a liberdade. E foi à luta. Fez dinheiro como representante de um banco. Arrumou posto na corretagem predial. Mas o banco faliu, a corretora não honrou a praça e, feitas as contas, sobrou só o TL. O jeito foi se mudar para a casa de Judith até encontrar um modo de ter casa própria.

Não chegava a ser um sacrifício. Das janelas laterais, dava para ver a piscina inteira do Copa, com banhistas que podiam ser estrelas, e pérgulas coloridas por copos de Campari. A casa de Judith era um barato. Jogava-se futebol nos corredores, conduzindo a bola através das curvas de mármore alvinegro que desenhava labirintos estrelados no chão. Na velha pista hexagonal, minha irmã fazia coreografias.

Quando vinham os demais netos de Judith — Renata, Roni, o outro Arnaldo, Alexandre, as gêmeas Débora e Liana — eram expedições a armários de vidro côncavos cheios de objetos misteriosos e visitas ao grande vitral de espelho escuro com as Três Graças. À disposição, o armário de discos de 78 rotações, na forma de uma torre de madeira clara, com divisórias especiais. Na área de serviço, que dava para um pátio comum, era possível ver, à noite, as colônias de ratos em permanente correria, que exalavam um cheiro forte. Em madrugadas ia lá espiar a movimentação dos bichos. Não entendia como as empregadas Darcy — uma dama astuta, inteligente, que gritava "Getúlio" sempre que trovoava — e Isabel — linda moça com lenço no cabelo —, que passavam a noite ali atrás da área, conseguiam dormir com aquele cheiro azedo e com os gritos agudos das bestas.

Comary

Viva o sol
O sol da nossa terra
Vem surgindo
Atrás da linda serra.

A canção era obrigatória sempre que minha mãe, minha irmã Ilana e eu transpúnhamos os pesados portões de madeira da casa em Teresópolis, e entrávamos no caminho de pedras quadradas com canteiros de hortênsias ao pé da Mata Atlântica. A primalhada passava as férias de verão e inverno inteiras lá, sob o comando das mães. Os pais só vinham nos fins de semana. Na cozinha tinha a Comadre, preta gorda estereotípica de tornozelos calejados, cujo feijão era manjar para qualquer deus. No varandão, Alcebíades, o mordomo-bicho-da-terra com sua casaca de botões dourados, servia, mesa a mesa, os bifes na chapa com salsinha que ela preparava na chapa do fogão com forno a lenha. Mesma lenha que ardia na sauna em estilo nórdico, toda construída em toras, que ficava de frente para o lago geladíssimo com fundo de pedras ornamentais que Lucy mandara construir, e recebia água da nascente canalizada pela fonte de onde bebíamos, no mesmo recanto. O caminho da casa à sauna — que os primos Roni e Daniela, menores, percorriam de bicicleta em velocidade de dínamo — era repleto de atrações: as duas pitangueiras sempre cheias; a "casa do eco", pequena construção circular de tijolos, vazia, com um telhado cônico, que rebatia as vozes com efeitos fantásticos; a quadra de tênis de saibro; o pequeno roseiral; as escorregadias pontes de lasca de árvore, que desciam até o lago. Lá para o alto, os paredões de encostas cobertos de hortênsias e, já nas trilhas, a horta e o pomar.

Na parte mais baixa, que víamos a partir do lago, havia a cocheira, com uma vaca, um boi, um cavalo malhado, uma égua branca pintada e uma charrete, que era para lembrar as carruagens de Jitomir. Perto da casa, na direção do alto da cidade, o ponto de cavalos do seu Francisco, onde estavam as montarias que a primalhada — conduzida pela tia Dóris, a mãezona entre as mães — alugava. E íamos correr nos descampados da Gleba XI, no tempo em que era só terra e nem se sonhava com loteamentos e condomínios. A prima Jaque (com quem eu passava horas especulando sobre a vida das formigas) montava o bravo e cinzento Miro, usava sela inglesa e galopava sem freio, tomando sempre a frente, seguida pelo Alexandre, destemido, e Renata, debochadinha, adorável. Morto de medo de cair, eu continha o galope e segurava nas abas da sela mexicana, ficando sempre para trás num cavalão branco de uma mansidão bovina.

Na volta, o cano que escoava a água do lago de pedras largava uma ducha que parecia de pedra também, e vinham os adultos se unir às crianças e todos os que, dependendo da resistência, da estatura, e da coragem, se arriscavam a massagear a nuca, a barriga, as pernas, as costas na pesada corrente de água doce. Depois, a piscina, até a hora do almoço nos varandões, muita fome, carteado com pais e tios no fim da tarde, jasmim e sons de floresta para dormir.

Na casa, atrás da copa, ao ar livre, ficava o Louro, papagaio bojudo e amistoso, mas que a mim recebia sempre com o bico afiado. Uma vez arrancou-me um naco. Acabou, coitado, tendo o próprio bico arrancado pela cacatua da gaiola da frente, que entortou as barras e, antes de fugir, puniu-o. Foi uma correria de manhã. Quisera não tivesse acordado para ver o Louro sem bico, só a cabeça, os olhos e um buraco de sangue. No dia seguinte, já havia outro louro, mas por muitos anos achei que era o único, até o buraco de sangue baixar de novo à memória. Em frente à área, no corredor de passagem da cozinha para as dependências dos empregados e a lavanderia, ficava o quarto de

Manchetinha, a cadela dinamarquesa do tio. Só usava o quartinho para dormir, e quando Adolpho não estava lá. O resto do dia passava solta, ou às voltas com o Nero, o negro, apaixonado por ela e jamais correspondido. A comida que davam a Manchetinha e Nero tinha um cheiro bom. Uma carne de segunda cortada em pedaços gordos, arroz, cenoura ralada, ovos crus e as cascas trituradas e misturadas ao risotão. De vez em quando, antes de ir para o prato, a gente apanhava um tasco.

Tinha a despensa, onde se achava de tudo, fósforos, chocolate, sabonete, goró. Num canto, uma bobina de papel sempre a postos para uso geral, mas, principalmente, para arrancarem-se dela as gigantes superfícies sobre as quais a primalhada espalhava lápis de cor e grossas canetas de pilô.

No carnaval, transformávamos o salão de sinuca e pingue-pongue, com suas paredes feitas de grandes pedras, em cenário de minidesfiles que organizávamos para imitar a passagem das escolas na tevê. Fantasiados, íamos aos grandes bailes do Higino. Os pais vinham nas sextas-feiras, direto do trabalho, trazendo notícias do Russel. Leonardo, Jaquito, Dêive, Tamara, Isaac. Oscar tinha outra casa, em Albuquerque. Às vezes vinha o tio Pedro com sua querida Míriam, uruguaia, que todos chamavam de Tucha e que vivia cercando-o de cuidados. Era só o assoalho estar molhado ou uma rajada de vento frio entrar pelas persianas de madeira que ela logo se afligia.

"*Mi Pedrito!*"

Adolpho, irritado com os excessos, mandava abrir todas as janelas.

"Está um calor senegalesco!"

Pedro fazia de tudo para descontraí-la, e sempre a chamava para participar dos jogos coletivos na piscina.

"*Más Pedrito, yo no sé jugar!*"

"Deixa de ser cacete!"

Às vezes sobrava uma bolada.

"*Aie, Pedrito!*"

"Ô, Tucha! O jogo é rápido!"

Lá pelas seis e meia de sexta-feira Manchetinha latia alto. Era o motor do carro de Adolpho rugindo ainda pela altura do Parque Nacional da Serra dos Órgãos, a vinte quilômetros dali. O latido era o sinal: em meia hora, a Mercedes verde-azeitona (da qual jorravam, nas palavras de Nelson Rodrigues, "cascatas com jacarés") estacionaria lá embaixo e ouviríamos a voz de estrondo do tio: "Alcebíades, prepara tudo que aquele puto vem almoçar hoje".

A primalhada corria pelos varandões de longas ripas enceradas, na direção contrária.

"Tio Adolpho vai brigaaaaaaar!"

Quem quer que fosse o puto, Alcebíades, com a expressão plácida, tomaria as providências. E vinha Manchetinha, a aristocrata, unhas bem cortadas percutindo rápido na peroba do campo da escadaria — contrapondo-se aos passos arrastados de Abracha, que alcançavam o varandão.

"Adolpho chegou", dizia Leonardo, com mais apreensão que alegria na voz.

E vinha o séquito, e todos o seguiam — e à cachorra grudada nas calças amarfanhadas que, logo, Adolpho trocava por uma bermuda bege de tergal com camisa de linho branca, aberta no peito, e tamancos. Ia se sentar nos sofás que ficavam próximos à varanda, num dos cantos da sala monumental de

A primalhada e o tio, antes do baile do Higino.

teto enviesado, onde havia o abajur de garrafão verde, sob seis metros de pé-direito, tendo, ao lado, Manchetinha.

"Você tem essa cara?", inquiria, e exibia o perfil da cachorra. Protocolar-mente, ou com ironia, todos concordavam com o óbvio: não, não tínhamos aquela cara. E ele tateava, orgulhoso, o peito estufado da besta — besta no sentido de bicho e no sentido de besta mesmo, empinado que era o focinho da filha-da-puta.

Através das portas e janelas envidraçadas, a vista para o Dedo de Deus invadia a sala, decorada por plantas caídeiras úmidas que vestiam o varandão com seus bancos de tora, assinatura de Joaquim Tenreiro. Quando vinham os temporais de verão a varanda ficava coberta por neblina espessa, os pássaros silenciavam e uma alegria calma aplacava os corações. Nos invernos o lugar era o salão, onde Alcebíades fazia acender a lareira. Durante as tempestades, os raios estouravam pelas portas de persiana de madeira que se abriam para a piscina.

Na hora do almoço — fosse ele no varandão ou na sala de jantar, inte-grada ao salão, ou na mesa redonda de madeira crua na varanda menor (mais usada para o café) — vinham todos, famintos, da piscina, das trilhas flores-tais, dos quartos, dos banheiros.

Adolpho impunha certas regras, como a proibição de pôr garrafas de re-frigerante na mesa ou talheres de peixe, que jamais saíam do armário, pois Adolpho não os admitia, nem em família nem em ocasiões formais nas casas dos outros, mesmo se fosse uma recepção em palácio. Poucos se arriscavam a contestar seu argumento: "Pra quê?".

Com um ar indeciso entre a galhofa e a reprovação, o tio supervisionava todas as mesas e tinha sempre uma palavra (entre a satisfação e a ameaça) pa-ra os que comiam com gosto.

"Você se trata bem, filho-da-mãe."

Aos pequenos, contava piadas de sacanagem e fazia charadas oblíquas.

"Você é homem ou mulher?"

"Homem."

"Como é que você sabe?"

Depois do almoço dormia. Às vezes escolhia um sobrinho ou sobrinha a esmo para acompanhá-lo ao quarto com jardim-de-inverno e banheira retan-gular de mármore, com escadinha ornamental.

"Conta uma história pra eu dormir."

Deitava-se com a cachorra e, numa estranha poltrona em forma de pêndulo, o sobrinho se punha a contar a história, vigiado pela bicha — que, apesar da pose, da pelagem e dos banhos, fedia como o diabo, igual a todo cão dinamarquês. O que não o impedia de beijar-lhe a boca, coisa que raro fazia com Lucy. Esta, a bem da verdade, pouco subia a serra com ele, preferindo vir à casa fora de temporada, quando tomava providências para embelezá-la, comandar os trabalhos de jardinagem, reestocar de bebidas a despensa — que tivesse sempre bom *Jerez* e jinjinha — e comprar novas toalhas, guardadas nos armários treliçados dos longos corredores, onde ficavam também as louças. Com Manchetinha Adolpho dividia tudo: da cama a sanduíches de mortadela, do banheiro a pedaços de pão banhados em gema de ovo, dos que Alcebíades era reputado por fazer tão bem, boiando em espuma de óleo de girassol, nos cafés-da-manhã que eram tomados ali onde ficavam as redes, a estranha gaiola de tucano vazia e a mesa de tronco cru, num piso elevado ao ar livre, entre a piscina e o corredor dos quartos, cujos fundos se abriam e davam para a mata. Havia o sino, que o próprio Adolpho fazia soar às sete, e, se não aparecia logo alguém à mesa, tocava as campainhas de todos os quartos, que instalara para ter o controle sobre o sono dos outros.

"Isso não tem em nenhum lugar do mundo", dizia a quem viesse acompanhá-lo à mesa, mirando a face da serra dourada pelo sol.

Afeiçoara-se à serra e à casa, que, se dependesse dele, nunca teria sido construída, por ter sido idéia de Bóris, e não sua.

"Pra quê?"

Os Gráficos Bloch haviam rodado uma folhinha de fim de ano dos Lundgren, família sueca proprietária das Casas Pernambucanas. Num fim de semana, Bóris subiu a serra com Jaquito e Fanny para levar a prova do trabalho gráfico.

Pegaram a estrada velha. Numa vicinal foram cercados por uma manada de bois, quando Fanny, em cadenciado pânico, socou as têmporas e gritou "socorro" num fio de voz, assim permanecendo quilômetros a fio.

"As vacas já foram, Fanny."

"*Suocooooorro.*"

Em Teresópolis, três horas depois, passaram por acaso pela fazenda dos

Adolpho e Manchetinha I, com o Dedo de Deus ao fundo.

Guinle, lá encontrando um engenheiro, o "doutor Rubens Feitor", que, além de engenheiro, era mesmo feitor, mas não doutor.

"Será que seu patrão, o senhor Guinle, não me venderia um pedaço do terreno?"

Donos de mais de meia Teresópolis (suas posses iam de onde hoje é a CBF até pelo menos os limites da Rio—Bahia), os Guinle, franceses, não faziam alarde mas já estavam loteando os domínios.

Sem dificuldade o negócio se fez, inicialmente um terreno médio com uma pedra no meio, onde seria construído o lago com fundo de pedras e água geladíssima da nascente lotada de girinos — que a primalhada demorou para descobrir que não eram peixinhos.

Bóris encomendou as plantas da casa ao arquiteto Francisco Bolonha, que esboçou a construção de um amplo avarandado de madeira nobre, o pezão-direito, seis quartos, outros três nos fundos, salões, jardins, piscina, muita peroba e jacarandá.

Adolpho, o ferrenho opositor, subiu um dia a serra para espiar as obras e, ao ver que a extensão da varanda terminava abruptamente num dos limites do terreno, meteu o dedo na planta. "Isso é uma esquina de merda".

Foi no mesmo dia à fazenda dos Guinle, comprou dois lotes dando para o outro lado do terreno, que também entrava pela mata e seguia a linha do morro. Ao saber, Bóris deu um soco na mesa e comprou mais dois lotes do lado oposto. Adolpho revidou.

"Se *iele* compra dois, *ieu* compro dois, não é isso?"

Quando Bóris morreu, Adolpho quis vender a área que resultou, somando 50 mil metros quadrados. Arrumou até comprador, alguém ligado ao presidente de um banco. Mas todos já se haviam afeiçoado àquela cidadela cercada de florestas, com um riacho e um inverno que se aproximava do zero grau.

"Aqui Jitomir", disse Bella, a querida, ao respirar os ares dali.

E foi dela a palavra final.

Adolpho e Manchete dormem, esparramados nos varandões de Comary.

Os uivos da morta
(JK: "Fogo pagou")

Em Comary, os grilos e congêneres trilavam de uma maneira toda especial, encravados que estavam na Mata Atlântica virgem. Foi só depois da morte de Manchetinha que, perturbando a trilha noturna, começaram os uivos de cadela penada nos quartos dos fundos, atrás da copa dos empregados, cheirando a sopa de legumes e a vapores da lavanderia. Esses quartinhos, onde ficávamos, as crianças e os púberes, davam para uma pequena encosta onde o túmulo da dinamarquesa fora construído, ao lado da cova de Nero. Os uivos eram longos e solitários, jamais respondidos pelos cães de outras casas, como seria natural — eu pensava — se fossem uivos de cão vivo.

Era a morta, então, que chamava, cobrando alguma culpa, algum mal que eu lhe fizera. Ou ao seu mestre, Adolpho. E o mestre estava puto mesmo. Pedira que eu lhe escrevesse uma história, para ver se eu dava para a coisa de jornalismo ou literatura. Depois, ia mostrar para o Cony, intelectual mais capacitado do império e amigo da família. Obedeci, fui ao caderno, usei a caneta de ouro de Leonardo (herdada de Arnaldo), enfrentei os uivos, virei a noite e, na mesa de café, assim que tocou o sino, levei-lhe as duas folhas escritas. A história era sobre um homem que, apesar de muito rico e poderoso, estava miseravelmente infeliz por ver a velhice chegar sem ter realizado seu maior desejo: ter um filho, herdeiro e amado. Todas as manhãs, quando acordava, o homem rico ia espiar, da janela, um mendigo que rondava seu palacete, sempre alegre e confiante, com um menino no colo. Se quisesse, o poderoso podia ter enxotado o maltrapilho, mandado prendê-lo ou, se fosse cruel, até causar-lhe mal maior. Mas, ao contrário, o afortunado expediu ordens para que o protegessem e servissem comida a ele e ao menino, todos os dias, garantindo, assim, que ele jamais deixaria de aparecer por ali. Assim podia, a cada manhã, converter a inveja em admiração pela felicidade, ainda que pobre, do homem e do menino. E, assim, purificar seu coração.

Adolpho terminou de ler e, antes de fazer qualquer comentário, rasgou as duas folhas. Cuspiu no chão.

"Você não sabe o que é pobreza. Você não viu o que eu vi."

Que eu fosse, então, dividir meus brinquedos e as minhas roupas por aí. Que eu era um merda.

"Quem precisa de um filho? Melhor ter um cachorro."

Demorou dois dias para ir me chamar no quarto para o café. Às sete da manhã, a campainha. Era a sua maneira de perdoar, ou pedir desculpas, nem sei direito qual era o caso.

Nessa época andava muito pela casa também um primo mais velho, da geração intermediária, entre a de Jaquito e Leonardo e a minha. O primo estudara um bocado. Administração e economia. Fizera a Escola Superior de Guerra. Adolpho apostava muito nele. Juntos, jogavam xadrez na mesa de mármore com vista para a piscina. O tio jogava sempre com as pretas. Eu ia olhar. A madeira e o mármore cheiravam bem. Adolpho era um homem de madeiras e mármores. Por onde passava, as coisas iam se transformando em granito e peroba do campo. O prédio do Russel, o apartamento em Copacabana, a banheira com escadas dando para o jardim-de-inverno.

O sobrinho talentoso gostava de uma moça, Amanda, que era taróloga. Compromisso sério. Às vezes aparecia na casa. Inspirou minhas primeiras fantasias. Eu estranhava o modo de Adolpho cumprimentá-la, com um grunhido, sem olhá-la no rosto, a mão displicente, mole. Depois soube a razão, que correu à miúda na família: antes de um almoço no varandão, Adolpho e Amanda se encontraram por acaso num dos corredores gigantes: precisavam ir ao banheiro. Como a suíte ficava longe dali, Adolpho preferiu usar o das visitas. A contragosto, cedeu a vez a Amanda.

Mais tarde, chamou o sobrinho num canto para conversar sério. Aquilo não era moça para ele. O rapaz quis saber se o problema era o fato de Amanda não ser judia. Adolpho garantiu que essa não era a questão. Ora, se ele mesmo casara com uma gói, e na igreja, porra!

"Então qual é o problema?"

"Quando eu abri a tampa tinha pêlo na louça."

"E isso é grave?"

"O que é que você acha?"

O jovem tinha viagem marcada para a Europa. Sua missão, além de visitar gráficas e editoras, era ir a Helsinki, aprender tudo sobre o fabrico de celulose e entrar em contato com os grandes técnicos e industriais finlandeses. Adolpho havia comprado terrenos em Resende, onde tinha planos de instalar uma fábrica de papel.

O primo pediu um tempo a Amanda. Muito trabalho pela frente. Em Helsinki, embora assoberbado, apaixonou-se pela filha de um madeireiro local. O pai achava que a filha estava se casando com o herdeiro do maior homem da imprensa brasileira. Os pais do rapaz achavam que o filho tinha conquistado a filha do grande homem do papel finlandês. E o sobrinho bonito, inteligente, enxadrista, fumador de cachimbo, esperança da empresa, voltava casado. Ia botar pra quebrar.

Mas quem é que botava realmente para quebrar no torvelinho dos Karamabloch? Só os megalômanos acreditavam que o futuro reservava lugar garantido.

"*There's no free lunch in life*", repetia Rosaly, diante das vãs pretensões dos vários sobrinhos da nova geração.

Achar que a cadela penada uivava por minha causa, por exemplo, era óbvia e precoce megalomania: ela tinha razões muito mais importantes para gemer de madrugada. Afinal, naquelas semanas, sua sucessora, Manchete II, já corria pelos campos de relva, coçava a bunda em arbustos, arriscava-se nas encostas junto com a primalhada que abria trilhas para montar cabanas e achar esconderijos.

Ao contrário da matriarca — alvinegra, traços suaves e perfil nobre —, Manchetinha II era cinzenta com manchas díspares e irregulares e fisionomia quadrada, plebéia. A devoção, entretanto, era maior e mais sofrida. Se Manchete I passava temporadas no Rio e ia à empresa de vez em quando, cumprimentada por borra-botas e por banqueiros, a II, por sua vez, nunca deixaria

Teresópolis, o que aguçava sua sensibilidade: ouvia o motor quarenta minutos antes, quando o carro mal envergara pela Parada Modelo, ao pé da serra.

Adolpho penou para esquecer a número um: seu túmulo era de mármore (o de Nero, coitado, eram umas margaridas doentes num quadrado de terra). Sobre a lápide de Manchetinha, um busto de bronze do escultor peruano Mario Agostinelli e, na pedra, o epitáfio:

A vida só vale a pena ser vivida
quando se faz algo pela vida, em vida

Quem viesse à casa tinha que ir à tumba. "Uma frase lapidar", diria um deputado. "O que é que o senhor queria? Numa lápide, só podia ser", bronqueou Adolpho.

Se Manchete I — a exemplo do mestre — não deixou descendentes, Manchete II, a plebéia, deixar-se-ia meter por um macho tão negro como o finado Nero, mas de nome Claude — que, além da melhor estirpe, vinha a ser um dos cães de criação do empresário Roberto Marinho.

Claude passou na casa dois dias, suficientes para a "II" emprenhar de nove filhotes. Quando nasceram, estava em Teresópolis o escritor Jorge Amado. Convidado por Pedro Bloch, seu amigo, a almoçar com Adolpho, acabou calhando de ser ele, o grande escritor, a batizar os filhotes com nomes de personagens de *Gabriela*, sucesso da época na televisão, no extinto horário das novelas das dez.

Um ano depois, meados de 1975, Gabriela, Maria Machadão, Malvina, Seu Nacib, João Fulgêncio, Coronel Ramiro, Tonico Bastos, Mundinho, Chico Chicão — a ninhada toda no ápice da saúde e da formosura — foram atrações de um grande almoço que Adolpho ofereceu nos varandões em homenagem ao ex-presidente Juscelino Kubitscheck, em apoio à famosa e malograda candidatura à Academia Brasileira de Letras.

Se, em outros tempos, a proximidade com JK era um misto de admiração e interesse, o que os unia agora era a pura amizade. No calçadão da avenida Atlântica, Adolpho e o presidente caminhavam quase diariamente. Um par que já se tornara daqueles emblemas sob o sol. Quando chegavam a um dos extremos — o Posto 6 ou a ponta Leme, ambos os locais amparados por encostas —, apoiavam o pé direito na pedra. Um modo, como Adolpho ensinava a todos os que caminhavam com ele, de relançar a marcha do futuro.

Às vezes eu ia junto, colado em Leonardo, de arrastão.

Almoço em homenagem a JK em Comary, 1974.

Adolpho e JK numa de suas caminhadas diárias no calçadão de Copacabana.

"Dá bom-dia ao presidente."

No alto, o homem de sorriso mais crepuscular que solar, chapéu fazendo sombra nos olhos tristes.

"Bom dia, presidente."

Uma outra vez, no caminho para o Iate Clube, onde tomaríamos a lancha, Adolpho fez meia-volta e mudou os planos. "Vamos levar uma compota para o presidente. Ele não tem o que comer."

Parou na primeira padaria e saiu com o vidro de meio litro. Quando chegamos ao luxuoso edifício em Ipanema e fomos anunciados pelo porteiro, Leonardo protestou.

"Não fode, Adolpho. Ele vive bem pra caralho."

"O que é? Um homem não pode ter um apartamento?"

Em 20 de agosto de 1976, passado um ano desde aquele almoço na serra, o "homem que tinha um apartamento" (mas que vivia, então, a maior parte de seu tempo isolado numa fazenda em Luziânia) precisou vir a São Paulo, convidado da Conferência dos Governadores da Bacia do Prata.

Foi recebido por Adolpho na Casa da Manchete, sua embaixada na cidade. Comprado à viúva do empresário Horácio Lafer, o palacete na rua Groenlândia era um dos seus orgulhos.

Antes de ir dormir, Juscelino quis conversar. Repassou sua vida com uma intensidade confessional. Pela manhã, bateu cedo no quarto de Adolpho, chamando-o para tomarem café juntos antes de ele seguir viagem para o Rio.

Foram à cozinha, onde dona Arlete, na noite anterior, fritara bifes fininhos cujo preparo o ex-presidente se deleitara em observar.

"Quer saber, Adolpho? Bateu saudade da Maria Lúcia.* Vou de carro para o Rio", disse, à porta, ao se despedirem.

"Não faz isso, presidente. Vai de avião."

Duas semanas antes, um boato correra sobre Juscelino ter passado mal em Luziânia. Adolpho se inquietara, mandara averiguar, mas o ex-presidente estava bem, recebendo jornalistas na fazenda no Planalto Central.

Por isso, Adolpho teve ainda esperança de que fosse apenas um novo ru-

---

* Maria Lúcia Pedrosa, amante de JK.

mor quando, na noite de 22 de agosto, um domingo (menos de 48 horas depois de terem se despedido), o telefone tocou e Rodrigo Lopes perguntou se tinha conhecimento de um desastre envolvendo o sogro na Rio—São Paulo.

O telefone soou de novo. Era Mário Tamborindeguy, que tinha um restaurante em Resende. Estivera lá. Vira a carteira de Geraldo Ribeiro, o motorista.

Ligaram para a polícia rodoviária e receberam a confirmação. A casa de Adolpho encheu-se. Seu clínico, doutor Raimundo Carneiro, aplicou-lhe inúteis injeções para dormir, mas Adolpho continuou a girar como pião pelos salões e corredores, falando com todo mundo, ordenando telefonemas, mandando fazer chá e buscar patê de fígado de galinha.

Carlos Lacerda apareceu no quarto como se vindo de alguma profundeza e abraçou o antigo adversário, aos soluços.

"Ele era realmente um grande estadista", lamentou, em lágrimas de crocodilo.

Pediu uma caneta, um papel, sentou-se na escrivaninha e lá mesmo escreveu um artigo, publicado no número seguinte de *Manchete*.

A depender de dona Sarah, o caixão do marido deveria sair do Museu de Arte Moderna, mas Adolpho se antecipou: atado a um tubo de soro móvel, irrompeu, na segunda-feira de manhã, na sala de Heloísa Lustosa, diretora do museu, pedindo que a instituição abrisse mão do morto.

"Seu Adolpho, o corpo sair do MAM é um desejo expresso pela família do presidente."

"Mas o desejo do presidente era sair da rua do Russel."

"Como assim?"

"Ele me disse."

Atônita, Lustosa o acompanhou ao Instituto Médico Legal, onde a viúva tomava as providências para a liberação. Depois de uma ardorosa discussão, Adolpho faturou o caixão, que seguiu diretamente para o edifício Manchete, onde foi velado e de onde partiu em cortejo até a cova.

Dias depois, recebeu, do morto, uma carta, postada na semana anterior, mas que parecia chegada diretamente do além.

Não imaginava que eu, um ser urbano, me adaptasse ao silêncio e à solidão dos vastos descampados. Encontro-me, há um mês, sem contato com o que se convenciona chamar de civilização. Desta não tenho saudade. O que traz tristeza, sobretudo à hora do recolhimento da tarde, é a falta dos amigos. Eles são parte da minha natureza e do meu próprio organismo e não senti-los perto é como privar de um braço ou de uma perna. E nenhum, mais do que você, Adolpho, pertence à primeira categoria das pessoas que gostaria de ver diariamente, como fazia até há pouco. [...] Espero abraçá-lo em breve. Se tiver coragem, enfrente a poeira e venha da janela do seu quarto, nesta fazendinha, ouvir a singela melodia do "Fogo pagou, fogo pagou".

Adolpho chora pela perda de JK.

O rei do Russel

Querido e temido como um deus vingativo, Adolpho, nas qualidades e nos defeitos, era a síntese de todos os que, na família, vieram antes dele: tinha muito de cada um, enquanto cada um tinha apenas um pouco dele. Por isso, quando alguém vinha elogiar os feitos de um antepassado ou irmão morto, ele reagia: "*Ieu* fiz tudo".

Se herdara de Joseph os olhos severos, era de Jorge, sem dúvida, a capacidade de alta fabulação: tudo o que os outros fizeram de bom virava obra sua num passe de mágica. Fechara negócios cujos contratos, pela data, deveria ter assinado no berço. A casa de Teresópolis, tornada orgulho e refúgio vital, fora "sua idéia". Nessas horas, só a irmã Bella tinha peito para pegá-lo na mentira.

"O que é que ele diz?", acusava, com as mãos abertas e um sorriso espantado.

Pois, antes de Adolpho, não havia nada. E, depois dele, seria o dilúvio. Havia, sim, o agora: *Manchete*, sua obra, seu resumo, estampada nas bancas, com qualidade gráfica superior e altas tiragens. Mesmo pouco instruído, o homem de Kiev agora vivia cercado de intelectuais, principalmente aos sábados, quando oferecia suntuosos bobós de camarão a jornalistas, pintores, escritores, músicos e artistas em geral no sexto andar do edifício Machado de Assis.

No bojo de permutas com artistas, crescia o acervo da Galeria Manchete, no saguão contíguo ao Teatro Adolpho Bloch, inaugurado em 1973 com o musical *O homen de la Mancha*, estrelado por Bibi Ferreira, Paulo Autran e Grande Otelo, no papel de Sancho Pança.

Na linha de frente do rei, os príncipes Jaquito e Oscar atuavam de acordo com seus interesses e vocações. Oscar, mais velho, era um vice-presidente de sorriso histriônico e alto índice de piadas por minuto. Para uns, era engraçado e cativante. Para outros, como Sérgio Porto, o Stanislaw Ponte Preta, era um estorvo.

"Tem três coisas chatas no mundo: ir ao dentista, visitar a sogra e conversar com o Oscar Bloch."

Oscar era um polichinelo, um animador, que atuava com desenvoltura tanto na área de vendas quanto nos meandros da política. Foi uma ou duas vezes publicitário do ano e funcionava como canal de comunicação com o governo, os ministros e os milicos — entre os quais tinha, no linha-dura Otávio Medeiros, que morara quando garoto na rua Cinco de Julho, quase um irmãozinho de criação.

Jaquito, designado diretor-superintendente, apesar de formalmente ser o terceiro da linha, avançava na administração e na área técnica, e tinha interesse editorial. Lançou séries de impacto nas bancas, como as fotonovelas-verdade, entre as quais *A fera da Penha* foi fenômeno de vendas. Comprou coleções de fotos. E reviveu o sonho irrealizado da engenharia dissecando o funcionamento de cada engrenagem das oficinas e criando políticas de preços agressivas nos trabalhos gráficos para terceiros.

Não era, contudo, um prodígio das relações interpessoais. De Adolpho herdara mais pertinácia e capacidade de trabalho que o carisma empresarial que fazia do chefe do clã aquele poço de contradições cujos acertos surpreendentes ofuscavam os erros colossais.

E havia a personalidade. Adolpho alternava explosões cruéis com surtos de humilhação auto-impingida que beiravam o cômico, daí sua popularidade. Jaquito, um tímido agressivo, era bem menos popular. Se na família podia ser adorável e engraçado (apesar de sempre ameaçador), na empresa adotava um humor desdenhoso que transmitia, amiúde, menosprezo. "Vem cá, alegria", era seu bordão administrativo, nos momentos em que as coisas iam bem.

Bibi Ferreira, Grande Otelo e Paulo Autran em
O homem de La Mancha.

Impaciente, era osso duro de roer para os que desejavam um diálogo cadenciado, ou contestavam os seus pontos de vista. Ao contrário de Adolpho — e aí seu maior calcanhar-de-aquiles —, Jaquito não era de se desculpar. Ao passo que o rei, ao flagrar-se injusto, chorava e dizia-se um desgraçado.

"Desculpe, querido."

Jaquito, porém, jamais elevaria a voz para Adolpho nem ousaria brigar com Oscar, que vivia às turras com o tio, por questões mal resolvidas e cabeludas dentro da empresa.

Assim, na edição de 25 anos de *Manchete*, Adolpho, no topo do sucesso, resumia o entourage familiar-empresarial:

Sinto-me feliz porque tenho homens como meus sobrinhos Oscar e Jaquito. Dia e noite não chegam para eles. São responsáveis dignos do Brasil Grande. Meus sobrinhos Dêive e Tamara estão sempre a meu lado e meus sobrinhos-netos Ivo, Gilda, Cláudio e Sérgio começam suas vidas. E tem o nosso Leonardo, que me assessora todas as sextas-feiras na Loteria Esportiva. Um dia ainda vamos pegar o bolão.

Para além do folclore — de fato, Leonardo e o tio fizeram, duas vezes, os treze pontos da loteca, mas com extrações chinfrins —, o bolão de Adolpho se acumulava no jogo cotidiano: a editora somava uma dezena de títulos consolidados, a publicidade chovia e os sempre suspeitos "projetos especiais" pingavam faturamentos proporcionalmente especiais no cofre. A Bloch Educação, tocada pela sobrinha Paulina e por Arnaldo Niskier, era fonte de dinheiro e prestígio. O fluxo de capital dava para manter escritórios fortes em todas as cidades brasileiras importantes e também em Nova York e Paris. No estúdio instalado na ex-sede da Frei Caneca, Indalécio Wanderley comandava a potência fotográfica que era a Bloch Editores, alimentando as páginas e os arquivos com uma produção de primeira.

No comando do carro-chefe, *Manchete* — cuja redação ocupava metade do oitavo andar do prédio-sede na Glória —, operava o gaúcho Justino Martins, que Adolpho só tratava pelo codinome *Índio*. Cunhado de Erico Verissimo, complicara-se ao escrever, para a editora Globo de Porto Alegre, um artigo contra o fascismo integralista no governo Vargas. Fora convidado a se retirar do Rio Grande e passou uns anos em Paris, onde ficou íntimo de Jean Genet, ganhou fama no circuito festivo e militou como *grand réporter* no escritório de *Manchete*. Com tantas referências, recebeu visita de Adolpho em seu apartamento na *rue* Laos, na capital francesa, e foi convidado para dirigir a revista, da qual seria o comandante mais longevo.

A redação de Justino (na medida em que algo podia ser de alguém nos corredores do Russel) ficava colada à presidência da empresa, separada da alta administração apenas por uma divisória de vidro transparente, expondo tudo que se passava e se dizia: cada telefonema, cada crise, cada esporro, cada régua quebrada e catapultada ao teto. E também a alegria: quando Adolpho estava feliz, tudo se enchia de luz, de gargalhadas, de grandes apostas e idéias. Quando trovoava, o breu se abatia sobre todos. Quando chorava, e a cabeça caía sobre a mesa, as mãos estendidas, eram poucos os que não se compadeciam de sua angústia — que podia ser calculada, de velho malandro, ou agonia mesmo, dor profunda, a "fome ancestral" que Nelson Rodrigues identificara no homem das estepes.

"Do que é que eu preciso? Um pedaço de queijo-de-minas?", indagava a funcionários que vinham pedir aumentos ou a banqueiros quando o fardo parecia pesado demais e ele se lembrava do prazer que experimentou ao comer um certo sanduíche de mortadela com Guaraná nos tempos magros.

"Aquilo foi a maior refeição da minha vida."

O caos que Adolpho carregava em si refletia-se em olhos desconfiados: o direito franzido, o outro alerta, à espreita na cara feia, "mistura de Ziembinsky com Betty Friedan", na descrição de Jô Soares. Qualquer que fosse o humor, a aproximação de Adolpho instalava suspense, como se soasse um rufar implícito de tambores, que Carlos Heitor Cony evocava, com uma onomatopéia e uma pantomima intranscritíveis, avisando que "o Adolpho vem aí".

Era Adolpho, e mais ninguém, que fazia de *Manchete* uma família. Não era só a parentada, nem só os mais próximos. Eram todos. Todos os que — funcionários, agregados, amigos, inimigos — lhe pegavam o jeitão. E também os que, mesmo queixosos do salário, achavam que a vista dos janelões do Russel, a convivência com a nata do jornalismo e a chance de ver Adolpho passar toda hora (com todos os riscos envolvidos) somavam ao orçamento uma espécie de salário indireto.

A sala da presidência era aberta a todos, e por ela passavam não só os funcionários, mas banqueiros, cobradores, publicitários, deputados, presidentes, pedintes e, na maioria das vezes, modelos de nu artístico. Umas eram recebidas como embaixatrizes. Outras, expulsas pessoalmente por Adolpho, arrastadas ao elevador de um modo muito próprio: com a mão enganchada no braço, cutucava a coxa da escorraçada com a ponta do joelho para acelerar o passo.

Aprendera esses modos sabe-se lá onde, parecia coisa de cafetão ou de leão-de-chácara. Mas distribuía as joelhadas democraticamente, não só às vedetes, mas a clientes ou visitantes oficialmente ilustres. Numa fase extremamente anticomunista, quando escrevia os mais ferozes artigos contra a troika soviética, aplicou joelhadas num senhor de origem alemã que, pensando agradá-lo, fez a brincadeira errada: "Viu? Vocês, russos, expulsaram os alemães, e deu nisso".

Se qualquer um podia invadir ou espiar a sala de Adolpho, com todo o cuidado, o próprio dava-se o direito de invadir e espiar as salas de todo mundo sem cuidado nenhum. Principalmente a mesa de Justino, onde os cromos fotográficos eram espalhados sobre a luz branca, território livre para o tirano jogar seus palpites e descontar suas frustrações, chegando a extremos como as famosas dentadas nas superfícies dos slides, gesto fartamente documentado, peça de ouro no arsenal do folclore *adolphiano*.

Que mal podiam ter feito a película e a moldura de papelão para merecer o castigo?

Claro que os fotógrafos tinham suas eventuais culpas. Era o caso de Domingos Cavalcanti, que, pautado para fazer uma reportagem sobre as areias monazíticas de Guarapari, voltou sem fotos, sem dinheiro e sem equipamento: na primeira noite descobriu um cassino clandestino, perdeu as diárias e teve que penhorar a máquina, que era da empresa. Demitido pelo Jaquito, esvaziou as gavetas e passou na sala de Adolpho para se despedir.

Saiu readmitido, com mais uma semana de diárias e passagem de ida-e-volta para Vitória, com uma condição.

"Joga no Preto 17."

Jaquito, sentindo-se desautorizado, ficou três dias sem vir trabalhar, até receber o chamado.

"Vem, porra."

Exotismos à parte, Adolpho tinha mesmo olho para fotografia, o que irritava os profissionais mais gabaritados e menos humildes. Em suas memórias extemporâneas gostava de lembrar a discussão com um fotógrafo que voltara da Amazônia com um material julgado por ele sofrível comparado a outros que a revista — que tinha nos temas florestais e indígenas com páginas duplas abertas e sangradas uma de suas linhas mestras editoriais — já publicara. Passou-lhe uma reprimenda. Ferido nos brios, o fotorrepórter alfinetou o estoque de máquinas da empresa.

"Seu Adolpho, para fazer o que o senhor quer preciso de uma nova Hasselblad, pois a minha câmara está caindo aos pedaços."

"Então é essa a questão? Se eu te der uma caneta de ouro nova, você vai ser o Machado de Assis?"

Ter fé em Adolpho era uma questão de sobrevivência ou sabedoria. Concordar podia ser a salvação ou a perda de uma grande oportunidade. Não levá-lo a sério podia ser um acerto ou um equívoco. Para o cartaz de lançamento da revista feminina *Ele & Ela* queria uma foto da cadela Manchetinha "latindo o logotipo" num balão de gibi. A idéia acabou abandonada por insistência dos publicitários. Mas quem podia garantir que não era de fato melhor que o insosso casal se beijando com ramalhete ao fundo, que prevaleceu? Estaria errado o Adolpho ao vetar uma capa da *Revista Geográfica Universal* mostrando uma paisagem marítima, sem referência de terra?

"Mar aberto é tudo igual, porra. Qual a diferença entre o meio do mar do Caribe e o fundo do Posto 6?"

Equivocava-se Adolpho ao vetar uma estrela de tevê ou uma promessa das passarelas numa capa de *Manchete* sob a alegação de ser "a maior merda de mulher que já viu na vida?" Que lógica o levava, por exemplo, a alçar ao poder figuras intuitivas, que vinham apontar-lhe suas próprias merdas, como era o caso do Marechal? Auxiliar da família Nelson Rodrigues quando esta desembarcou na empresa, o contínuo Floriano (daí o apelido) caiu nas graças de Adolpho não por obediência ou omissão, mas por ter coragem de espinafrar uma capa cujo título encantara a todos, ao Justino, ao Zévi, ao Jaquito, mas não a ele: "O fenômeno da Miss Brasil negra".

"Seu Adolpho, fenômeno é bicho de três cabeças", mandou o Marechal, sem titubear, e no dia seguinte já era assessor, conselheiro e emissário de informações do populacho ao patronato, e vice-versa. Passou a vestir um terno azul-escuro com botões dourados que Adolpho trouxera de uma viagem a Londres, comprado na Marks & Spencer, que ia muito bem com o negro azulado da pele e o bigodinho maroto do Marechal — que, por onde passava, deixava sua saudação, emoldurada pelo sorrisão retangular.

"Saúde boa, querido?"

Outro que mereceu louros foi um faxineiro português bom de verso, na verdade umas piadas e umas trovinhas sobre alhos, bugalhos, colhões e caralhos, que o patrão chamava à sala para recitar a quem ali estivesse. Em conseqüência, o português foi promovido a chefe dos ascensoristas, destronando um sujeito alto que falava italiano e puxava a manivela do elevador como se fosse a maçaneta de um cômodo papal.

Era esse Adolpho que jogava revistas *Manchete* em túmulos de funcionários e capatazes, ou que aparecia em festas de filho de operário. O Adolpho que levou a Israel o filho de Grande Otelo — Oswaldo Aranha de Souza Neto, que trabalhava na empresa — e fez batizar o menino nas águas azuladas do rio Jordão. De suvenir para Grande Otelo, com quem tinha uma lacrimosa amizade, trouxe uma garrafinha com água do rio, como prova e oferenda.

As mesmas águas do Jordão que batizaram o menino foram assunto de conversa importante com Ben Gurion, durante a qual o líder socialista israelense, invejoso de nossos recursos hídricos, citara de cabeça os afluentes do Amazonas.

"Mas presidente, vocês têm o rio Jordão."

"O rio Jordão tem mais história do que água, senhor Bloch."

Entre a sala da presidência e a de *Manchete*, trocas heterodoxas ocorriam, e até um livre-comércio de favores se instaurou, tendo por objeto mulheres de vida leve que se candidatavam a um espaço na revista. Mas, dependendo da patente e da oferta, ali estava o Justino para avisar que *Manchete* não era a casa da mãe Joana. Uma dessas modelos, codinome, digamos, Hilka, deitou-se com o famoso escritor e jornalista gaúcho W., que lhe prometera nada menos que a capa da edição seguinte. Banhada e perfumada, Hilka foi cobrar a promessa diretamente ao diretor da revista, conterrâneo de W.

"Não sei de nada", rechaçou Justino.

"Mas o W. me comeu!"

"Hilka, sinto informar: tu deste para o gaúcho errado."

Mais difícil que despistar as arrivistas era impedir as revoltantes cismas do patrão que, de repente, o transformavam no mais insensível dos déspotas. Assim, Justino teve que mandar inverter a posição da mesa do então redator Roberto Muggiati, cuja barba comprida lhe causava arrepios.

"Eu não posso olhar para a cara dele", justificou-se, choroso, quando Justino censurou-lhe os modos cruéis. Anos depois, Muggiati seria empossado diretor, no lugar de Justino, com barba e tudo. Poliglota, ex-futuro diplomata, se tornaria um dos fiéis escudeiros de Adolpho.

Às vezes valia a pena enfrentar a fúria das estepes. Foi o caso de Raimundo Magalhães Junior, que, em época de racionamento unilateral de ar-condicionado, tirou a camisa e dirigiu-se à sala da presidência, a exigir a abolição daquele "forno crematório".

O titã, na maioria das vezes, gostava que o enfrentassem assim, arriscando-se a ouvir seus gritos sem tremer nas bases, como faziam os mais próxi-

Adolpho colhe água do rio Jordão.

mos da cúpula e os borra-botas de ocasião. Os mais bravos, como Magalhães, ganhavam reconhecimento e pedidos de desculpas.

"Desculpe, querido, mas você não sabe o que eu estou passando. Eu estou morrendo."

Adolpho estava sempre "morrendo". Por isso era tão difícil evitar seus estratagemas. Morte iminente que servia aos mais variados fins, desde angariar o perdão dos furiosos até pressionar banqueiros a descontar duplicatas sem garantias firmes com as maiores mentiras.

"Obrigado, o senhor estragou meu aniversário. Tem quinhentas pessoas me esperando na sala do lado."

"Desculpe, seu Adolpho, vou descontar já o papel."

Adolpho, que gostava de dizer que "inventou a letra de câmbio", era mestre no joguete de faturas e duplicatas. Por exemplo, emitia algumas contra a Distribuidora Imprensa, responsável pela circulação da revista, com lastro em receitas futuras e prazos cada vez mais longos. O dono da distribuidora, Altair, que tinha boa liquidez e também sabia garantir o seu, dava o "aceite", até se ver embaralhado num mar sem horizontes povoado de revoadas de papagaios eternos.

Adolpho misturava as melhores intenções com o gosto de obter avanço pessoal. Quando saiu a resolução da ONU de 1974, dizendo que "sionismo é racismo" (e assinada pelo Brasil de Ernesto Geisel), ligou para um patrício seu, barão do papel.

"Vamos fazer uma grande campanha para pressionar o presidente, que é alemão, e o povo, e anular esse voto. Trinta milhões de folhetos. Mas você tem que adiantar a sua parte em papel."

"Ô, Adolpho, você casou com uma não-judia e agora vem com essa conversa de sionismo!"

Grandes ou pequenas, Adolpho estava presente onde quer que decisões se fizessem necessárias, ou mesmo quando não havia necessidade nem decisão a ser tomada. Ainda que fosse para inspecionar roupa de funcionário em elevador lotado.

"O senhor não devia entrar com essa sandália de dedo."

"Seu Adolpho, em vez de olhar para a minha sandália o senhor devia olhar para o meu cérebro."

Certa vez foi o salvador da honra de uma jovem funcionária consentidamente traçada na salinha do café, na hora de almoço. Alguém descobriu e logo uma pequena multidão aguardava o momento em que o casal sairia dali, para a total desonra. Para proteger a identidade da moça, que era casada, o homem fez barricada e anunciou lá de dentro que só sairia com a área livre. Não demorou para a crise chegar à presidência e Adolpho vir, pessoalmente, resolvê-la.

"Sai já daí."

"Não saio."

"Sai!"

Insistiu, grito contra grito, até arrancar um acordo que não obrigasse à evacuação da empresa ou à intervenção policial. Mas que garantisse os empregos: que a moça pudesse descer por uma saída de fundos, num elevador de carga, e saltar três pisos abaixo, em segurança.

Adolpho era o rei das soluções heterodoxas, não por força de consultoria, mas por força de idiossincrasia, capaz de demitir sumariamente um mau faxineiro num hall de elevadores (outro de seus atos folclóricos a ganhar umas dez versões), esquecer-se de despachar a ordem e, semanas depois — tendo ficado a vítima na moita, sob proteção do departamento pessoal —, saudá-lo noutro hall, pisos acima.

"Um colega seu que eu mandei embora devia aprender com você o que é limpar. Passa no DP que vou te dar aumento."

Havia os que preferissem demitir-se preventivamente, como o redator que tinha uma maneira oscilante de falar que incomodava Adolpho. O patrão conseguiu até uma consulta com o primo Pedro, pioneiro da fonoaudiologia, mas não adiantou. Era caso grave, pois Pedro, nessa época, dava assistência a grandes vozes nacionais e, certa vez, passou cinco horas no telefone com João Gilberto, que cismara com uma obturação muito alta que lhe roubara o ponto certo da voz.

Adolpho chamou o jornalista à sala e entregou-lhe o rascunho de seu artigo da semana. Em visita a *Manchete*, a cadela Manchetinha II, munida de crachá, posava, atenta, ao seu lado.

"Vou te ensinar a dicção certa. Lê o texto pra ela."

Ofendido até os píncaros da dignidade o homem pediu as contas na hora. Outro que se demitiu foi Cícero Sandroni, em protesto por sua mesa ter sido usada para exibir um robalo que Jaquito trouxera de Cabo Frio e Adolpho, orgulhoso, mandara instalar na redação, paramentado, antes de ir para a cozinha do mestre Severino Dias. Sensível, o jornalista Paulo Pontes (que adaptara, com Flávio Rangel, o texto de *Dom Quixote* para o musical de estréia do teatro) pediu demissão quando, sem aviso, Adolpho veio oferecer-lhe aumento.

"Ele é louco. Eu não fiz nada."

Adolpho assombrava. Em visitas à gráfica, nunca deixava de fazer o truque do cuspe, que ninguém sabia de onde tirou: molhava o indicador e, com a ponta, folheava, de baixo para cima, a borda de uma pilha de capas recém-saídas da máquina. Como mágico de baralho, descartava uma das raras revistas — senão a única — impressa fora de registro.

"Esse homem tem pacto com o diabo", disse um respeitado operador de offset, com curso na Alemanha, antes de pedir demissão ao cair no truque pela terceira vez.

Tamanha imprevisibilidade parecia vir não só de uma intuição de visionário ou de uma memória telúrica marcada pela guerra: muitas vezes suas decisões eram mesmo obras do acaso, de cálculos de jogador supersticioso. Se, quieto em sua mesa, olhasse a janela como se estivesse admirando a paisagem do aterro, era batata: estava, na verdade, aguardando para ver se o primeiro carro a passar era vermelho ou azul. A depender do resultado, a solução de um dilema de compra e venda, ou a decisão de aumentar uma tiragem.

Navegando entre o mundo prático, obsessões insondáveis e angústias antigas que corroíam suas entranhas, impunha-se onde fosse. E ia a todos os territórios: à piscina do terceiro andar (que possuía uma sauna oculta onde, quando não ocupada, o sobrinho Ivo tocava violino); ao terraço panorâmico do décimo segundo andar; à Sala JK (onde o presidente escrevera seus últimos textos para *Manchete*, e que fora vertida num pequeno museu); à galeria anexa ao teatro, a cargo do fiel Zé do Mato, abarrotada de Tarsilas, Di Cavalcantis, Volpis, DaCostas, Krajcbergs, Guignards, Teruz, Cíceros Dias, Iberês, Prazeres, Giorgis, Mabes...; ou à cozinha do primeiro andar, onde a refeição era mais barata e comiam os que não faziam questão de, no restaurante do terceiro piso, misturar-se à diretoria.

Lá no terceiro, reinava o Severino Dias, mestre nordestino (que, anos mais tarde, meter-se-ia em política no interior fluminense e acabaria assassinado) que fazia discursos em grandes ocasiões, quando saudava *o homi admiravi e formidávi* que pagava seus vencimentos. Já no primeiro andar reinava o Ferreirinha, uma criatura de alta paz que num dia ruim, de perda nos cavalos ou de derrota do Fluminense, lançou à cara de um operário o prato inteiro, por ter ele se queixado de encontrar macarrão em travessa que era de arroz.

Adolpho apareceu em segundos, como um herói estranho, um justiceiro eslavo, para, poder-se-ia dizer, botar panos quentes.

"Chega dessa merda!"

Empenhado em abafar o incidente, de volta ao oitavo andar o patrão impôs oficialmente lei de silêncio a todos os que haviam testemunhado a briga, e chamou os editores e chefes de departamentos.

"O Ferrerinha é boa-praça. Não se fala mais nisso."

Duas salas à direita, o jornalista João Máximo, que gostava de almoçar no primeiro andar, ainda desavisado das ordens expedidas, comentava com um colega.

"Esse Ferreira não toma jeito. Quando fica de mau humor, ninguém agüenta."

Mal sabia que, atento a tudo, Adolpho espreitava seu ato de alta traição.

"Que Ferreira é esse, porra?"

"Um amigo meu."

"Diz!"

Achando-se convidado à delação, João segurou firme e Adolpho foi sentar-se com José Itamar de Freitas, editor de *Fatos & Fotos*. Ficou ali cochichando um bom tempo até que deu a volta e, às vistas de todos, escondeu-se atrás de uma pilastra com visão estratégica para a chefia, soprando instruções, como um treinador rouco.

"E aí, Itamar, vai ou não vai?"

Sem opção, Itamar mandou chamar o João.

"Fica aqui um tempo e finge que estou te dando esporro, que é para o Adolpho sair do meu pé."

O tirano dividia-se entre a crueldade, a autopiedade e os surtos de compaixão. Se o sobrinho Oscar, com ganas patronais, às vésperas de greves de jornalistas, passeava pelas redações ameaçando justa causa sem esconder o cínico deleite do poder autoritário, Adolpho magoava-se com as greves, julgava-as agressões pessoais e temia, nelas, um laivo revolucionário. Mas não tinha nenhum prazer na perspectiva de demitir. Em tardes carregadas de sentimentalismo, era capaz de descer para conversar pessoalmente com os insurretos e, convencido de suas alegações, sentar-se com eles no caminhão de som e encomendar biscoitos Aimoré e café com leite.

"Eu também vou parar. Os juros estão me matando."

Os juros. Um homem que trazia na correia de seu sucesso bolas nevadas de dívidas não compreendia e não aceitava os juros, que, quando começaram a apertar, viraram tema de edição sim, edição não, de sua coluna, "Adolpho Bloch Escreve". A crônica semanal trazia no alto da página uma foto sua abraçado a JK — que, com a morte do presidente, tomou lugar da foto anterior, em que aparecia aninhado em Manchetinha. Adolpho gostava de escrever, desde que não tivesse contato com a máquina. Não sendo homem de grande escolaridade, tinha, no seu discurso disparatado, um bocado de cadência e personalidade. Era a "simples apreensão das coisas, no sentido aristotélico", na definição de seu mais contumaz copista de idéias, Carlos Heitor Cony.

Já importante na imprensa de resistência e na literatura, Cony conheceu

Adolpho quando ainda estava no *Correio da manhã* e Lucy, editando a revista de moda *Jóia*, pediu-lhe um conto de natal. Sem precisar cobrar, recebeu logo um cheque com um cartão pessoal de Adolpho. Em 1967, foi convidado para escrever a série "Quem matou Vargas", transformada em livro pelas Edições Bloch, uma das vertentes da empresa. Um ano depois, ao sair de uma temporada no xadrez (quando voltava de uma viagem a Cuba) encontrou Adolpho casualmente na rua.

"Cony, eu gosto de você. Vem trabalhar comigo."

Desempregado havia cinco anos, instalou-se numa suíte no topo do Russel e empenhou-se num novo grande projeto: as memórias de JK, com colaboração intensa do próprio. Trabalho que consumiria pelo menos meia década e só seria lançado após a morte do político.

Dali até o fim, Cony e Adolpho nunca mais se separariam. Além dos diversos trabalhos para as revistas, das eventuais passagens pela cadeira de editor de algumas delas, de sua coluna semanal em *Manchete* (que se tornaria um dos poucos espaços de livre-pensar político da publicação, graças à sutileza de seu estilo) —, Cony desenvolveria também uma rotina de troca de idéias, ilustração histórica ao clã e, sobretudo, interpretação fiel do pensamento de Adolpho em relação ao Brasil e ao mundo.

Ao contrário de outros *ghosts writers* e homens de confiança — como Otto, Justino, Zévi Ghivelder ou Arnaldo Niskier, que forjavam um Adolpho grandiloqüente e punham-no para "falar" nas páginas como se fosse um presidente de Rotary Club —, Cony preferia não corrigi-lo nunca. Assim, preservava seus modos e achados a respeito de "medalhas de chapinha de refrigerante de Idi Amin Dadá" ou sobre o Estado de Israel não passar de "uma caixa postal de dois mil anos de Diáspora". O conteúdo variava de passagens de sua história de vida ao anticomunismo furioso, a ponto de repassar ao Kremlin a responsabilidade por todos os males do Oriente Médio:

> O *shabat* (sábado) é o dia santificado do povo judeu, dedicado ao repouso e à meditação. A 11 de março de 1978, o mundo assistiu, em Israel, a um *shabat* de sangue. Os assassinos de mulheres e crianças são os mesmos, bem como seus mestres. O endereço deles é: Kremlin. Praça Vermelha. Moscou. URSS.

Na esfera da política nacional, o tom das crônicas (e da cobertura da *Manchete*) continuava a ser de elogio fácil ao governo militar, o que faria da revista, nos anos de chumbo, sinônimo de órgão informal de propaganda do regime, expansor de otimismo acrítico. Apesar disso, Adolpho não podia ser considerado um mero e venal bajulador. O pânico de perder tudo numa virada de regime, herdado do Zeide, em muito contribuía para a perpetuação dessa subserviência pragmática. Mas, no essencial, achava sinceramente que o Brasil tinha que ter uma espécie de czar na forma de presidente, e a ordem totalitária instituída pelos militares estava dentro desse modelo — ao passo que os movimentos de resistência, na sua cabeça, eram sempre reproduções exatas de 1917. Esse czar incondicional podia encarnar em qualquer figura de força. Fosse a força da vontade política e do carisma — como foi o caso de JK, um insofismável democrata —, fosse a força dos tanques.

> Meus monólogos à noite são intermináveis e positivos. Acredito no Brasil Grande. Quanto mais me ocupo, mais tenho tempo para tudo. E só esqueço aquilo que quero. Como será a *Manchete* ao completar seus 50 anos? Temos jovens que saberão assumir responsabilidades. As revistas terão impressão tridimensional. O papel terá uma transparência de luz, de tal forma que, ao folhear suas páginas, o leitor receberá a mesma imagem do cinema e da televisão.

Nessa marcha de otimismo e medo de mudanças estruturais, Adolpho conclamava, em seus escritos, os "homens livres de todo mundo" a unirem-se — como se, do Brasil, sua palavra ecoasse pelo planeta, a impulsionar a luta internacional contra os vermelhos. Horrorizado com a perspectiva do socialismo em Portugal, prestou-se ao papel de desavergonhado salazarista.

> No Teatro Bolshoi, a troika imperialista assiste a reprises. Tirando baforadas de seus havanas, que custam um milhão de dólares por dia, os novos Tsares tomam *ossóbaia vodka* satisfeitos com os resultados no Camboja, no Vietnã e agora em Portugal, onde pretendem instalar novas bases de seu balé. Os seus discípulos repetem lições que aprenderam em 1917. A troika mandou seus melhores mestres para ensinarem a *dolce vita* do terror.

Porém, assim como Roberto Marinho — celebrizado por acolher, em sua organização, os "seus comunistas" —, Adolpho abrigava em *Manchete* a sua cota de esquerdas, e desde muito contribuía, através do militante e patrício Marcos Jaymovitch, com o partidão — para a eventualidade de precisar compor com o lado de lá (o que não o impedia de demitir comunistas em vias de se transformar em dirigentes sindicais e ganhar estabilidade). Postura que levaria Oscar Niemeyer a prestar-lhe reconhecimento.

> Meu amigo Adolpho não é um reacionário como muita gente pensa, mas um homem bom, que se solidariza, quando convocado, para essa luta permanente contra a miséria que há anos começamos. Muitas vezes tem assumido posições progressistas, mas como em seus artigos semanais critica constantemente a União Soviética, deles fica sempre uma idéia injusta dos seus verdadeiros sentimentos.

Adolpho não admitia nem praticava a delação em hipótese alguma, e certa vez, recebendo confidencialmente de um colaborador na sucursal de Paris uma carta denunciando outro funcionário por atividades políticas anti-regime, mostrou a missiva não aos lobos do poder, mas a amigos insuspeitos do alcagüetado, para queimar a reputação do alcagüete. E saiu brandindo a carta, fazendo-se de abobado.

"Não entendi, o que *iele* quer dizer?"

Não só protegia seus comunistas como readmitia os que, porventura demitidos, passassem, depois, pelos porões do regime.

"Machucaram muito o senhor?"

"Um pouco."

"Então vamos trabalhar."

Não tinha escrúpulos, contudo, de manobrar, ainda que fantasiosamente, contra os grandes vultos de esquerda, como, ao sentir os ventos irreversíveis da redemocratização no final dos anos 1970, ter alertado os militares para os riscos de se anistiar Leonel Brizola.

"É um perigo de vida."

O mesmo, mesmíssimo Adolpho que, anos depois, durante o governo Brizola no Rio de Janeiro, viria a se encantar pelo projeto dos Cieps e se tornaria uma máquina de elogiar Leonel, em quem repentinamente via um ímpeto realizador de cunho juscelinista: "É um grande homem, e é um santo com a mulher".

O que não significava que o apoiaria no momento em que demonstrasse aspirações presidenciais — quando, então, voltaria a ser o perigoso elemento, mas com quem tomaria, tantas vezes, café-da-manhã, moradores que eram da avenida Atlântica.

O importante era estar cercado do que chamava de amigos. E quem não era amigo de Adolpho quando Adolpho elegia um? Dessas figuras eleitas, que ficariam associadas a ele, o japonês Manabu Mabe — cujo abstracionismo de cores fortes, a partir de certo momento, passou a escorrer pelos salões da empresa e dos apartamentos da família — era das mais emblemáticas. De infância pobre, trabalhador de lavoura cafeeira, Mabe, que não dava para a pintura figurativa, faria, contudo, retrato bastante objetivo de Adolpho:

> Estive com ele em Teresópolis. Estava também o pintor Antônio Bandeira. Adolpho me convidou para umas braçadas na piscina mas não sei nadar, só boiar, e ele ficou encantado com isso. Com o Adolpho nunca adiantou falar sobre os preços de meus quadros. Há tanto tempo somos amigos e ele nunca abordou esse pormenor. Aliás, acho que até hoje sequer sabe quanto vale uma obra minha. Deve ter, atualmente, uns sessenta quadros. Na verdade Adolpho paga e não paga, da mesma maneira que eu cobro e não cobro. Como cobrar, depois de tantas reportagens, extensas, como ele faz, sobre mim e meu trabalho? Mas isso não é reciprocidade de negócios: Adolpho é *connaisseur* intuitivo, e é uma honra ter meus quadros no Museu Manchete.

No reino da escultura, o peruano Mario Agostinelli cumpriria o papel de figura-emblema do rei do Russel, tendo exibidos até tempos recentes, no saguão do museu, os seus impressionantes *Dom Quixote* e *Moisés,* em tamanho natural, feitos com sucata. Depois de rodar o mundo, o escultor viera se instalar no Brasil às vésperas dos anos 1970, quando o prédio do Russel estava em finais de construção. Não tendo estúdio para trabalhar com metal soldado, encontrou em Adolpho a inesperada solução: a garagem da casa da Cinco de Julho, o feudo de Bella, Sabina e Fanny.

Ali o artista se instalou com garrafas de acetileno, oxigênio, maçaricos e ferramentas de alto calibre. Para as tias, era questão sempre de minutos o momento em que a casa ia pegar fogo. Assim mesmo traziam refrescos e bolinhos, exigindo, em troca, uns poucos dedos de prosa diante do chá fervente. Depois, precisado de mais espaço e material, foi promovido a residente na oficina de Parada de Lucas, onde descobriu um paraíso de sucata "nova", limpa, peças torneadas, que recolhia avidamente. Um conjunto recém-chegado da Alemanha, indispensável ao funcionamento de uma rotativa, acabou amalgamado com parafusos velhos, dando à luz *Dom Quixote* e *Moisés*.

Talvez por inspiração das esculturas de Agostinelli, e com seis mil anos de messianismo nas idéias, o empresário e prefeito biônico Israel Klabin faria um retrato falado metafísico que, ainda que exageradamente laudatório a um homem tão defeituoso quanto grandioso, guarda absurda semelhança plástica com o vulto do espírito *adolphiano*.

Adolpho, o rabino Lemle e o cardeal Dom Eugênio Salles prestam seus respeitos a Dom Quixote.

Qualquer coisa como uma gigantesca figura feita de metais preciosos aglutinados por argilas de cores variadas. O núcleo central é de material radioativo. Isso tudo movimentado por uma sinfonia na qual os andantes são de curta duração e os *alegros* e *alegrissimos* são longos e ocupam o espaço da abóbada celeste.

Um mundo em que Adolpho ocupasse a abóbada celeste: assim era o mundo dos que viviam à sua sombra. Mas o mundo real, fora do Russel, era muito maior do que o clã, no auge de seu crescimento vegetativo, estava preparado para admitir e enfrentar.

O brinquedo de Oscar

Os anos 1980 chegavam para Adolpho com uma novidade inesperada: pela primeira vez, a empresa estava de fato saudável. Já eram seis décadas de Brasil, e o negócio crescera com base em dívidas, promissórias e investimentos a fundo perdido. Agora, de repente, quando menos se esperava, as contas estavam no azul. Ou no "preto", como gostava de dizer e até já registrara em sua coluna semanal.

> Muitas vezes culpamos a mulher por tudo o que acontece. Não é verdade isso. A grande tragédia humana começou com duas simples colunas: o débito e o crédito. Os que têm recursos ficam no preto. Os que não têm ficam no vermelho. Poucas vezes fiquei no preto porque tinha vontade de vencer na vida. O dinheiro não me fascina.

Manchete imprimia nessa época nunca menos que 200 mil exemplares por semana, era filiada ao Instituto Verificador de Circulação (o respeitado IVC) e, no carnaval e em edições históricas continuava imbatível, alcançando sempre 1 milhão de exemplares. O número extra da visita de João Paulo II ao Brasil, com uma medalhinha do papa encartada, foi um estouro de vendas.

Com o implemento papal, a revista atingiria o auge histórico de circulação anual.

Consolidada como revista da família brasileira, depois de consumida nos lares *Manchete* ganhava vôo próprio e era repassada e lida também no barbeiro, no cabeleireiro, no dentista, na maternidade, na sala de espera das clínicas de aborto e nos puteiros, numa época em que o fenômeno *Caras* era distante e os revistões ainda dominavam, no mundo inteiro, o mercado de semanais ilustradas.

Graças a essa circulação a mais nos salões e consultórios, a revista de Adolpho passou a capitalizar, no mercado publicitário, uma noção moderna: a de que o custo relativo dos anúncios não deveria ser calculado pelo número de exemplares, mas pelo número de leitores efetivos (que, conforme fora aferido através de pesquisa, eram de dez a quinze por exemplar!).

Esse potencial de leitores era um desafogo para o conservadorismo de Adolpho na hora de determinar as tiragens: sufocava-as nas bancas, deixando os vendedores sempre no limite do número mínimo de revistas. Não gostava de usar encalhe para puxar as vendas (estratégia mais ousada) e levava à loucura o pessoal da circulação. Mas naquele tempo o crescimento ainda era vegetativo, de modo que o azul florescia na horta de Adolpho, que se orgulhava de outros títulos de prestígio. Na área de moda, *Desfile*, editada por Roberto Barreira, era referência e sucesso de faturamento publicitário. Editada por Lincoln Martins, *Ele & Ela*, de boa putaria artística e ótimas reportagens, media forças com *Playboy* e *Status*. Sua sessão "fórum", de fantasias sexuais dos leitores (e, em grande parte, dos próprios jornalistas, entre os quais o autor deste livro, que ali estreou na profissão), era uma bomba que elevava a tiragem a cifras que atingiam os 400 mil. As femininas mais populares, como *Amiga* e *Sétimo Céu*, tinham público cativo e ainda eram absolutas em seus segmentos. A Bloch tinha também uma central de fotonovelas que produzia histórias próprias com atores famosos, que alternava com outras, importadas da Itália, o país inventor do gênero.

Apesar da ótima situação contábil, da linha de produtos bem situada e da gráfica acima do limite da capacidade (nas mãos de Jiri Biller, o todo-poderoso de Parada de Lucas), Oscar, muito ligado à publicidade e ao pessoal das agências, andava preocupado com os novos manuais que circulavam pelo mercado, que falavam de marketing, segmentação e pesquisas. Além disso, a

Editora Abril, dos Civita, começava a expandir seus títulos em todos os segmentos e investir em alta tecnologia de administração, maquinário e pesquisas qualitativas.

Um dia Oscar tomou coragem e foi advertir o tio sobre os novos ventos.

"Adolpho, estamos na era do marketing."

"Enfia o marketing no cu. Fechei o ano com 30 milhões de dólares limpos."

No seu auge de energia, ambição e faro, Oscar não desistiria fácil do projeto de encontrar um novo brinquedo. Um brinquedo que faria do marketing uma conseqüência natural e secundária de algo muito maior: naquele ano, o general João Baptista Figueiredo, presidente da República, abria concorrência para exploração dos canais das falidas tevês Tupi e Excelsior.

Um primeiro passo já fora dado, com a entrada da empresa na mídia eletrônica de rádio, com a aquisição da Rádio Federal, em Niterói (futura Manchete AM) intermediada por Arnaldo Niskier. E a concessão da Manchete FM, que disputaria audiência com as líderes da época, comandada por Carlos Sigelmann, filho mais velho de Oscar, que entendia do traçado radiofônico por ter implementado um projeto bem-sucedido na concorrência.

A estratégia de Oscar era clara: muito benquisto nos meios militares, procuraria seu amigo mais próximo na caserna, o general Otávio Medeiros, e o convenceria de que estava na hora de o regime retribuir a *Manchete* os serviços de propaganda prestados ao Brasil Grande.

Falar com os milicos era fácil. Empreitada bem mais delicada era convencer Adolpho, que se opunha sistematicamente a Oscar e imputava-lhe culpas contábeis antigas. Mas Oscar tinha um aliado de peso: Jaquito, entusiasta da mídia eletrônica, da tecnologia em geral, alma de engenheiro, juventude empreendedora. Assim Oscar pôde respirar um pouco na retaguarda, enquanto Jaquito cumpria com paixão a tarefa de marquetear a idéia.

"Adolpho, hoje um grupo de comunicação que fique fora da televisão perde a marcha da modernidade", pavoneou.

"Eu quero que a modernidade se foda."

Persistentes, os sobrinhos não descansaram: e a perspectiva de a Abril engolir as revistas da Bloch, como ele fizera, no passado, com *O Cruzeiro*? Sem falar que a Abril também pleitearia um canal. Confiavam que, no final, des-

Oscar Bloch: lobby pela televisão entre os militares.

pertariam em Adolpho o monstro adormecido ansioso por realizações, apegado ao futuro e ao aparentemente impossível sonho de confrontar o poder dos Marinho. Como crianças diante de uma grande vitrine, iam e vinham, dizendo ao tio que essa era sua chance de construir, mais uma vez, um novo mundo. Afinal, a televisão se encaixava perfeitamente na saga de Joseph & filhos: da pobreza da aldeia para a cidade; de aprendiz a gráfico; de gráfico a editor; e de editor a... Como é que se chamava isso? Homem de tevê? *Tycoon* das comunicações?

Como ia se sentir Adolpho, o titã, se nem sequer entrasse na corrida? Com certeza não se via nesse papel. Sabia que ali não seria mais o seu quintal, aquela massa de moldar, virgem. Era território de gênios fugazes, velozes, que pouco dormiam, *workaholics* impessoais. Ele teria que se superar, criar novas astúcias, novos modos, novos gritos, novos golpes, para chamar a atenção daqueles olhos apressados da tevê, que mal cruzariam os seus. Teria que superar a barreira e não se deixar transformar no titio Adolpho, o velhinho, figura folclórica, mascote de todos, quase um bicho de pelúcia.

Adolpho não queria

Ieu tinha comprado cinco máquinas na Itália. Cinco Cerruti de última *geração*. Eram 42 mil exemplares por hora, quatro cores, *nón* é verdade? Se lembra da editora? *Ieu* tinha 30 *milhóns* limpos. Mas eles queriam a *televisón*. Um mês antes da *licitaçón ieu* estava em Nova York e o sujeito, um tal de Norman Alexander, me convidou pra ir ao escritório na rua 45. A fábrica era uma coisa louca, de alumínio, para latas de refrigerante e cerveja. Era uma novidade, uma *revoluçón*, e ele, o Norman, queria abrir um escritório de *representaçón* no Brasil. Aqui as latas eram aquelas merdas, de folhas de flandres. O alumínio era material do futuro. Pedi uma semana para responder, mas, quando voltei, o general, o puto dos cavalos, já estava fazendo tudo e entramos na concorrência da tevê. Se *ieu* pegasse as latas hoje seríamos bilionários. Mas o que é que *ieu* ia fazer? O Jaquito queria a *televisón*. O Oscar queria. *Ieu nón* queria. Mas fiz. Hoje acordo e *nón* quero nem ver a luz do sol.

Jaquito vai às compras

Passado dos setenta, pulmões rateando, a coluna decrescendo e, no coração, uma válvula de porco, Adolpho tinha outras coisas em mente além do alumínio. Em parceria com Hélio Wrobel, marido da sobrinha Vera, entrava também numa aventura rural, a fazenda Bloch-Wrobel, em Paraíso do Norte, Tocantins, onde plantaria seus tomates e teria umas cabeças de boi, mais ou menos como o Juscelino, e um outro empreendimento campestre, a Bloch Agroindustrial, em Pouso Alegre. De modo que o magnata russo estava na praça Mauá ajudando seus homens a vender a primeira safra de milho, quando, em agosto de 1981, o Ministério das Comunicações, sob o comando de Haroldo Corrêa de Mattos, anunciou os vencedores da concorrência: o editor e gráfico Adolpho Bloch e o apresentador Sílvio Santos eram os novos concessionários do limitado clube dos aptos a explorar o espaço da tevê brasileira.

Dos concorrentes derrotados, o *Jornal do Brasil* — ainda forte — publicara, às vésperas do resultado, a reportagem "Dona Dulce vai às compras", que muito irritara a primeira-dama. Vinha também de uma série de grande sucesso que desbaratara a farsa do atentado no Riocentro, meses antes, desmoralizando o general Figueiredo, que tentou abafar o crime cometido pela linha dura, que não aceitava o processo de redemocratização em curso. O outro concorrente era o Grupo Abril, dos Civita, editores de *Veja*, por demais poderosos e independentes para levar o troféu.

Jaquito, animado mas ciente de que a telinha que recebera não era um jogo fácil, logo lançou um bordão sarcástico para simbolizar o caráter inusitado que a vitória tão perseguida instalava na tribo — que, de televisão, nada entendia.

"Eu não sou o Boni", vociferou, às gargalhadas. "Mas vamos lá."

E foi, num avião, para Nova York, onde gastou 50 milhões de dólares (boa parte financiada) em equipamentos e títulos de programação. Oscar ficou por aqui, atiçando o mercado publicitário e circulando nas esferas políticas. Muito querido por Adolpho, Zévi Ghivelder, veterano da casa e um dos pioneiros de *Manchete*, imediatamente empossado na nova cúpula eletrônica, foi a Londres comprar, por alguns milhões de dólares, programação de altíssimo nível em adaptações de grandes obras literárias, algumas russas, para a teledramaturgia britânica.

Adolpho ia tentando tomar o pé e motivar-se como podia, atraindo para si alguns papéis e idéias, e trazendo a tiracolo sua nova namorada, Anna Bentes, judia cinqüentona, bonita e voluntariosa. O casamento com Lucy — que, por sinal, ajudara no lobby pela tevê, pedindo a Golbery do Couto e Silva, seu conterrâneo, para interferir em favor do pleito — tornara-se pura formalidade, e as últimas demonstrações de afeto se resumiam a pequenas provocações. O ápice da guerra fria conjugal foi um par de sapatos desconhecido.

"De quem é, Bloch?", inquiriu Lucy.

"A mim você pergunta?"

E ficou por isso: pois Adolpho já desfilava por aí, em passeios de lancha e em restaurantes, com Anna, de família sefaradita paraense que remontava ao Segundo Império, filha do general Ramiro Bentes, que fora amigo chegado de Ângelo Mendes de Morais, prefeito do Rio na época da construção do Maracanã.

Eu a conhecera muitos anos antes. Morava no prédio vizinho ao nosso no tempo de Laranjeiras e fizera amizade com Iná. Acariciava meus cabelos e tinha olhos sedutores. Agora, madura e bem conservada, reaparecia com porte de princesa marroquina, ao lado do tio, na piscina de Comary, território livre, onde Lucy não pisava mais.

"A gente manda brasa na banheira", propagandeava Adolpho, o tronco nu balançando no silêncio do riso, a bunda rasa em calções largos na pedra da piscina.

Anna, ex-namorada do playboy Francisco de Paula Machado e do empresário Daniel Klabin, vencera, involuntariamente, uma concorrente de peso na trilha do concubinato: a psicóloga Márcia Gebara, não-judia, de origem árabe, amiga de Rosaly, que tinha a preferência da família e também andou freqüentando Teresópolis. Pesaria na escolha de Anna a origem: para quem começara com bênção em igreja, era recomendável a Adolpho, agora que dizia em microfones ser "brasileiro, judeu e sionista", um banho de sinagoga, em vez de passar da igreja à mesquita.

Chegara, pois, o momento da restauração: "Eu cometi um grande erro. Não repitam", dizia aos sobrinhos-netos, quando estes se aventuravam em amores ecumênicos.

Do romance do russo com a marroquina dizia-se muito que era golpe do baú. Mas Anna tinha dinheiro: morava em ótimo prédio de esquina da Rodolfo

Com Anna: a nova rainha do Pilão.

Dantas com a Atlântica e era proprietária de salas comerciais alugadas na região do Lido copacabanense. Dessa forma, instalou-se, de mala e cuia, com ares de benevolência oriental, no coração magoado da família, assim que Adolpho se mudou dos mil metros do Machado de Assis (onde Lucy permaneceu) e veio morar no sexto andar do Chopin, dois pisos acima de Judith.

De posse dos novos aposentos, Anna mandou transformar os quatrocentos metros em quarto-e-sala, pintou as paredes de um vermelho brilhoso e enfeitou-as com quadros de Mabe. Para animar ainda mais a casa, trouxe uma matilha de scotch-terriers extremamente agressivos, cuja diversão era latir e morder as canelas dos visitantes e mijar nos sofás e nos travesseiros do casal, na suíte com boudoir aveludado que, sob gestão da nova czarina, se converteria na sala de conferências do imperador em tempos de mídia eletrônica.

Pacto com dr. Roberto
("O povo não é bobo")

O primeiro sinal da Rede Manchete, apenas para teste, a poucas semanas da inauguração, foi ao ar em meados de maio de 1983 e era carregado de superstição:

"Sexta-feira 13, e dia da libertação dos escravos".

Com Anna a conduzi-lo, Adolpho reerguera-se do desânimo inicial e chegou à *première* da emissora, em 5 de junho, pronto para ser a estrela absoluta, cioso de comandar todo o cerimonial, proibir facas de peixe no jantar e dizer as primeiras palavras ao vivo. Na recepção para trezentas pessoas no décimo andar do Russel estavam o governador Leonel Brizola, acompanhado de dona Neusa, a condessa Pereira Carneiro, do *Jornal do Brasil*, o presidente do Banco Central, Carlos Langoni, e um dos mascotes internacionais de Adolpho, o cientista Albert Sabin. Às 19h20, dois minutos depois do horário previsto, a tevê entrou no ar sem que o áudio estivesse funcionando. Quatro minutos depois o problema estava resolvido e se iniciou a contagem regressiva futurista, o gigantesco M de bronze com esferas nas pontas, nave-logotipo sobrevoando as capitais brasileiras em computação gráfica de última geração, até pousar no prédio da Glória, sua plataforma escultural em terceira dimensão. As imagens foram transmitidas no Rio pelo canal 6; em São Paulo, 9; em Belo Horizonte, 4; e pela afiliada TV Pampa, de Porto Alegre.

O primeiro comercial foi dos óleos Lubrax, ao qual se seguiu a fala de Adolpho e uma saudação do presidente João Figueiredo. "O Mundo Mágico", programa de variedades dirigido por Nelson Pereira dos Santos, animou a abertura e teve atrações que estavam na crista da onda, como a banda Blitz (tocando num carrinho de bobinas no Parque Gráfico de Parada de Lucas), um dos ícones daquele início do fenômeno Rock Brasil. Na seqüência, *Contatos imediatos de terceiro grau*, um Spielberg ainda inédito na tevê brasileira.

No dia seguinte, foi um furor na cidade. Só se falava em Manchete. Na primeira página do *Jornal do Brasil* era espetacular a foto enorme de Brizola tomando o pulso do imigrante, e a legenda: "Agora está bom". O título da chamada destacava o faturamento publicitário da estréia, da ordem de 900 milhões de cruzeiros, maior volume de vendas já registrado em um só dia por uma rede de televisão no Brasil, de acordo com a diretoria. Lá dentro, na capa do *Caderno B*, a jornalista Mara Caballero relatava a noite de estréia, com detalhes cheios de molho dos bastidores da reta final e da festa. Às vésperas da inauguração, um dos diretores, Zévi Ghivelder, comparara o momento com a expectativa de um Boeing antes de decolar.

"Antes não acontece nada, ele está só parado."

Nem tanto. Nos preparativos para a decolagem, os quinhentos funcionários da tevê trabalharam dia e noite e o "Mundo Mágico" só teve sua edição terminada menos de 24 horas antes da inauguração, obrigando Nelson Pereira dos Santos a dormir numa das suítes instaladas no edifício Bloch, outrora *garçonnière*.

Na reportagem, detalhes técnicos eram dissecados por um dos diretores, Moisés Weltman. De bom humor, o diretor-geral Rubens Furtado tecia loas à abnegação dos funcionários, e o diretor técnico, Francisco Cavalcanti (o Chiquinho), que viera da extinta Tupi, explicava como o operador José Paulo Lopes, há menos de um mês na casa, deveria usar o seu reflexo (entre 0,8 de segundo e 1,2 segundo) para apertar o botão fundamental na hora certa.

Mais excitado do que tenso — relatava Mara Caballero — estava o "inspirador", Adolpho Bloch, que, trajando blazer azul-marinho e camisa de listras finas sem gravata, mostrou à repórter que continuava rápido no gatilho.

"Adolpho, como o senhor está?"

"Como você quer que eu esteja?"

Logo vieram os primeiros resultados do Ibope. No pico, durante a transmissão dos *Contatos imediatos*, Manchete, já na estréia, bateu a Globo pelo placar de 27% a 12%. Era uma vitória isolada, com ar de sorte de iniciante, produto da curiosidade inicial e do apelo do filme, como se tratou logo de ponderar. Afinal, o slogan de Manchete era "Televisão de Primeira Classe" e, numa variação, "A tevê do ano 2000". Dirigida a um público instruído, "diferenciado" (enfim, o marketing!), visava audiência mediana e qualificada. A linha estava afinada com o acordo estratégico firmado pessoalmente por Adolpho e Roberto Marinho, graças ao qual, apesar da amizade com Brizola, o Rei do Russel recebia a bênção do grande pontífice do Jardim Botânico, diante de uma única condição: que ficasse longe das telenovelas.

"Que é isso, doutor Roberto. Novela não é coisa pra mim."

De brinde pela boa disposição do rival, Marinho se comprometia a não investir pesado em revistas e ainda oferecia consultoria grátis para a instalação do canal. Foi assim que até o Boni, quem diria, baixou pelo Russel para conversar com aquele-que-não-era-o-Boni, codinome Jaquito.

Logo ficou claro que Manchete se constituía como a escolha óbvia para quem procurava alternativas. Programas sérios como o *Conexão Internacional*, da dupla Roberto d'Ávila e Walter Salles, alternavam-se com outros, cultos, como o *Bar Academia* — com a nata da música brasileira, criado por Maurício Sherman, um dos gigantes do *showbiz* brasileiro — e um noticiário combativo: sob a batuta de Rubens Furtado, o *Jornal da Manchete* queria ser tudo que o *Jornal Nacional* não era. Deu certo: numa batalha de cobertura emocionante, o *JM* entraria ao vivo da Candelária durante a vigília pela aprovação das eleições diretas, obrigando a relutante Globo a imitar a emissora do Russel aos 45 do segundo tempo, ficando evidente a diferença. Jogada de mestre, através da qual se resolvia a última variável de uma equação que se apresentava impossível: conciliar concessão federal, gostinho razoável de audiência, alta credibilidade, prestígio intelectual, simpatia de Brizola e paz com o Roberto Marinho.

Isso até chegar o carnaval: assunto que, inadvertidamente, ficara de fora das conversações entre os titãs. Foi nesse vácuo que a tradição das páginas momescas que provocavam filas nas bancas, aliada à gana de Leonel Brizola contra o poderio da TV Globo, ganharam vida nas telas coloridas da Rede Manchete, em condições especialíssimas: transmitir com exclusividade os desfiles das escolas de samba em 1984, inaugurando o sambódromo da troika Brizola, Darcy e Niemeyer. Como resistir ao canto do caudilho?

Roberto Marinho telefonou várias vezes para Adolpho, em busca de uma solução compartilhada, um *pool* de transmissão ou coisa assim. Era pedir demais? Adolpho resmungou, grunhiu, chorou. Mas não atendeu. O que poderia dizer para se justificar? A culpa escorria pelo seu semblante. Sofria sinceramente. Mas o ataque já fora ordenado, o contrato assinado, recuar era impossível. Agora era deixar a bolinha branca girar.

O Russel fervilhou. Os almoços da alta direção e das diretorias importantes (quase todas da televisão, uma vez que a editora se transformara em atividade de segunda linha) eram agora no décimo segundo andar, e as visitas incluíam, além da alta publicidade, jornalistas de todos os veículos, políticos, artistas do audiovisual, bicheiros e até uns japoneses que a sobrinha Dina, da área de relações públicas, atrás de uma equipe de técnicos em câmara, confundira com um grupo de turistas.

"Aqui ilha da fantasia?", perguntou um dos japas, estranhando o prédio fumê, quando o pessoal do hotel lhes havia prometido um clube com vista para o mar e mulheres boas. Mesmo assim, foram recebidos no décimo segundo andar e se encantaram com os tapetes, as mesas negras, os sofás confortáveis desenhados por cânones da arquitetura de interiores, e o Bechstein de cauda para o Arthur Moreira Lima tocar as *polonaises* e Bella chorar.

Da turma das revistas, no máximo alguns editores, como o Muggiati e o Hélio Carneiro, animavam-se a subir ali, nos almoços diários. Apesar de o décimo segundo não ser oficialmente restrito, os tíquetes eram salgados, de modo que o reportariado permaneceu no terceiro andar, fiel ao *décor* clássico da piscina, as mesas ao ar livre e o imenso painel de bronze nos fundos do teatro.

Alguns, porém, que só almoçavam no terceiro para ver o seu Adolpho pirulitando pelas mesas todos os dias, debandaram para o primeiro andar, mais barato e com comida quase igual — embora fechado, abafado e em estilo de bandejão industrial, sob o comando do Ferreirinha.

Curiosamente, no primeiro andar (mas na extensão do conjunto, pois um novo prédio, geminado, fora construído) também funcionava agora o gabinete da alta direção, que por tantas décadas se mantivera no oitavo, integrado à coletividade. Agora, ficava num extremo isolado, trancado, vigiado, ao qual a coletividade já não tinha acesso, pois a empresa perdia a feição de família (e, também, a feição *da* família).

Com a bola no pé em seus novos *headquarters*, Adolpho relampejava: o carnaval era todo dele. E de seus olhos faiscaram raios de deslumbre de menino quando o sambódromo brizolista ecoou, em coro, na praça da Apoteose, o grande estribilho da temporada, transmitido para um Brasil de noventa pontos de audiência: "O povo não é bobo. Abaixo a Rede Globo".

O triunfo de Manchete sobre a grande líder ofuscou todo o resto: importante para a opinião pública e para a imprensa *out*-Globo como um todo, mais que a vitória dividida por Mangueira e Portela, era a primeira e inédita derrota de Marinho, um fato antes impensado. Manchete era o *talk-of-town*.

Os currais brizolistas fulguraram. O mercado acompanhava, intrigado, os acontecimentos. As agências estudavam a novidade. Adolpho, para além de sua vontade, era um *case* de marketing.

Na quarta-feira de cinzas, sentiu um vazio. E agora? O cofre estava cheio de publicidade. Receitas futuras brilhavam no horizonte como estrelas. Mas... que receitas, se faltava um ano para o próximo carnaval? Manchete era a "tevê de primeira classe", e os próximos doze meses seriam mais uma ladeira íngreme, com garantia de muitos gastos e esperança de uns pontinhos no ibope — que, passado o frisson inicial, voltaria a ser dominado pela Globo, com direito ao Sílvio Santos no lombo fazendo sua tevê para as massas, programas populares de auditório, grandes promoções, sorteios e novelas mexicanas.

Enquanto isso, a teledramaturgia londrina trazida pelo Zévi patinava no ar, marcando 0,5% de audiência. De passagem pelo Rio, um dos diretores da BBC almoçara no Russel e ouvira queixas de Adolpho.

"O senhor me vendeu suas séries por milhões e elas deram meio ponto de audiência."

"*I beg your pardon?*", espantou-se o diretor. "Veja bem, *Mr. Bloch*, meio ponto é um grande sucesso: na Inglaterra nós não conseguimos nem metade disso. Esse tipo de programação só rende prestígio mesmo."

Prestígio não faltava à Rede Manchete. Dinheiro, sim. E se Adolpho não desse um próximo passo, aquela dinheirama momentosa do carnaval iria se consumir em dívidas e custos de produção, e ele voltaria a ser o titio Adolpho, pelos corredores, no mundo novo que não era para ele.

Não podia se fazer refém das circunstâncias. A próxima tacada deveria ser avassaladora, e não poderia tardar.

Foi quando, durante a transmissão dos resultados do desfile, teve uma luz. Deu um tapa na mesa e pediu para o secretário Laírton chamar imediatamente Jaquito, Oscar, Cony e o diretor artístico Maurício Sherman. E expediu as novas ordens.

"Agora *ieu* quero novela."

Adolpho e o "brinquedo assassino".

Adolpho e as saúvas

E a roda do novo mundo girou outra vez: Adolpho queria novela. Faça-se novela. Era ele o visionário. Quiseram a tevê? Quiseram a modernidade? Então tomem modernidade, seus filhos-da-mãe!

Rapidamente, criou-se um núcleo de teledramaturgia, supervisionado por Carlos Heitor Cony, cujo projeto piloto era produzir uma minissérie. E, nesses tempos em que o concubinato reinava no Palácio do Chopin, que tema mais apropriado que a marquesa de Santos? Vivida por Maitê Proença, agarrada a Gracindo Jr., que, numa atuação aclamada pela crítica, romperia com o pomposo dom Pedro cinematográfico de Tarcísio Meira. Melhor ainda que suas virtudes artísticas, *Marquesa* alcançaria de cara honrosos sete pontos de audiência, grande feito para um início de teledramaturgia docemente amadorístico, em que os cortes de imagens eram feitos ainda num caminhão, sob comando do diretor Ari Coslovsky. Sucesso que deu gás ao passo seguinte: produzir a primeira novela propriamente dita, o romance histórico *Dona Beija*, escrito por Walter Aguiar Filho e dirigido por Herval Rossano.

Repetindo o casal Maitê/Gracindo, a novela logo emplacou audiências de respeito e chegou a bater, numa noite boa, o especial de Chico e Caetano na Globo. Na linha de shows, Manchete também vinha pesado com o *Clube da Criança*, revelando, através do olho de Maurício Sherman, a apresentadora infantil, a modelo e manequim Xuxa Meneghel, uma completa desconhecida do grande público, que, dali em diante, a abraçaria como a uma rainha.

Tanto vento em popa, contudo, tinha um preço alto, como Adolpho bem sabia, mas sublimava através de sua pulsão obsessiva por realizações. Ao contrário do seu antigo quintal, no novo mundo as contas não rolavam naquele ritmo de botequim. O fluxo de dinheiro tinha uma perspectiva bem menos romântica. O "*trottoir* bancário", antes tão aventuresco e bem-humorado, cheio de pequenas astúcias de mascate, agora não tinha tanta graça. Na tevê, crédito e débito se contavam por segundo e dívidas se acumulavam na velocidade da luz, fazendo do Banco do Brasil, sob auspícios de José Sarney — num país órfão de Tancredo e refém da ciranda inflacionária —, o maior credor.

Se o prestígio continuava a crescer — e, com ele, novos tapetes se estendiam —, a conta se acumulava por debaixo dos panos: investimentos a juros altos com audiência regular não podia dar certo sem mais investimento e mais juros, num negócio em que a persistência é o principal fundamento. No balanço desses dois primeiros anos revelavam-se, assim, um baita prejuízo e uma dívida crescente. Pela primeira vez desde a fundação de Joseph Bloch & Filhos em frente à quitanda de dona Aurora, Adolpho tinha medo de não fechar a folha de pagamento dos salários — o que, para ele, que sempre fizera questão de honrá-la a qualquer custo, era uma humilhação.

Na busca de dinheiro, foi convencido por Hélio Wrobel, empreiteiro e sócio na venda de tomates, a desfazer-se da tão querida casa em São Paulo, um de seus grandes orgulhos, que acabou sendo vendida por 3 milhões de dólares ao advogado Jorge Yunes. Péssima estratégia: em poucas semanas José Sarney surgiria no horizonte, como um Moisés, trazendo nos braços as tábuas do Cruzado.

Com a inflação caída a zero, Adolpho pensou até em recomprar a casa, mas era tarde demais. Não importava: os juros, grandes fantasmas da modernidade e pesadelos para Adolpho — que se acostumara a rolar os negócios e a vida com base no alongamento de prazos —, haviam sido subjugados definitivamente por aquele messias nordestino de grossos bigodes. O sol sorria de novo na janela do Russel.

Foi ao Planalto beijar Sarney e abençoar o seu plano, que ganhou lindas cores nas páginas e nos televisores e que chegou ao clímax épico e plástico com cenas de caçada aos bois sonegados pelos poderosos. Mas, assim como o patriarca Joseph, fechara os olhos para a Revolução, Adolpho, o otimista, nos nove meses em que durou o sonho, passou longe das verdadeiras intenções do outro José, que eram de recolher, em novembro daquele ano, a maior vitória eleitoral da história da República: a totalidade dos governadores, dois terços da Câmara, do Senado e das Assembléias.

Tanto que, seis dias depois do acachapante triunfo, Sarney baixaria o Plano Cruzado II, liberando os preços e trazendo de volta a inflação (e os juros) com força total. Arrasado, sentindo-se quase traído, Adolpho registrou a frustração em sua página semanal na revista:

> Há vinte anos venho escrevendo artigos contra a correção monetária, repetindo: "Tal como a saúva, ou o Brasil acaba com a correção monetária, ou a correção monetária acaba com o Brasil". Em 28 de fevereiro de 1986, o presidente José Sarney me convocou a Brasília. Recebeu-me à porta do seu gabinete, sempre como gentleman e amigo. Disse que havia acabado com a saúva. Nos últimos três anos a correção monetária e os juros haviam enriquecido os especuladores, homens que nada faziam: com apenas um boy e uma telefonista, ganhavam bilhões à custa de 130 milhões de trabalhadores brasileiros. Dinheiro é apenas uma troca de serviços e trabalho. Transformá-lo em Deus é pecado e cobrá-lo a 500% ao ano é usura. O Plano Cruzado acabava com isso. Naquele dia, voltei a respirar e a dormir, a viver a vida. Foram nove meses de alegria. Mas infelizmente, de novembro para cá, estamos caindo gradualmente no passado. Vivo outra vez sem vontade de ver o sol nascer. Por mais que trabalhe com 7 mil homens estou novamente pagando mais de 30 milhões de cruzados de juros por mês. Encontrei apenas um banco que me desconta duplicatas a 8% mensais. O resto é em até 17%. Tenho o direito de falar isso. Trabalho há 65 anos pensando em melhorar a qualidade de vida dos meus funcionários. Outros empresários estão na mesma situação. Os únicos que estão satisfeitos são os que exploram papéis, investem no overnight e especulam com as dificuldades dos trabalhadores. Estes desejam construir um país de agiotas.

A dívida, agora, beirava 30 milhões de dólares, fazendo Adolpho lembrar-se, desgostoso, do montante em caixa quando Oscar e Jaquito vieram propor a tevê. O investimento em estoques monumentais de papel de vários tipos — que minimizava os prejuízos, uma vez que o preço das revistas, na ciranda inflacionária, aumentava mensalmente — havia sido extinto para que os depósitos de Água Grande dessem lugar aos estúdios de novelas e shows. O autor da idéia argumentava que, além da falta de espaço, o caixa da televisão precisava do dinheiro antes investido em papel. Com a medida, as boas margens de lucro das tiragens e dos trabalhos gráficos se reduziram dramaticamente.

Adolpho sabia, contudo, que agora não podia se dar ao luxo de recuar: a indústria noveleira já se instalara nos corredores do Russel, e bater em retirada seria perder o terreno conquistado. Contratado para a dramaturgia, José Wilker serviu como uma luva a esta filosofia: para combater a maré ruim, mais novelas. Novelas a rodo. E, se sobrasse algum espaço, novelas. Estabelecida a prioridade, cem funcionários foram demitidos e uma parte da linha de shows temporariamente desativada.

Como um mestre de linha, Wilker rodou quatro produções naquele ano. *Corpo santo*, de José Louzeiro, drama policial, foi um sucesso. *Helena*, *Carmen* e *A rainha da vida* marcaram seus pontinhos.

Na administração, providências de risco foram tomadas: convidado por Adolpho, um novo homem de finanças, de personalidade expansiva, veio para o Russel. Com Oscar, que vivia um atribulado momento pessoal, a meia bomba, Jaquito, nessa época, passava a maior parte do tempo em São Paulo, que era onde corria o dinheiro da publicidade e dos contratos governamentais.

Com seu vozeirão, o novo homem de finanças inibia Adolpho, que, atordoado com os difíceis tempos e fisicamente mais frágil, andava meio murcho. Dessa nova colaboração nasceria um esquema de antecipação de duplicatas não propriamente lastreado, que resolvia bem os compromissos mais urgentes e engrossava, mais ainda, os papagaios do futuro.

Em outros departamentos, roubava-se a rodo. Uma pequena quadrilha chegou a ser desbaratada na área de pessoal, por causa da inconfidência de uma mulher abandonada. Tudo nas barbas da controladora, com suas dezenas de colares e pulseiras e seu sorriso solar. A coisa era sofisticada a ponto de haver gente que, na firma, era funcionário subordinado e, fora dela, onde o butim era dividido, virava grande chefe.

Até que a mulher resolveu entregar todo o esquema à controladora, que, junto com um sobrinho mais velho, ligado à administração, foi ao Adolpho apresentar o rombo e dizer que a empresa precisava urgente de uma auditoria.

"O que você quer que eu faça? Querem ficar no meu lugar?", choramin-

274

gou Adolpho. Afinal, o que valia um rombo na editora diante do vulcão nas finanças da tevê? Ali, na esteira da nova engenharia administrativa, 12 milhões de dólares reservados para a folha de pagamento haviam desaparecido. No meio da tempestade, Adolpho esperou a sala esvaziar e, assim que o expediente acabou, pediu para o secretário Laírton fazer a ligação internacional para o Jaquito, que estava em Cleveland, cuidando das conseqüências de um infarto agudo que lhe roubara um terço do coração.

"Jaquito, pela primeira vez na vida não tenho o suficiente para a folha."

"Mas Adolpho, onde estão os 12 milhões de dólares?"

"Eu não sei de nada. Volta logo."

O útero
("Quatre-vingt")

"Cresceu!", eu dizia às amigas, apontando para a antiga capa de *Manchete* emoldurada e pendurada na parede de casa.

"Fofo!", as tímidas exclamavam. "Cresceu?", as safadas desviavam a vista do papel para a bermuda. Enfim, recebia, com dezessete anos de atraso, involuntariamente, o meu cachê indireto!

Queria ser músico. A chegada à faculdade, em 1981, foi uma revelação: dos corredores da praia Vermelha avistei o laguinho ornado de azulejos e o grupo de pós-hippies à sua volta. Dali, vinha um cheiroso fumacê. Tive certeza.

"É Xangri-lá."

Comprado recentemente, o saxofone banhado em bronze agora tinha uma serventia: soar diariamente no laguinho das maravilhas, durante as aulas. O baiano Muniz Sodré, diretor da faculdade, mestre em semiologia e caratê, usava uma abordagem sofisticada para sublimar a vontade de dar porrada e interromper a barulheira.

"Interessante. É saxofone alto?"

Havia um pessoal querendo formar banda. Marconi, Heitor, Serginho, Girafa, Paulo, e um gordo dentuço, Bussunda, que tinha um jornalzinho universitário, a *Casseta popular*, feito em conjunto com o pessoal da engenharia.

Daí em diante foi só desbunde. O "empresário", Sammy David, corruptela de David Samuel, riponga judeu do Arpoador que usava bengala esculpida em serpente, arrumou mais de trinta shows para a banda, cujo nome era um chiste.

"Qual o nome do grupo?"

"O Nome do Grupo."

"Mas qual o nome?"

Um dia o Bussunda, nosso "joker" no palco, tocador de cubo mágico e contador de piadas, anunciou a decisão de levar a sério aquele negócio de *Casseta popular* e deixou a banda, que nunca mais se recuperou da perda.

No final de 1986, véspera da formatura em bacharel em comunicação social/jornalismo, telefonou o Tarlis Batista, chefe de reportagem de *Manchete*, sob gestão do também saxofonista Roberto Muggiati.

"E aí, vagabundo?" — a voz do Tarlis soou como contra-trovão de Adolpho. "Vamos trabalhar ou vai ficar aí soprando saxofone?"

Estabelecido o dilema, instalei-me no divã e, como resultado imediato, em um mês estava integrado às tropas. Adolpho marcou para um almoço grande no Russel o momento de anunciar minha capitulação. Antes, porém, sugeriu em tom de ameaça: "Acho melhor você cortar esse cabelo".

Como numa cena de *Hair*, chorei, caminhando contra o vento no calçadão de Copacabana, cabeleira nos ombros, a caminho do salão Petrônio (o barbeiro da família, na Duvivier), em cuja lixeira o cabelo foi parar.

"Cortou o cabelo para me agradar", anunciou o tio, no grande almoço no Russel, com bufê de Severino. E todos os olhares se voltaram para mim, e todos ficaram sabendo o covarde que eu era.

Com a ajuda da análise e de um antidepressivo da era pré-Prozac, sublimei a crise dos vinte anos e entrei em *Manchete* pela porta da revista, superenergizado, cheio de idéias, ânimo crítico e, sobretudo, muito *wishfull thinking*. Iludido, acreditei que era possível canalizar para o clã o desejo de mudar o mundo. Esquecido de que, como um útero já fecundado, o clã era estéril a sonhos.

Um deles, a revista *Fatos* — criada naquele ano por José Esmeraldo Gonçalves e comandada por Carlos Heitor Cony para, em substituição a *Fatos & Fotos*, preencher a lacuna de *news magazine* e fazer frente à superpoderosa *Veja* — não durou nem doze meses.

Mesmo assim, achei o velho útero uma beleza: o conjunto da rua do Russel, o fervilhar das redações, os ruídos das máquinas, as teclas e as sinetas, um lindo ronronar mecânico, um coro de escribas embalando as palavras, o sangue da *Mãe-chete*, ainda valente, fluindo para o umbigo.

Eu era um feto, sem consciência do fato.

Em outubro de 1988, Adolpho fez oitenta anos. Para a ocasião foi reeditado o livro *O pilão*, lançado pela primeira vez no quarto de século de *Manchete*, quando nem se sonhava com televisão. Na edição original o livro reunia apenas uma seleção de textos de Adolpho publicados na revista e fotos. A nova edição ficou nas mãos de Anna Bentes, que cooptou o Cony para organizar o volume. Além da seleção de textos (aos quais foram acrescidos alguns mais recentes), o livro trazia uma série de discursos do homem-Manchete, uma introdução na qual ele contava sua vida e textos escritos em sua homenagem especialmente para a ocasião.

Mantinham-se também o saboroso perfil que Otto Lara Resende escrevera do caçula dos Karamabloch (intitulado "Começos de um delírio") e uma longa entrevista que Carlos Lacerda fizera em 1970 com o judeu do Russel, decifrando seus lampejos e suas trevas num texto cheio de charme e nonsense, em que se cunhou a expressão "Bloch sobre Bloch".

Por outro lado, incluíram-se depoimentos anacrônicos de figuras que só estavam ali por algum favor prestado e que usavam expressões risíveis como "senhor bondade" para descrevê-lo. Mais grave foi o fato de terem sido expurgadas todas as fotos de Lucy, como se a primeira mulher não tivesse existido.

No final de seu longo prefácio, Adolpho faria um balanço da curta e fulgurante carreira da Rede Manchete até então, no qual mencionava a fábrica de alumínio que ficara na saudade e o dilema que viveu. Mas resumia a experiência como um sucesso feliz.

> Pessoalmente, eu preferia continuar investindo na editora. Mas, quando aderi, seguindo meu temperamento, foi para valer. Meia década depois, podemos dizer que nossa programação está cada vez melhor. Em 87, a Associação de Críticos de São Paulo concedeu 12 prêmios, inclusive o Grande Prêmio da Crítica. Nossos estúdios em Água Grande são comparados por visitantes à Hollywood dos anos dourados. Meus amigos: quero confessar a vocês que me sinto feliz. En-

contrei a mulher que eu esperava. Anna é amiga e companheira de todas as horas. Ela trouxe a alegria de viver e novo ânimo para o trabalho. Não estou fazendo oitenta anos. Estou fazendo *quatre-vingt* — como dizem os franceses. É preciso viver cada instante com amor e intensidade. É preciso desenvolver o país em que vivemos. É preciso compreender o próximo. Verificaremos, então, no computador da memória, que a vida passou muito depressa num tempo muito curto. E amanhã começo novo dia.

Uma grande festa foi montada no teatro, com direito ao monólogo do bêbado, um número clássico de Grande Otelo que sempre fazia Adolpho chorar. Integrado à superestrutura, o ex-soprador de sax foi também convocado para, em nome da nova geração, dizer palavras. Meu avô por parte de mãe, Salomão, que era geógrafo, matemático e iidichista, recolheu do Talmude um trecho sobre as idades do homem que caía como uma luva.

A redação de Manchete em 1988, em foto montada com jornalistas e diretores de diferentes revistas e departamentos, para a edição de 35 anos: esvaziamento em prol da tevê.

Iehudá, filho de Temé, dizia: aos 5 anos, deve-se estudar a Torá.

Aos treze, lêem-se os mandamentos.

Aos dezoito, é a hora de contrair casamento.

Aos vinte, o trabalho começa.

Aos trinta, a força e a autoridade se estabelecem.

Aos quarenta, a inteligência bate à porta.

Aos cinqüenta já é possível dar conselhos.

Aos sessenta, a velhice começa.

Aos setenta, os cabelos ficam brancos.

E aos oitenta?

Aos oitenta — dizia Iehudá — vem a força.

Não a força física dos trinta, mas uma força especial, maior, uma força de retomada.

É com esta força que vemos o Adolpho no dia de seus oitenta anos.

Ainda bem que eu havia limado do discurso as atribuições de Iehudá para as décadas seguintes da vida do homem:

Aos noventa a decrepitude desponta.

E, aos cem, o homem é como alguém que já morreu e que cessou seus assuntos com este mundo.

O operário

Sábado de sol, 1989. Plantão na revista *Manchete*. Sem nada para fazer, repórter classe C (uns quatrocentos dólares por mês), bato à máquina e escrevo merda, na lauda bonita em papel cuchê ornada de colunas em tinta vermelha.

Herdeiro de porra nenhuma
herdeiro de pó
ácaros
da Glória

Três anos se passaram desde a primeira crise de endividamento. Mesmo devedora de quase uma centena de milhões de dólares, a TV Manchete continua, ao mesmo tempo forte e cambaleante, no ar. Adolpho anda entusiasmado com uma nova produção novelística, *Kananga do Japão*, argumento seu, roteiro de Cony e texto de Wilson Aguiar Filho, das memórias de um bordel na praça Onze nos anos 1930, durante a crise nas bolsas de Nova York. Posou para foto com o elenco na linda cidade cenográfica de Água Grande, onde a diretora de cinema Tizuka Yamakazi, eufórica, comanda um superelenco que conta, entre outras estrelas, com Tônia Carrero, Sérgio Brito, Cláudio Marzo, Julia Lemmertz, Christiane Torloni — e novos rostos como o de Raul Gazola no papel de um cafajeste. Recentemente, estreou um humorístico, o *Cabaré do Barata*, onde Agildo Ribeiro, com o uso de bonecos engraçadíssimos, faz o fino da sátira política. Criado por Osias Wurman (o cunhado de Leonardo que se tornaria amigo e um dos braços-direitos de Adolpho), o boletim *Manchete Economia*, com flashes de índices das bolsas do mundo inteiro, demonstra pioneirismo.

Enquanto isso a editora, aqui no oitavo andar, sangra e sofre. As capas de *Manchete*, edição sim, edição não, são sobre as produções da tevê, dando ao produto mais nobre da casa a cara de *house organ*. Personagens como Xuxa ultrapassam, na galeria de capas mais numerosas, o vulto de JK, até então o campeão, sem que isso em nada implemente as vendas: as tiragens baixam progressivamente e, com elas, a quantidade e o preço dos anúncios.

Pior que pensar nisso é constatar, no auge deste plantão de sábado, que o banheiro agora deu para não ter papel. Dizem que é por causa de um novo projeto, de autoria de um primo. Pois o primo constatou que muitos funcionários, revoltados com o chefe, a empresa, a mulher ou a vida, "atacam" os vasos sanitários, enchendo-os com todos os rolos de papel disponíveis. O que,

Adolpho posa com o elenco de Kananga do Japão *num bonde cenográfico.*

no fim do mês, somava um baita desperdício em papel e encanador. Então, dentro de sua estratégia de contenção de custos, o primo diminuiu drasticamente o estoque e passou uma circular a todos os funcionários sugerindo que, para colaborar, tragam sempre um rolo de casa.

O caso é que estou aqui, faz um dia lindo na praia do Flamengo, que se vê dos janelões. Não trouxe meu rolo, de modo que o jeito é me virar, literalmente, com lauda de papel cuché brilhoso, que, para os anais, não absorve, literalmente, merda nenhuma.

Não reparem no mau trocadilho. Estou puto com o tio. Semana passada, no dia do meu aniversário, ele saiu pela redação brandindo um exemplar de *Manchete* onde o sobrinho assinava reportagem sobre manifestações secundaristas. Culpou-me pela foto aberta em página dupla, da estudantada exibindo pôster de Che Guevara.

"Isso aí está uma merda", repetiu, passando pelas salas dos diretores editoriais, Janir de Hollanda e Roberto Barreira, e pelas mesas dos editores, a me esculhambar.

"Seu Adolpho, o seu sobrinho é um repórter", ponderou o Barreira.

Resisti sem dar um pio ao terrorismo, instalado em minha mesa de repórter, em posição extremo-oposta à antiga sala da presidência — ocupada por outras figuras, mas onde Adolpho ainda vinha cantar de galo. De lá, o tio me fulminava minuto sim, minuto não.

No dia seguinte, para suavizar a crise, Anna Bentes apareceu na sala, me encheu de beijos e disse que Adolpho fazia aquilo porque gostava demais de mim. Como prova, trouxe um exemplar de *O pilão* com uma dedicatória promissora.

Arnaldinho, não se esqueça:
você é a nossa esperança.

Mas não me convenço. Sou osso duro de roer. Recuso gentilezas. Recentemente Adolpho propôs que largasse essa mania de ser repórter e passasse logo à redação, para dividir com o Roberto Muggiati a mesa de luz.

"É na *redaçón* que você vai aprender tudo sobre revista."

A redação do Muggiati é mesmo um luxo, mas é aqui na reportagem, mundo cão sob batuta de Tarlis Batista, que estão o ouro fino e a batata quente do jornalismo, única chance de mostrar trabalho e de merecer respeito. Se der bobeira e empinar o nariz, o que vão dizer os meus colegas?

Então, quando o tio ofereceu oficialmente a mesa na redação, fui ao Eduardo Francisco Alves, editor adjunto do Muggiati, ferrenho opositor da idéia, e nele encontrei um aliado.

"Diz ao Adolpho que isso é um absurdo. Diz o que você quiser. Diz que estou verde, não passo de um foca, um filho de papai, um filho-da-puta."

Assim foi feito, e segui repórter, o tio de olho, do lado de lá, interferindo sempre que podia. Tentou vetar uma viagem a São Paulo para escrever um dossiê sobre a aids, doença nova, temeroso de que eu caísse podre numa privada de hospital. Fui. Emendei noutra reportagem, a febre dos grafites na cidade, onde, décadas antes da mania carioca, a pintura mural ganhava status de arte com o aparecimento de Alex Vallauri e seu grupo.

"Você sabe gastar papel", disse, de passagem pela sala, quando, de volta ao Rio, eu lambia as doze páginas grafitadas, com fotos de Paula Johas, que haviam entusiasmado o Muggiati.

"Mas você gostou?", desafiei, diante da equipe. Resmungou um "gostei" escarrado que ninguém ouviu e saiu pelos corredores. Avancei, cumprindo horários e desorários, apesar dos baixos honorários. Apurei tiroteio em Bangu atrás de carroceria de automóvel. Virei noite no Russel durante o carnaval — e era bonito ver o sol nascer pelos janelões fumê do oitavo andar.

Agora reflito, com ardida amargura, sobre a experiência sanitária com a lauda brilhosa quando toca a sineta do hall dos elevadores em frente. O homem baixo, barbudo, camisa de manga, malha vermelha, acompanhado de Adolpho e de mais uma turba em visita à redação semideserta, passa por mim e, ao me ver, acena.

Sem nenhum sentimento de inadequação, aceno de volta para o homem barbudo, que vem a ser o líder sindical, pela primeira vez candidato à Presidência da República, Luiz Inácio da Silva, único no grupo que fez questão de notar minha presença ali, operário, trabalhador em sábado de sol.

O almoço com Lula fora marcado secretamente para aquele sábado com o objetivo de evitar a imprensa e não perder pontos com Collor, candidato da casa. Adolpho tinha que fazer o jogo, apesar do horror que tinha do alagoano — horror tamanho que nem sequer fora ao almoço, dias antes, com o caçador de marajás, deixando que Oscar e Jaquito recebessem o favorito. Por Lula — a ameaça vermelha, a quem jamais daria seu voto ou apoio — Adolpho tinha, contudo, a maior simpatia pessoal.

"O socialismo é uma coisa bonita", disse o menino de Kiev ao operário, durante o almoço no décimo segundo andar, acrescentando um enigma: "Tem gente que pensa com a cabeça e tem gente que pensa com a bunda".

Lula se encantou. "Isso é verdade, seu Adolpho."

Brizola, de quem Adolpho se tornara admirador incondicional, teria, dias depois, o seu almoço, esse aberto, com direito a discurso e tudo, precedido por uma saudação da casa, que coube a mim.

"Você vai falar antes dele", ordenou.

Fui consultar o Zévi Ghivelder, que aconselhou, numa recepção ao liberal engenheiro Leonel, uma abordagem em que eu enfatizasse o caráter "igualmente liberal" dos Bloch. Assim, com voz acelerada e placas vermelhas de ansiedade no pescoço, abri os trabalhos:

O Grupo Manchete sempre se destacou por seu caráter liberal. Por isso, é com muita honra que recebemos aqui, nesta tarde, um defensor da liberdade, o governador Leonel Brizola.

Era o gancho perfeito para a raposa oradora.

Agradeço a este Bloch saudável, menino corado de Zona Sul, as palavras de boas-vindas. Mas de que liberalismo estamos falando? Não pode ser o liberalismo que sacrifica milhões de brasileiros enquanto os dólares são escoados para as praças internacionais.

O nosso Spielberg!
("O ar do Pantanal")

Não adiantou fugir: Adolpho teria de encontrar o alagoano, cujos olhos de louco o assustavam, e que agora era o jovem presidente do atrasado Brasil, aclamado por boa parte dos observadores esclarecidos como um Kennedy tupiniquim. Outros da cúpula (mas não Adolpho) exultavam com o golpe baixo do aliciamento da ex-mulher de Lula (um consórcio da campanha collorida com alguns empresários), que custara a derrota do sapo barbudo (como Brizola apelidara Lula) para o caçador de maracujás (codinome que Lula deu a Collor no último debate da Globo). Não houvera presidente eleito ou milico, desde os anos JK, a quem Adolpho não tivesse ido prestar suas homenagens. Tinha, portanto, que ir a Brasília encarar, olho no olho, aqueles olhos gélidos, químicos, voltados para o nada.

Curvado, crivado de dores, Adolpho nem sequer foi recebido em gabinete. O falso homem da modernidade, o *yuppie* carioca do nordeste, segundo relatou, concedeu-lhe um minuto na rua, à saída de uma audiência, e Adolpho ainda teve que fazer esforço para abordá-lo em meio aos seguranças, com palavras de mendigo.

"Presidente, eu estou no fim."

"O senhor está no fim e eu estou no começo. Com licença."

Quem viu Adolpho no dia seguinte testemunhou o retrato perfeito da humilhação. Antes, os presidentes lhe faziam salamaleques ou o abraçavam carinhosamente. Agora, era tratado como um qualquer. Um peso morto. Um *judeu errado.*

E não só pelo presidente, mas ali, no Russel, seu território, onde poucos tinham tempo de ouvi-lo.

"O ar."

Manchete seguia no ar. Ar que pouco lhe restava aos pulmões ressequidos de uma antiga toxoplasmose, contraída da respiração de sua amada Manchetinha. Pulmões bombeados por coração fraco: a válvula mitral — enfraquecida por uma endocardite que tivera nos anos 1960 — fora substituída nas décadas recentes por uma válvula de porco, com prazo de expiração perigosamente próximo do vencimento.

Foi quando um fôlego mato-grossense soprou no peito do animal ferido: na mesa de Adolpho baixou o projeto de *Pantanal,* de Benedito Ruy Barbosa, num horizonte televisivo em que se clamava por algo diferente do padrão Globo de telenovelas, mas igualmente grandioso, numa escala de superprodução que Manchete até agora não havia experimentado.

Dirigida por Jayme Monjardim, a novela trazia no papel principal a atriz Cristiana de Oliveira, que, apesar (ou por causa) de seus olhos inacreditavelmente estrábicos, encarnou com grande sucesso a sensual Juma, mulher que virava onça e trepava como uma desembestada em riachos paradisíacos sem jacaré. Imagens exuberantes da fauna e da flora e comidinhas do interior nas cozinhas do povo de lá completavam o cenário.

Que ia dar pé todo mundo sabia. Afinal, com 10 milhões de dólares só na produção e a experiência anterior com boas audiências, era possível saber que, apesar das contas e das dívidas, aquele não era um salto no escuro. O que não se esperava era que, já nos primeiros capítulos, *Pantanal* marcasse 40% de audiência, superando em dobro os picos de novelas anteriores, e batendo a Globo de goleada.

Para evitar o confronto direto, uma estratégia esperta foi implantada: o *Jornal da Manchete* passou a começar logo depois do *Jornal Nacional* e concorrer com a tradicional novela das oito, que na época era *Rainha da sucata,* de

Sílvio de Abreu, com Regina Duarte num papel surpreendente, descolado do mito de namoradinha do Brasil. *Pantanal*, desse modo, começava logo depois.

Não por muito tempo: com uma audiência daquelas, a Globo tinha que reagir. Passou a atrasar *Rainha da sucata* em uma hora, para fazer frente. Não adiantou: se a audiência ficou mais dividida, a surra de *Pantanal* era diária, e duraria os dez meses sucessivos em que esteve no ar. Um massacre. Feito considerado impossível desde sempre e até o fim dos tempos. E que de tal forma marcaria a história da televisão brasileira que, desde essa época, a tradicional novela das oito da Globo começa às nove.

Choveu dinheiro. Mas ficou um gostinho de que poderia ter sido uma enxurrada: como a tabela de publicidade fora calculada para uma audiência trinta pontos menor, os anunciantes faziam fila para anunciar por aquele precinho. Para tentar compensar o prejuízo relativo, Benedito Ruy Barbosa era obrigado a alongar os capítulos, e as seqüências de paisagens e de receitas caseiras começaram a tomar conta da trama. Sem, contudo, afetar a audiência: pois era isso mesmo que o pessoal queria, esquecer dos problemas e ir, toda noite, viver no paraíso pantaneiro de Juma e Tadeu. Assim *Pantanal* fechou o último capítulo com picos máximos de audiência, consagrando Jayme Monjardim.

"Ele é o nosso Spielberg", decretou Adolpho, que, de volta ao topo, exultava novamente com a tevê.

Com carta branca para futuros projetos, Jayme Spielberg apresentaria, dali a um mês, em festa nababesca estilo country numa casa de shows de São Paulo, a novela sertaneja itinerante *Ana Raio e Zé Trovão*, com orçamento bem superior ao de *Pantanal*, e que teria como estrela sua namorada, a modelo Ingra Liberato.

Jaquito vestiu bota de vaqueiro na festa. Em êxtase com a perspectiva de faturamento, a tabela de publicidade da nova novela foi posta lá em cima, tendo *Pantanal* como referência de índices.

Inaugurou-se, então, uma farra de gastos que de muito longe sobrepujava o orçado. Em escala hollywoodiana, eram requisitadas frotas de caminhões, helicópteros e jatinhos. Em dezenas de municípios, prefeitos disputavam a tapa a chance de a novela passar em seus cafundós.

"É do caralho", insistiam em dizer, lá no Russel.

A audiência não era ruim, ficando sempre entre quinze e vinte pontos.

Mas nem de longe entregava aos clientes o patamar prometido, que era de pelo menos o dobro. Como os valores dos anúncios eram contratados em pontos de audiência por segundo, Manchete ficava devendo aos clientes essa diferença entre a audiência prometida e a entregue, dívida a ser paga em anúncios gratuitos.

Ao fim de um ano, a itinerância de *Ana Raio* terminou no poço, com prejuízo recorde, endividamento máximo e a grade publicitária loteada.

No céu da Glória, o dilúvio definitivo começava a se formar.

A roleta de Adolpho, em 2003, fotografada num único giro.
A bolinha, acredite-se ou não, parou no Preto 17.

V.
A RUÍNA

Monsieur Sílvio
("A goiabada da Anna")

In cima a un'antica pianta
nel roseo ciel del mattino
un uccelletto piccino
(oh, come piccino!)
canta.

Junto com a octogenária Giuseppina Martinelli, eu recitava os versotes rurais do italiano Arturo Graf. Cismara de morar em Milão, onde a correspondente Daisy Benvenutti representava *Manchete*. Havíamos até trocado idéias quando ela esteve no Rio e jantou no Chopin, durante a ceia de Páscoa.

Um dia, no Iate Clube, Adolpho me chamou.

"Você fala francês?"

"Não. Falo italiano."

"*Entón* esquece. Vai aprender francês. O Sílvio está muito doente, em Paris. Você precisa ajudar *iele*."

À frente do escritório francês havia décadas, Sílvio Silveira chegara a Paris no final dos anos 1940, como ritmista da Orquestra Fon-Fon, do maestro alagoano Otaviano Romero Monteiro. A orquestra brasileira rodara a Europa durante anos e fixara-se um bom tempo no Club des Champs Elysées, antes de encerrar seu ciclo em Atenas, onde o maestro morreria em 1951.

Lançado às ruas com o fim da orquestra, Sílvio, que decidira ficar na Europa, estava desempregado e tocava pandeiro num bar de Saint Tropez quando Adolpho, depois de assistir-lhe ao acaso, enxergou nele o seu homem em Paris.

"Gostei de você. Vem ser meu homem na sucursal."

Ao bumbo de Sílvio, eminência a pairar sobre as eventuais chefias de ocasião, a sucursal rodaria os endereços mais chiques da cidade: Avenue Montaigne, Cours Albert Premier; e, enfim, a Place da la Concorde, onde teve seu auge, empregando quinze pessoas, financiada em parte por uma marca de perfumes. Dispunha de um estúdio fotográfico próprio, capaz de produzir ensaios de moda de nível internacional para clientes locais.

Embora não fosse jornalista, Sílvio tornara-se, por sua boa natureza, por sua competência, por seus dotes culinários, figura querida aonde ia, administrando e representando o escritório, recebendo Adolpho como rei, cuidando das remessas de fotos de agências (naquela época, feitas através de malotes de lona diários despachados no escritório da Varig), do envio de sardinhas Connétable e também das compras de peças de reposição para a gráfica.

Nesse início dos anos 1990, velho e doente, Sílvio já fora também afetado pela sangria do Russel: seus domínios haviam se reduzido a seu próprio apartamento num *quartier* periférico da cidade. Sua equipe, agora, era ele próprio.

Manchete parou de produzir reportagens na França, a não ser quando Hélio Carneiro, redator da revista, *habitué* de Paris, passava por lá para comer seu pato numerado. *Pièce de résistence*, o fotógrafo carioca Luís Alberto Silva, o Lulu — que trabalhava para jornais de esporte locais e era remanescente dos tempos de bonança —, ainda produzia algum material e ajudava Sílvio a receber o pessoal da empresa na cidade.

Com vinte anos de Paris, Lulu falava um francês torto, maroto, mas tinha um modo infalível, um jeitinho carioca de fazer parisiense folgado baixar a crista.

"*Tait-toi, colabo!*",* disparava, mexendo com o maior tabu nacional francês — a colaboração com o nazismo —, correndo sempre o risco de topar com

---

* Cala a boca, "colabo"! (Abreviação, na gíria francesa, de colaboracionista.)

um ex-resistente ou filho de herói e levar um esporro justo, cheio de erre puxado e vogal bicuda.

Amigo de Pelé e de meia Paris brasileira, Lulu era anfitrião semanal, junto com sua Eugênia, de gente como o jornalista Elpídeo Reali Jr. e o economista Celso Furtado no apartamento do *quinzième* com vista direta e frontal para a Torre Eiffel e visão lateral para a *garçonnière* de Napoleão. Pois a próxima tarefa de Lulu — que recebera um telefonema pessoal de Adolpho — era recepcionar o seu sobrinho Arnaldo e ajudá-lo a ir tomando pé para que a sucessão não fosse demasiado penosa para o Sílvio. Dei adeus à dona Giuseppina Martinelli e chorei em italiano quando a velha e solitária dama enfiou seus olhos tristes amorosos pelas frestas da janelinha do elevador.

Com poucos meses para a mudança, escolhi, para o adestramento em francês, outra velha dama, a requisitada madame Hélène Niskier, tendo que trocar o bom humor das sílabas italianas pela jactança gaulesa. Mas, muito antes de recitarmos juntos um Baudelaire, *monsieur* Sílvio piorou lá em Paris e Adolpho deu, com cacófato e tudo, o ultimato.

"*Ieu* quero que você embarque semana que vem."

Larguei cachorro, namorada, pai, mãe e irmã e parti, ansioso por receber do velho Sílvio as palavras e bênçãos necessárias antes que ele recebesse as bênçãos extremas. Mas no aeroporto Charles de Gaulle me esperava o Lulu com inesperadas palavras.

"O Sílvio morreu."

"Quando?"

"Agorinha, quando seu avião pousava."

No hospital onde o corpo aguardava, Lulu, o carioca, olhou para o defunto e disse, com a maior naturalidade: "Sílvio, esse é o Arnaldo Bloch".

E riu uma tosse de Pall Mall sem filtro.

No dia seguinte, o primeiro dever como chefe empossado foi o de receber, no saguão do velho e apertado Hotel du Pas-de-Calais, em Saint Germain, um agente funerário português, com quem negociei por 20 mil dólares o enterro de Sílvio, no cemitério de Villejuif, subúrbio de Paris.

Diante da cova fui gentilmente hostilizado pelos parentes e pelos representantes das agências de fotografias, para as quais *Manchete* devia uma baba em direitos de publicação.

"Vai ser difícil esquecer *monsieur Sílvio*, que não podia fazer muito quanto a essa situação. Mas o senhor, da família, na certa há de resolver tudo e acertar os pagamentos."

Não. Eu não ia, nem podia, resolver nada. Eu era o sobrinho pau-mandado, boy de luxo, desde já culpado de tudo.

Para suportar a pressão das agências e fugir da sombra querida de Sílvio, decidi, paralelamente às minhas atribuições burocráticas, investir em reportagens — que era essa, até prova em contrário, a minha profissão. Fui à luta e saí emplacando matéria nas páginas coloridas da cambaleante e ainda valente *Manchete*.

"Lula em Paris é uma festa", estampando o operário em página de abertura, foto com charutão, chamada de capa; "A Condessa d'Eu falando de Vovó Isabel do Brasil"; "O inventor das calcinhas", um ancião risonho que morava na região de Champanhe; a comoção causada pelos cinqüenta anos do encarceramento de judeus no velódromo de inverno (pelo governo de Vichy); a *première*, em Montreux, de "Desde que o samba é samba", nos 25 anos da Tropicália.

Tentei exclusiva com Chico Buarque, que, de passagem pela cidade para tocar no Olympia, nunca me vira mais gordo (na verdade, eu estava magro) e driblou minha triste figura nos bastidores. Mas teve a delicadeza de depois enviar um fax imperioso.

"Arnaldo, o Sílvio morreu, é? Pena. Ele era um grande sujeito."

Apesar de todo o esforço, o pessoal chiou do lado de lá.

"Você está fazendo poucas matérias", telefonou Anna Bentes, em nome de Adolpho, pedindo mais empenho. Era tarde da noite em Paris, fuso horário de cinco horas para a frente. No dia seguinte enviei dez folhas de fax (a internet ainda era embrião de caserna) com o relatório das reportagens que fizera, média de uma por semana.

Apesar da resposta desaforada, esforcei-me para intensificar o ritmo e até me meti com televisão. Doente de leucemia, a atriz Monique Alves, em tratamento na França, fazia campanha na tevê brasileira, por intermédio de Sílvia Pfeifer, por sua cura, causando comoção pública.

Fui à casa dela e descobri que, quando crianças, brincávamos de pá, balde e areia no parque Guinle e na praia de Copacabana. Sua mãe, Alcina, era filha de Nelson Alves, ex-diretor financeiro da empresa dos tempos da Frei Caneca. Ficamos próximos, quase nos apaixonamos, e foi triste vê-la, depois de submetida a um autotransplante de medula, encerrada numa bolha.

A entrevista para a tevê foi nos dias que se seguiram à saída do isolamento: "Da bolha para a vida". Monique sem cabelos, um quepe, uma *écharpe*, sorrisos, mão sobre a mão, lágrimas. À noite pessoas ligaram chorando. Recebi faxes. Mas Anna Bentes tinha a voz firme quando telefonou, de madrugada, com sua voz sedutora e mandona: "Arnaldo, estava ótimo, mas o Adolpho pediu para eu fazer algumas observações".

"São duas da manhã. Deixa as observações para outro dia."

Anna subiu nas tamancas e pediu respeito. Afinal, ela se via como guardiã de meus interesses junto ao tio. Eu era "a esperança". Estava escrito no livro! Em troca, parecia exigir alguma espécie de reverência que não estava disposto a conceder.

Mas gostava de mim, e não só isso: guardara de memória meu apego por um certo tipo de goiabada cascão e, constrangida pelo último telefonema, teve a atenção de mandar um quilo com a socialite Laís Gouthier, moradora como ela do Chopin, que me telefonou: "Vamos almoçar?".

Almoçamos na George V, onde ficava seu hotel. Um papo ótimo tinha a tal Laís que, depois do café com *poire*, pediu que eu a acompanhasse até o seu quarto para buscar a goiabada. Declinei. Estava com pressa para algum compromisso.

"Mas são dez minutinhos, o hotel é ali..."

"Eu passo amanhã e pego. Deixa com o *concièrge*."

Na manhã seguinte entreguei o malote no escritório da Varig, que era pertinho dali, mas não passei para pegar o doce. Laís, gentilíssima, telefonou de novo. Perguntou se queria que ela mandasse um *chauffeur* entregar o doce na minha casa.

"Que é isso, Laís. Passo aí sem falta amanhã."

Ligou uma última vez, de saída para o aeroporto. Deixei-a falar na secretária eletrônica, e ela teve que voltar com a cascuda para o Brasil, como vim a saber, uma semana depois, por um fax.

"Danadinho. Levei de volta a sua goiabada."

Como resposta recebi, dias depois, um telefonema internacional, a cobrar, às três da manhã. Era o tio, desta vez sem intermediária, a voz arrastada, mais magoada que hostil.

"Você não podia ter buscado a porra da goiabada?"

One man show

Se, apesar do posto de correspondente, não consegui autorização para ir às olimpíadas de Barcelona encontrar com o pessoal da revista (o tio queria seu leão-de-chácara sempre à disposição *à Paris*), consegui ao menos escapar para o campo, onde aprendi a montar a cavalo com estilo.

"Você anda se tratando bem", disse o tio, ao telefone, quando soube que me ausentara duas semanas, deixando substituto temporário.

Sozinho, fazia o possível para não interromper o fornecimento das fotos, em visitas aos magnatas das agências fotográficas. Cuidava diariamente dos malotes. Escrevia reportagens. Comprava peças para a gráfica. Recebia visitas da empresa.

Porra, eu não tinha nem o direito a dar uma montada?

Tinha planos para a sucursal. Não era possível ampliá-la, mas acreditava, ingenuamente, que algumas ações poderiam alavancar *Manchete* em Paris. A distribuição da revista em bancas estratégicas (que deixara de ser feita havia anos) poderia ser retomada, já sabia os caminhos e tivera uma reunião com a diretora da poderosa e monopolista Nouvelle Messageries de la Presse Française.

A prospecção de clientes europeus para anunciar nas revistas começou a ser discutida com um escritório de publicidade ligado a um amigo francês. A prestigiosa folha européia *Courrier International,* cujo editor eu conhecia, topou fazer um número especial sobre o Brasil com a chancela de *Manchete,* logotipo e tudo na capa — modelo de parceria que já haviam experimentado com grandes títulos europeus e americanos.

Sem descuidar das reportagens, visitei, por iniciativa própria, os grandes parques gráficos. Com uma carta de recomendação de Adolpho, fiz um estágio na *Paris Match* — onde ainda imperava o lendário editor Roger Thérond — e numa editora alemã de vários títulos franceses, a Prisma Presse, que lançara, com sucesso, a revista *Gala.*

Era um novo modelo de *people magazine* que ia dando filhotes em todo o mundo (como a espanhola *Holla,* a inglesa *Hello* e a argentina *Caras*), ameaçando o reinado das ilustradas semanais clássicas.

Jaquito veio a Paris em visita. Falei-lhe de meus planos, e ele achou todos fabulosos. Comemos porco no Chez Eux. Jantamos com os publicitários, que propuseram seus percentuais. Mostrei as propostas para *Manchete* ir às bancas, com os números de praxe do mercado francês: comissões de 55% para a distribuidora, percentual praticado pelos maiores títulos da Europa. E apresentei o projeto do *Courrier/Manchete,* totalmente custeado pelos editores locais, desde que a revista convencesse um cliente brasileiro — um clientezinho só! — a entrar com uma quarta-capa ou coisa que o valha.

Visitamos a Prisma Presse, onde o presidente, um alemão, Axel Ganz, disse a Jaquito que a tendência era seguir o rastro de *Gala, Caras* etc., e lançar uma igual no Brasil.

"Isso é uma usina de dinheiro."

De volta ao Rio, Jaquito visitou Leonardo e Iná. Fez propaganda de minhas realizações: "Ele é *one man show*".

Nas semanas seguintes, um a um, meus planos foram frustrados. Os distribuidores estavam cobrando muito, eu deveria baixar a comissão para 30%. Argumentar que aquele percentual era padrão e valia para todas as revistas locais e do resto do mundo não adiantou.

"Você tem que aprender a negociar."

Os publicitários eram uns bons filhos-da-puta, queriam nos roubar, imagine, 40% de comissão. De fato, o padrão era de 20%, e nessa eu tinha mesmo me danado.

Já a parceria com o *Courrier*, que era sopa no mel, só se fosse sem a contrapartida em publicidade.

"Mas eles pagam tudo! É só um anúncio, e a gente tem uma edição com o logotipo de Manchete circulando em toda a Europa!"

"Você tem que aprender a negociar."

Quanto a lançar uma *Caras* brasileira, não era o caso de canibalizar a tiragem da combalida *Manchete*. Que, nesse início de anos 1990, batia pino, voltando à marca da infância da revista, ou seja, menos de um terço da média que predominara dos anos 1960 ao início dos 1980, sempre acima dos 10 milhões anuais, com picos de quase 12 milhões.

Assim, diante de uma Bloch Editores incapaz de tocar grandes projetos, o ouro de *Caras* ficou, de lambuja, para a Abril.

Tentei ainda vender um lote de fotos de *Manchete*, índios pilotando caças Mirage. Uma agência ofereceu bolada boa, íamos faturar. Mas o fotógrafo da série, que saíra da empresa, havia fechado negócio com outra agência, o mesmo lote. Como *Manchete* não dava comissão a fotógrafo, a coisa podia virar batalha judicial, e a venda se desfez.

No inverno, o fantasma do fracasso bateu à minha porta: todos os meus pífios planos haviam afundado. Além disso, um cheiro ruim chegava à escrivaninha parisiense em rumores por telefone e fax: pela primeira vez cogitava-se a venda da televisão. Negociações com o senador Paulo Otávio, ligado a Collor — de olho na carniça ainda fresca —, estavam em curso.

Mesmo assim os Bloch seguiam, obstinados, a sanha de produzir novelas. Quanto mais fundo o poço, mais novelas brotavam do lodo. E olha que não eram *vaudevilles* urbanos de baixo custo, não! Era *Amazônia*, rodada na selva em 1992, recorde de investimento e também recorde de audiência, só que negativa: o pior ibope da história da emissora. Para bagunçar o coreto, Pedro Collor revelava à revista *Veja* o esquema de corrupção capitaneado pelo presidente seu irmão. As negociações da tevê com Paulo Otávio, em conseqüência, foram para o beleléu. Evoluíam, por outro lado, as conversas com o grupo IBF (Instituto Brasileiro de Formulários), do empresário Hamilton Lucas de Oliveira, que explorava o negócio das raspadinhas e — adivinhem: era integrado ao esquema de PC Farias.

O negócio foi fechado e, como parte do plano de reestruturação, as demissões abateram setecentos funcionários. A base de operações foi transferida para São Paulo. No dia em que a venda foi firmada, Adolpho rodou de carro atrás de Hamilton, que em seu automóvel dava voltas para resolver algum detalhe num telefone sem fio (os celulares não existiam).

"Com quem ele está falando? Com o *Kércia*?", impacientava-se, temeroso, o imigrante, necessitado do adiantamento de 3 milhões de dólares, via Banespa, com autorização do então governador Orestes Quércia, para ser creditado ao Banerj. Do contrário, não ia ter folha de pagamento.

Encontraram-se, dali a instantes, Adolpho, o diretor local, Salomão Schwartzman, Hamilton e o poderoso diretor de finanças, que veio do Rio. Viram o câmbio. Acertaram o valor. E Adolpho apanhou o cheque com ganas de mendigo. Aliviado, comovido, ligou para o Jaquito dizendo que tudo estava resolvido. Assinara uma sentença de morte, mas salvava a folha. Mesmo à margem do abismo, continuava apegado a essa coisa de pagar em dia.

"Agora vamos cuidar da editora", esboçou.

Acontece que em agosto o impeachment de Collor foi aprovado e Hamilton perdeu a licença para exploração das raspadinhas. Não pagara nenhuma parcela das dívidas. Contraíra uma nova, no valor de 90 milhões. E deixara de pagar aos empregados, que, ao fim de vários meses sem salários, interromperam a programação num fim da tarde, pondo no ar um slide anunciando seus motivos.

Adolpho teve uma luz: lembrou-se de que a passagem das ações para Hamilton era progressiva, à medida que a dívida fosse paga. Se não pagasse, portanto, ele teria o direito de exigir, na justiça, a televisão de volta. Através de uma liminar, o titã retomou na marra a emissora, mas teve que dar em troca os prédios no Russel, como aval da dívida.

Num novo afã, com juras de vingança, tão logo assumiu anunciou a próxima atração: uma novela farsesca contando a saga do alagoano em desgraça, com Ângela Leal no papel de uma fofoqueira de janela, que contava aos vizinhos e ao público detalhes sórdidos da vida do ex-presidente. Um sósia de Collor foi encontrado, as gravações começaram e uma grande festa de apresentação para imprensa e mercado aconteceu, com projeção do primeiro capítulo.

Tudo por nada: Collor ainda tinha a sua força e conseguiria impedir, minutos antes, a exibição, obtendo depois um embargo definitivo que enterraria de vez a novela. A poeira ilusória de um possível sucesso estrondoso da saga collorida baixou e a realidade se impôs: a televisão era um abacaxi e urgia negociá-la, dessa vez com um parceiro pagador.

Desesperado, Adolpho decidiu recorrer à última pessoa que o ajudaria naquele momento: às 14h de uma terça-feira, encontrou-se com dr. Roberto, depois de uma década de afastamento. Fez questão de ir sozinho, apenas com seu motorista, que dispensou. Voltou de táxi, à noite, ao Russel, e convocou quem estava lá para uma reunião, em que relatou a aventura.

"Esperei quatro horas e quando entrei ele tentou falar primeiro, mas eu fui mais rápido: 'Doutor Roberto, eu preciso de ajuda'. Ele demorou uma eternidade para responder. 'Adolpho, há dez anos eu estou esperando você retornar o meu telefonema. Passar bem.' E a secretária me levou até a porta."

O beijo do futuro

Estava frio pra burro naquele subúrbio industrial de Paris. Voltava de um encontro com o neto do velho Bleustein-Blanchet, magnata do império francês de propaganda, a Publicis. Por ordem de Adolpho, aproximara-me daquele herdeiro que, como se não bastasse, era também filho de Robert Badinter, genro do então presidente François Mitterrand, já doente, no fim da vida.

Simon Badinter era um herdeiro de verdade. Aos vinte anos já tinha cruzado a Europa de Ferrari. Ele não entendia por que o sobrinho de Adolpho Bloch não podia ir ao Brasil de Concorde.

"Pede para o seu tio."

"Para o meu tio eu peço o salário. Se não pedir, não vem, que a firma tem despesas mais urgentes. Mas não tenho do que reclamar. Estou em Paris. Quem tem essa oportunidade?"

"Olhe só para você. Placas vermelhas no pescoço. Problemas emocionais. *Tu n'est pas bien dans ta peau.*"*

"Isso aqui é uma gaiola de ouro, Simon."

"Você está na barriga da família, *Arnaldô*. Tem que sair. Correr riscos. Ir

---

* "Você não está bem na própria pele."

para a concorrência. Saber o que é a vida e quem você é na vida. Senão, vai acabar afundando."

Saí do encontro com o *psicoplayboy* inflado de orgulho ferido. Aquele frio filho-da-puta, primeiras rajadas invernais, tornava a atmosfera propícia a tomadas de decisão.

"Vou voltar", disse, para os botões do paletó. Faltava decidir quando e como. Foi quando Salomão, o sábio, adoeceu. Comprei a passagem com dinheiro do bolso e voei ao Rio sem aviso prévio. Ao me ver na sala do primeiro andar Adolpho entortou a cara e Anna Bentes crispou-se de reprovação. Mas, como era caso de morte iminente de avô, engoliram a bronca. No dia seguinte, Salomão partiu.

Adolpho me chamou ao Russel e entregou as laudas com o texto do seu próximo artigo: "O ar é tudo".

Não era a primeira vez que contava a história dos cossacos no alçapão em Jitomir. Mas nunca escrevera sobre ela. O texto era em homenagem a seu amigo Salomão, um educado, um erudito, por quem ele tinha o maior respeito e que morrera de insuficiência respiratória. Pediu que eu o lesse em voz alta diante da secretária Marta, do fiel Laírton, do astuto Hélio Carneiro, do enigmático Murilo Mello Filho, do Jaquito, do Niskier e da Anna. Se não falha a memória, havia também um daqueles pequenos cães com um laçarote.

> Como os cossacos, meu amigo Salomão morreu por falta de ar. Logo, o ar é tudo, o sentido da vida, confundido com Deus.

"Não é verdade isso?", perguntou à audição perplexa, que concordou com a cabeça, como uma homologação no Kremlin.

"Daqui a quinhentos anos vão dizer que um gênio escreveu", profetizou Abracha, contraindo os olhos.

"Isto é coisa de índio", alguém cochichou na roda, numa tremenda injustiça com os pré-socráticos. Para mim aquilo tudo tinha um quê de irrealidade, de algo que em breve seria passado: naqueles dias eu já acertara com *O Globo* minha contratação, em bases iniciais modestas, de repórter. Almocei com Adolpho na pérgula do Copa, quando manifestei meu desejo de voltar em definitivo ao Brasil sem lhe revelar meu plano secreto. Tomou minha mão e beijou, enchendo-me de assombro e vergonha.

"Eu entendo a sua solidão. Vem ajudar o Jaquito."

Brindamos com cerveja e pão preto, e ele sorriu com amizade. Fiquei com os olhos molhados, mas segurei as pontas.

Salomão na tumba, voltei a Paris, recebi os atrasados, fiz as malas, chorei ao atravessar a Place des Vosges e, três anos passados da chegada, repatriei minha vida.

Sem nenhum tato, escolhi uma ocasião festiva na casa do Jaquito para revelar minha decisão de desertar: Rosana, sua filha mais velha, que morava em Boston, estava em visita à cidade. Comemorava-se, portanto, uma data feliz quando proferi a frase na saleta de fundo, onde estavam Jaquito, Anna, Adolpho e Osias Wurman.

"Vou para *O Globo*. Um estágio."

Fez-se um silêncio incrédulo. Adolpho nada disse.

Mas cuspiu. Um cuspe grosso, no tapete chinês de Jaquito, que ainda levou esporro:

"Viu? Ele acha que nós estamos fodidos".

Eu conhecia aquele cuspe, de uma tarde remota em Comary. Era chegada a hora de bater em retirada.

"Bom, acho que vou indo."

Os primos saíram em disparada pela rua, seguindo meu percurso até o Leme, duas esquinas dali. Na porta de casa me esperaram. Eu os abracei. No dia seguinte Adolpho telefonou às sete da manhã para a casa de meus pais, onde eu me hospedava. Não atendi. Deixou recado com Iná. Um apelo choroso.

"Diz pra ele vir trabalhar."

Na semana seguinte, já estava instalado na concorrência. Seis meses depois, Adolpho telefonou de novo, fazendo um convite: que eu viesse dizer umas palavras na ceia de Páscoa, no Chopin. Terminado o jantar, me puxou para um canto, atrás do piano.

"Aqui você falava comigo. E lá? Você fala com quem? Com o Roberto Marinho?"

Meses depois, convidou-me para passar um fim de semana em Comary. Tive a certeza de que nunca se zangara de verdade. Cheguei à casa por volta de onze da manhã. Fazia sol, de modo que fui direto para a piscina de água mineral com fundo de mármore. Sentado à borda, Adolpho acariciava a superfície azul com os pés inchados de solas rachadas, uma corcova na parte superior, à altura da canela.

O tio fazia triste figura, as costas curvadas, como um caramujo velho olhando a água. Na borda oposta, a sobrinha Tamara fazia exercícios de hidroginástica, batendo os pés ruidosamente com a ajuda de uma prancha de isopor, até Adolpho intervir.

"Pára com essa merda!"

"Ih, acordou de pá virada, Abracha? Vem nadar, faz bem para a bunda", respondeu Tamara, na sua dicção cantarolante.

"Nadar? Você quer que eu nade? Eu estou morrendo!"

De dentro da casa apareceu o vulto reto de Alcebíades, na mesma velha casaca branca com botões dourados de vinte anos atrás, um pouco puída, os cabelos pintados. Trazia a bandeja com tira-gosto de fígado de galinha acebolado, copos, gelo e uma garrafa de jinjinha.

Anna Bentes se aproximou.

"Vem, Adolpho, pára de olhar a água, vem tomar uma jinjinha."

"Olhar? O que você quer que eu veja na água? A minha cara?"

Penalizado, Isaac puxou a cadeira para mais perto.

"Que foi, Adolpho? Desabafa."

"Eu precisava de tudo isso? Eu gostava de ver o sol. Hoje não quero mais sair do quarto."

"Você está aí, o sol está aí, essa é a oportunidade de você ir preparando o futuro."

"O futuro?"

Olhou para o maciço do Dedo de Deus semicoberto pelos ramos do pinheiral que envolvia o gigantesco terreno. E deu a sentença.

"Eu quero que o futuro se foda."

Um anjo deve ter baixado, do Dedo de Deus ou dos cafundós, para executar a ordem: que assim fosse, que tudo se fodesse, mas que acontecesse às suas vistas, enquanto ainda estivesse vivo, pois, se havia culpas a expiar, uma parte boa era dele, pelos seus atos, pelas suas escolhas, pela sua vontade.

"Amém."

Livro da vida
(De Joseph a Adolpho)

Na Cinco de Julho Joseph e Ginda sempre dormiram em quartos separados no segundo piso, em extremos opostos do corredor. Nos bancos da varanda térrea, à mesa de lanche, onde quer que estivessem, não se encaravam, e raramente se falavam. Acontecia, vez por outra, de se cruzarem pela casa e discutirem asperamente na língua-mãe, como dois cães rosnando em russo; e como cães largavam-se. A birra vinha de longe e envolvia a lendária amante russa, amiga de Mina, com silhueta de princesa.

"Me fode, cavalo judeu!", gritava a infante montada.

Ginda nunca mais o quis no mesmo quarto. Nem nos campos em que dormiram, nem no porão do navio, nem nas casas onde moraram. Mas, nas semanas que antecederam sua morte, era vista, diariamente, ao anoitecer, à janela do quarto de frente para a rua, à espera de Joseph. Da esquina, ele notava sua silhueta que, em seguida, desaparecia, e só então a luz do quarto se apagava.

Joseph retribuiu, ainda que postumamente: quando Ginda morreu, ficou sete dias numa poltrona sem falar, sem dormir e sem comer. Só tomava água. Um dia, pediu *borsht*, bebeu um copo de vinho e foi trabalhar.

Quando nasci já fazia quinze anos que o Zeide tinha morrido e quase dez que Arnaldo batera as botas.

"Fodendo."

A fila andou rápido: no final do mesmo ano Jorge desencarnou.

"Depois do papa."

Das irmãs que vieram para o Brasil, Mina, a primeira a nascer, foi também a primeira a morrer.

Em seguida, Zlata, de um câncer feio, a cientista, que fez carreira bonita e tinha casa no Leblon. Até contribuiu em dinheiro, por iniciativa própria, para o mármore da escadaria da Cinco de Julho. Então, passou a cobrar de Joseph, sistematicamente, a despesa.

"Se eu pagar, que assunto você vai ter comigo?"

(Décadas depois, Bella, para lá dos oitenta, iria escorregar e cair naquele mármore. "Foi Zlata", praguejou Adolpho. Se fosse madeira a queda tinha sido leve, mas no mármore a coisa ficou feia e Bella nunca mais seria a mesma).

Daí, quando me entendi por gente só estavam na casa as três tias: Sabina, Bella e Fanny.

Dessas foi Sabina quem primeiro partiu, na virada para os anos 1980, de mal dos rins, a dor que nunca cessou, daqueles sete dias no trem, sem urinar.

Houve tempo também para Bernardo Peru dar adeus. Dois anos antes estava bem de saúde. Com um livro na gaveta intitulado *O soco na cara*, que nunca veria a luz, pretendia causar alvoroço na família. Um dia, bateram feio na traseira do seu carro, um Passat que ele adorava. Não fizera seguro. Perda total. Caiu em depressão. Semanas antes de morrer, foi ao Russel e escondeu terra de cemitério na gaveta de Jaquito.

Ficaram Bella, Fanny e Betty, doente de hipocondrias, que pouco saía do quarto e, quando o fazia, era só para o chá da tarde. Nem se dava mais ao trabalho de vestir a peruca alta, sua marca registrada. No fundo, atrás do velho piano de tampa sanfonada, a expressão severa do Zeide em idade avançada, mas com os bigodes brancos ainda bem penteados sob o mofo do retrato a óleo pintado por Harry Elsas.

Sem se dirigir às tias, Betty sentava-se e encarava a mesa de ébano, enxergando, no espelho negro, a aparição de si própria. Suspendia o copo de vidro transparente com armação, que Julieta, velha, trazia da cozinha. Olhava para o retrato do Zeide, permanecendo imóvel até que a mão começasse a pender e o líquido quente escorresse pelo queixo e pela camisola, queimando-a.

Com um grito débil largava o copo, o horror dos olhos, como que vazados, refletido nos estilhaços.

"Monstro!", Bella enfrentava.

"Ela tentou me matar!", delirava Betty.

E vinha Julieta, dava uma bronca, passava um pano seco antes de trazer outra xícara.

Bella viveria o suficiente para ver as netas Rosana, Jaqueline e Daniela se casarem. Um dia, sentiu-se mal pela manhã. Pediu para chamarem o médico. Tomou banho. Vestiu-se. Pintou-se, como sempre fazia, destacando os olhos vivos. Penteou bem os cabelos brancos, que pareciam louros. Pôs o melhor broche. Sentou-se à cama. Deitou-se com todo o cuidado para não amassar o traje. Quando o médico chegou, era como se dormisse: Bella, como era, sem fazer desfeita com o doutor.

Fanny e Bella em idade avançada. Ao fundo, tapeçaria de Judith representando os 12 vitrais de Chagall.

Na seqüência da fila, foi a vez de Oscar, que Adolpho enterrou no dia seguinte a uma violenta discussão com o sobrinho.

"Não é porque morreu que deixou de ser um grande filho-da-puta", disse o tio aos que choravam, ainda no cemitério.

A partida de Oscar seguia uma linhagem mórbida própria, movida por lógica implacável: a primeira mulher suicidara-se. Depois a filha Cláudia, morta em batida no Alto da Gávea, na madrugada do casamento da irmã mais velha, Evelyne. Mal havia terminado a grande festa no Teatro Adolpho Bloch quando chegou a notícia.

Depois o marido de Eveline, um Safra, Cláudio, mecenas, tido por homem simples e de bom coração, tragicamente se foi, em outro desastre de carro que vitimou também um dos filhos, na estrada Rio—Angra. Evelyne, que vinha no carro de trás, viu tudo. Sobreviveu ainda uns anos até morrer, de câncer no coração. No dia em que Mônica, a caçula, dava à luz.

"Eu vi a mão do diabo", impressionou-se Jaquito.

A fila dos prematuros continuou a andar: Rosaly, aos 52, morreu de um mal súbito quando lia o jornal e tomava café. Fazia ginástica, a saúde estava ótima. Caiu para trás sem explicações e pronto. Privou a família de sua personalidade complexa e cativante, de diva, por quem se encontram, até hoje, por aí, uns apaixonados sem cura.

A reza aconteceu no quarto andar do Chopin, na casa de Judith. Depois Adolpho convidou todos — inclusive o ex-marido da morta, Alberto Dines, com quem cortara relações — a passarem para o sexto andar, o "quarto-e-sala de quatrocentos metros".

Como era costume depois dos enterros dos Bloch, foi servido um lanche faustoso, com salmão, arenque, queijos e salsichões. A certa altura Adolpho afastou-se da mesa longa, apoiou-se no piano próximo aos janelões e chorou sozinho, de pé, os pulmões murchos, as costas curvadas.

Envelheceu mal. Em sua última viagem à União Soviética no início dos anos 1990, já era uma sombra mirrada e friorenta que entregou a um Gorbatchov pasmo (em aproximação organizada pelo repórter Luiz Carlos Azenha) a edição de *Manchete* em russo, com grandes reportagens sobre o Brasil — feita especialmente para aquele líder que, aparentemente, lhe devolvia a Grande Rússia de Pedro.

Daqueles oitenta anos já convulsos mas cheios de esperança, só viveria mais sete. O suficiente para testemunhar o embargo dos bens da TVM — que os prejudicados, os inimigos e os que torciam para o pior agora gostavam de chamar de "Tevê Merda".

Viveu para ver a debandada das emissoras afiliadas e, como significativa mas pequena compensação, presenciar ainda um sucesso editorial na sua *Manchete* tão sangrada e maltratada: na terça-feira seguinte à morte de Ayrton Senna, às sete horas da manhã, uma edição especial esgotou em menos de uma hora, como nos tempos de glória.

Inaugurou o Clube Adolpho Bloch, no Recreio de Bandeirantes, sua derradeira empreitada, último tesão realizador. Conseguiu também testemunhar a implantação de um sistema de diagramação e composição informatizado, e viu os primeiros terminais de computadores na redação. Vibrou.

No enterro de Bella, prestou suas homenagens à irmã sentado numa cadeirinha baixa, no centro da sala de orações do cemitério de Vila Rosaly. Ela era a mais querida, feita da mesma substância que ele. Se Adolpho fosse mulher, seria Bella. Se Bella fosse homem, seria Adolpho. Depois deixou o cortejo ir e foi para casa.

Dali a meses, compareceria pela última vez à empresa numa cadeira de rodas, para assinar e testemunhar o nascimento do site de Manchete, o primeiro de uma revista na internet.

Achou fabuloso. Contou piadas de sacanagem.

Dias depois, foi internado. A válvula de porco pifara. As notícias médicas, de início, pareciam promissoras: a próxima válvula já não precisava ser suína, pois a medicina evoluíra e agora a peça vital era feita de um material sintético, *kosher*.

Tudo correu otimamente bem com a cirurgia em São Paulo. Salvo que, uma vez implantada a válvula, na hora de se fechar o peito os tecidos, cansados, cederam.

E Adolpho morreu todo aberto.

O caixão baixou à tumba numa manhã de novembro de 1995, sustentado por correntes de aço, no mesmo momento que um trem despontava na linha férrea que tangencia o cemitério na Zona Norte do Rio, deixando um arrepio na espinha ao sumir no horizonte. O rabino Gabriel Aboutbul, em geral falante, resistiu à tentação de recorrer ao lugar-comum do "trem passa e a vida segue". Guardou, em vez disso, silêncio grave, deixando o trem falar por si e o caixão ranger nas laterais da cova. O atrito com a terra escavada se fez solene, e a multidão nas aléias e na murada em torno da necrópole tremeu com um vento súbito que fez as folhas dos jasmineiros brandirem.

Mais cedo, quando o caixão ainda estava a caminho, o rabino Aboutbul fora saudado e aplaudido pelos populares. Vestido à ortodoxa, cartola preta, barba, acenou de volta com seu sorriso largo, como se fosse uma celebridade jocunda, arrancando hurras do povo. Quando a apresentadora Xuxa entrou no cemitério, a ovação foi como a de um estádio, uma arena, as bordas e muradas lotadas de gente que veio assistir ao enterro do homem de Manchete.

O cortejo, como o de Juscelino, saíra de manhã do saguão do Russel, onde o corpo havia restado toda a noite, visitado por centenas de pessoas. Entre as quais Roberto Marinho, 91 anos, que permaneceu junto do caixão por meia hora, sozinho, quieto, mãos juntas na altura do vinco do terno.

O adeus a Adolpho, em Vila Rosaly.

A última chance

Com a morte do rei — e pai *in facto* —, Jaquito foi sagrado herdeiro integral, como já era sabido. A partilha com Lucy fora resolvida em vida. Para Anna não deixou nada. Ela até lhe emprestara dinheiro no período da grande queda, quando Adolpho pedia a todo mundo. Aos sobrinhos. Ao Cony. A quem se dispusesse a arranjar um trocado. Para ajudar a pagar a folha. Mas Anna — com quem ele enfim se casara em 1992, três anos antes de morrer, numa linda cerimônia no tradicional templo da Tenente Possolo, reformado pelo próprio Adolpho, seu maior patrono — conquistara posição social de destaque: não passava uma páscoa judaica ou réveillon sem que suas recepções merecessem espaço de destaque na coluna da Hildegard Angel, em *O Globo*. O apartamento no sexto andar do Chopin tornara-se referência de uma parte do *jet set* carioca e ela não ia abrir mão do endereço, nem que tivesse que depositar na conta de Lucy, meeira legítima, o aluguel salgado todo mês, como de fato fez. Mas sagrou-se fiel depositária dos móveis, talheres e quadros que ali ficaram.

Agora era a vez de Jaquito mostrar a que vinha. Escaparia à maldição do dilúvio? Nos últimos tempos de Adolpho, vinha se queixando muito do massacre diário que sofria do tio, que o culpava, entre outros próximos, pela *dé-*

bacle. Como se a culpa fosse só da aventura da *televisón*. E como se ele mesmo não tivesse embarcado nela.

Jaquito era posto à prova, diante da família, do mercado, da comunidade judaica e da sociedade geral. Era o seu momento de, mesmo na adversidade, dar a virada, como Adolpho costumava fazer, com seus grandes lances. Muitos torciam e esperavam que o herdeiro profissionalizasse a administração, contratasse diretores bem pagos, afastasse a parentada do dia-a-dia e, através de auditorias, desmembrasse as "peças-chave" que emperravam estruturas antigas.

Isso não aconteceu: de herança, além das ações e dos ativos, Jaquito havia recebido também alguns entraves cabeludos. Desses, o pior era a dívida com o INSS, contraída durante o último regime financeiro, com anuência de Adolpho. Incapaz de encontrar nomes de referência que quisessem assumir o pepino, o novo presidente optou pela receita familiar: pôs, na linha direta, uma das filhas, Jaqueline, nova diretora-superintendente, e responsável pelas negociações trabalhistas que, daí em diante, seriam rotina. Carlos, filho mais velho de Oscar, fazia parte da nova composição. Carla, outra filha de Jaquito, que estudara administração, entrou na equipe.

Daniela, a caçula, formada em publicidade, trazia uma experiência interessante por ter se afastado por um tempo da empresa e atuado em agências, onde adquirira certo prestígio por sua inteligência e agilidade. Ficaria com a tarefa de ajudar a dinamizar a área comercial, que agora estava a cargo de Francisco Zgarby, ex-diretor comercial da Globo e da *Veja* em São Paulo.

Bóris — nome em homenagem ao jerico —, caçula e único varão de Jaquito, ainda se recuperava do tempo em que andava escoltado para proteger-se da onda de seqüestros que assolara a cidade. Mesmo assim, deu sua contribuição: de volta de uma viagem aos Estados Unidos para visitar a irmã mais velha, trouxe vídeos do *Jaspion*, um desenho de robôs que, comprado pela emissora, deu ibope.

Definido o *board*, Jaquito tinha como meta principal reestruturar os custos na televisão e voltar a investir na editora. Vendeu a concessão da Rádio Manchete de São Paulo para Orestes Quércia, e desmobilizou alguns terrenos. O próximo passo era fortalecer a revista. Tendo Cony como interlocutor, foram convidados a vir ao Russel nomes como o respeitado Elio Gaspari, Ruth de Aquino (a então imperatriz de *O Dia*), Marcos Sá Corrêa e Merval Pereira, diretor de *O Globo*. Salários dignos foram oferecidos. Alguns vieram conversar. Uns chegaram a se interessar. Mas desistiram, ao se dar conta de que a real situação a ser enfrentada era um segredo de oráculo.

Acabou vindo o veterano Tão Gomes Pinto, da *IstoÉ*, trazendo junto um artista gráfico italiano e mais um pessoal seu. De *O Globo*, Jaquito conseguiu tirar a jornalista de moda Mara Caballero, que já trabalhara antes na empresa e editava o caderno *Ela*, para renovar a revista *Desfile*, título outrora tradicional que se tornara ultrapassado, tendo sobrevivendo graças aos esforços pessoais de Roberto Barreira para conseguir anúncios. Em *Ele & Ela*, outro gigante de outrora, fitas de sacanagem passaram a ser vendidas junto com as edições, para dar um gás no tesão da revista. Além disso, depois de quase uma década sem investir no parque gráfico, adquiriu-se uma nova rotativa e o setor de assinaturas recebeu atenção.

Na tevê, algumas vitórias se contabilizavam: a área de comercialização de fitas, a Manchete Vídeo — que Rosaly comandara com pioneirismo, fazendo do negócio de venda de novelas para o exterior uma das pratas da casa —, continuava a ser a estrela do *cash-flow*. E, na programação, subitamente, experimentava-se um novo afã: *Xica da Silva*, novela que revelava a atriz Taís Araújo, ia ao ar com sucesso e trazia no elenco atrações como a estrela pornô Cicciolina fazendo participação especial, no papel da cortesã Ludovica de Castelgandolfo.

A peituda, que passava por uma crise financeira e familiar, não estava recusando cachê, e veio ao Brasil especialmente para gravar o papel. Na coletiva para dezenas de jornalistas da imprensa escrita, falada e televisionada, a louraça italiana deu show, engatinhou no mesão de reuniões, dirigiu os fotógrafos.

"Ela é a maior lady que já conheci", encantou-se o Roberto Barreira, com seu sorriso de carnaval.

Para honrar os compromissos com o maior credor — o Banco do Brasil —, o prédio histórico da Frei Caneca foi oferecido como garantia. Depois, era questão de acertar os impostos, contando com a lei dos Refis, que facilitava o refinanciamento de dívidas.

Mas duraria pouco o laivo de esperança. O superministro Sérgio Motta, que havia prometido arranjar um aporte de 12 milhões de dólares para ajudar, morreu, e só entrou um sexto do prometido. Motta era o último elo do governo com a empresa, uma vez que Fernando Henrique não era tão chegado quanto seus antecessores a promiscuidades com o quarto poder. Além disso, ninguém na família tinha nem sombra do carisma de Adolpho em seus grandes tempos, nem o gosto pelas relações institucionais que movia Oscar.

Com a Crise da Rússia em 1998, o mercado financeiro entrou em parafuso e as linhas de crédito que restavam — oxigênio da empresa — desapareceram. A última tempestade começou a se formar. Na revista, Tão Gomes Pinto já havia rodado. Uma junta formada por Roberto Barreira e Janir de Hollanda assumiu sua direção. Mas a essa altura pouco importava: tudo estava mesmo prestes a desabar.

Assim mesmo estreou, sob escombros, a enésima e penúltima novela, *Mandacaru*. Haveria ainda *Brida*, baseada em obra de Paulo Coelho, encerrada às pressas, sem último capítulo. Era hora de fazer o balanço do botequim: mais seiscentos demitidos, programas extintos, fim de festa, greves, manifestações, papagaio com a Embratel, cortes diários no sinal da emissora.

No desespero, tentou-se ainda um negócio com o Banco Pactual, mediada pelo ministro Mendonça de Barros: em 24 de dezembro, a venda foi assinada na casa do Jaquito em Copacabana. Acontece que Mendonça, acusado de envolvimento no escândalo das concorrências nas privatizações, caiu, e a venda gorou.

Em janeiro de 1999, o *Jornal da Manchete*, um bastião de dignidade, ficou vários dias fora do ar, em protesto. Paralelamente, um advogado do Banco Econômico, credor, pediu o leilão dos prédios do Russel para pagamento dos 20 milhões de uma dívida e conseguiu a bênção de um juiz. O leilão foi marcado. Mais uma greve estourou na tevê.

Veio então — parecia que dos céus — a igreja Renascer, com 5 milhões por mês no saco, para comprar 100% dos horários (uma parte deles já alugada pelo templo), assumindo os custos de produção por quinze anos. A dívida seria gerida pela Bloch mas salvavam-se a pátria e os empregos restantes.

Porém, na hora de descontar as primeiras duplicatas, o Banco Rural pediu garantias, e Jaquito — temeroso de o leilão do prédio acontecer antes de se fechar o negócio — ofereceu quadros da Galeria Manchete, alguns entre os mais valiosos e importantes, que estavam expostos.

Mas a nova venda acabou melando quando o Ministério das Comunicações, citando um artigo que proíbe a concentração de horários num só cliente, cancelou tudo. A primeira parcela não foi paga, o arrendamento foi desfeito, a televisão caiu de novo no colo de Jaquito, e os quadros ficaram com o banco.

A grande corrida à praça continuou até que outro grupo, o Tele TV, presidido por Amilcare Dallevo Júnior (que tinha o Banco Rural como sócio na empreitada), após uma longa rodada de negociações, concretizou a compra, em maio de 1999.

Mas, como seria de esperar numa maré dessas, não se pagou o acordado, e o passivo trabalhista, por conta das dívidas com o INSS, chegou às centenas de milhões de dólares. Partiu-se para a concordata, mas, em agosto de 2000, incapaz de quitar as parcelas, Jaquito assinou a falência de Bloch Editores.

Então, as luzes do Russel se apagaram.

E assim estão até hoje.

Aos três mil funcionários, restou a via-crúcis em busca dos direitos trabalhistas perdidos, à mercê dos caprichos da Massa Falida, sombria esfinge a pairar sobre a Glória.

Cem anos de tédio

"Judith, a velhice chegou", avisou Fanny, em telefonema à cunhada, na manhã em que completou cem anos, em maio de 2000. Conseguira cravar o século cheio, bonito, redondo. Uma pequena festa foi organizada na casa de Tamara. Gente que não se via fazia anos e estava rompida cumprimentou-se com beijos vermelhos e sorrisos amarelos.

Todos posaram para uma foto.

"Melhor clicar logo, antes que saia porrada", disse Leonardo, recorrendo a um velho chavão de família, ao que Jaquito tentou rir com o riso de quando ele e Léo recordavam as histórias da Cinco de Julho. Mas estava difícil sorrir: Jaquito andava lamentoso.

"Minha vida acabou quando assinei aquela falência."

Abatimento moral à parte, viveria, contudo, dos bons nacos que se salvaram da bancarrota: o aluguel da rádio AM e a venda de títulos de novelas da tevê, através da Bloch Som e Imagem (que, como a rádio, ficou fora da falência). Montaria uma pequena firma com as filhas. E, como herdeiro do espólio do tio, disputaria, na justiça, a posse de um grande número de obras de arte do acervo do Adolpho em Manchete (aquelas que não ficaram no sistema bancário), requeridas pela massa falida para leilões em prol de dívidas trabalhistas.

A certa altura, sozinha, imóvel, num sofá no fundo da sala, a aniversariante Fanny fez sinal para que eu me aproximasse. Sentei ao seu lado e ela olhou como se não reconhecesse. Não era efeito da velhice, não: Fanny sempre fora assim, de confundir sobrinhos e repetir as perguntas.

"Como vai *mamáe*?"

"Está ali, na outra sala."

"E vovó?"

"Ótima."

"E como vai papai?"

"Bem."

"E *mamáe*?"

Para interromper a ladainha, fiz elogios à festa.

"Está uma beleza."

"Fabuloso...", ela murmurou, um século de tédio escorrendo pelas sílabas.

Fiz menção de me levantar, mas ela agarrou meu pulso com toda a força que restara nas mãos trêmulas, gordas, ásperas e frias. Fixou os olhos numa parede vazia.

"Tuuuudo passa. A gente olha pra trás e é só um pontinho."

Um ano depois, chegaria aos 101, sem festejo.

Numa tarde qualquer olhou para trás e notou, com vaga aflição, que o pontinho desaparecera.

Ao pé do leito, Tamara mostrou-lhe a bandeja de chá numa mão, e um sino dourado na outra.

"Mamãããe! Está ouvindo? Quando chegar lá, vai ser uma sinfonia. Uma mesa linda. Adolpho, Bella, Zlata..."

Fanny acreditou, esboçou um sorriso, e assim ficou.

Foi para Vila Rosaly, alameda 18, onde o Zeide divide com os seus um pequeno latifúndio, ao lado de Ginda, Jorge e Liova.

Na continuação da fileira, Arnaldo e Bóris e, de frente para eles, na calçada oposta, Adolpho, em companhia de Bella, Sabina e Mina.

Fanny, a última, ocupará uma área elevada, indevassável, nobre, do terreno, com vista integral para os seus queridos.

Para uma cova próxima dali foi Judith, aos 92. Ainda fumava os dois maços por dia. Fazia trinta anos que o pneumologista avisara do enfisema.

"Se não parar, morre em um mês."

Diminuiu de quatro para dois maços e viveu até outro dia, em companhia da tosse catarrenta que, com o tempo, até lhe dava um quê de velha dama do carteado.

O que, de fato, ela era, e no melhor sentido da palavra: jamais abandonaria o biriba, irmão do cigarrinho. Voltara, aliás, na última velhice, aos lindos maços de Benson & Hedges 120, só que agora mentolados, numa embalagem azul, ou verde, ardósia, sabe-se lá.

Morreu de câncer no pulmão, sim. Mas àquela altura do campeonato culpar o cigarro soava ridículo.

Gostou de ver Leonardo e Vera, que haviam brigado, juntos, diante do leito. Tentou pedir-lhes alguma coisa, mas o tubo impediu.

Então, entrou no longo sono, sofrido e abstêmio. De tempo a tempo, apertava o tubinho do soro com os dedos em graveto, sonhando que era o fumo. O último.

As poucas vezes que abriu os olhos pediu água, que lhe deram em gotas num pano, que era para não sufocar.

O elo

Meados do ano 2000. Frei Caneca virou cabeça-de-porco. O Russel é um breu só. A casa da Cinco de Julho vai fechar. Correm boatos sobre sua demolição para construção de apart-hotel; ou aluguel para uma creche, o que ao menos preservaria sua fachada. Leonardo, afastado há anos da empresa, falido financeiramente, mas sempre nostálgico da roda-viva familiar, quer ir logo à casa, antes que seja tarde, visitar Betty, última a morar ali. É um domingo nublado daqueles sem graça, nuvens aglomeradas brancas demais, sem meiotom nem ameaças — só o abafado, mudo. Vida que segue. Leonardo, mais velho, alterna baixo-astral e euforia. Na euforia, afloram, em catarse, as histórias da família. Nesses acessos de memorialismo, ele se enche de força e o riso estoura forte e longo, à Orson, ou Brando, na barba cheia. Às vezes, liga de madrugada contando alguma passagem, imita as vozes de Bella e Mina, como se elas telefonassem da casa em dimensão espectral.

A casa.

"Vem cá!", Leonardo, muito pesado, chamou o vigia para ajudá-lo nos passos do carro à porta.

Lá dentro, Betty ocupa o quarto que pertenceu ao Zeide. Passa dias e noites sobre uma cama de hospital onde faz todas as refeições, de frente para a velha Telefunken bojuda de tela verde e caixa de madeira sobre um móvel pé palito — sobre cuja superfície Zilda, enfermeira, espalha e esfrega um líquido leitoso.

À noite, após a sopa, Betty vê novela e adormece junto com o televisor, que apaga automaticamente pela simples exaustão das válvulas, como se esperasse a dona fechar os olhos para descansar também.

Desde o derrame, aposentou a peruca alta, e, além da calva, passou a exibir aos raros visitantes, sem pudor, o sorriso enfatizado pela parte superior da arcada projetada para fora, como se quisesse invadir o queixo. Na testa o tempo e a tristeza esculpiram um sulco que pesa sobre as pálpebras.

No fundo do quintal, na casa anexa (que era de Fanny e Maurício), mora Julieta. Aos 97 anos, a cozinheira sofre de alcoolismo e gota, ficando aos cuidados de uma sobrinha, que lhe esquenta a comida e faz a higiene. A moça cuida também da alimentação de Black, raquítico labrador preto que vive no quintal.

Sob um grande tanque de pedra gotejante sem uso, coberto de limo — que ao menos lhe refresca o corpo quando se esfrega, de noitinha —, Black dorme suas noites solitárias. Quando, ao meio-dia, despejam a ração, levanta-se, desvia do prato sem cheirá-lo, e vai direto para a cozinha, fuçar o fogão a lenha adormecido.

Tesouro de aromas antigos, sobras que cães sortudos lamberam, o fogão de Julieta guarda manchas de manteiga fervente, uma espinha de arenque num pano rasgado, um fóssil de pepino na base do forno. Do vazio das panelas com poeira oxidada de feijão-preto, Black fareja os vestígios de vapores refogados, memória de grandes mesas que ele nunca aproveitou.

"Vamos", ordenou Leonardo. Entramos.

Naquela tarde de domingo Betty, em que pesasse seu estado, estava de ótimo humor, com uma lucidez de menina.

"Você lembra de mim? Sou o Leonardo."

"Claro. Ainda não fiquei maluca."

"Você tá bem, tá enérgica. Tomou bolinha?"

"Quem toma bolinha é você que eu sei."

"Que nada. Meu pau nem sobe mais."

"Zilda! Olha o que o porco diz!"

"Você não tem uns álbuns? Umas fotografias, fora da moldura?"

"Não."

"Zilda! A Betty não tem umas fotografias fora da moldura?"

Zilda vai buscar as fotos.

"Filha-da-mãe! Escondendo as fotos!"

"Não estava escondendo. Eu esqueci."

"Olha aqui o Oscar. O Adolpho deu uma surra nele. Lembra?"

"Ele ficou dez anos no colégio interno. Mamãe não estava mais agüentando. Eu fui visitar o puto."

"O puto? Ele morreu! É teu irmão!"

"E daí? Ele montou no touro e veio com o chifre pra cima de mim, no colégio."

"Do lado dele quem é? Tua prima? Ouvi falar que ela tá maluca. É verdade que ela não toma banho?"

"Claro que ela toma banho, toma banho até demais, ela não sai do banheiro. Ela vive com dor de barriga."

"Ela caga?"

"Zilda! Tira ele daqui! Pára com essas fotos. Vamos ver vídeo. *Titanic*."

"Que pronúncia é essa? Você falava inglês tão bem."

"Ainda falo."

"Bom, aqui é o Adolpho... e tem uma mulher ao lado dele".

"Sou eu."

"Não é não."

"Tem que ser eu."

"Você não era tão bonita. Sabe que outro dia eu sonhei com você e fiquei de...

"Zilda, escuta isso! Tira ele!"

"É envaidecedor. Eu tive um sonho erótico."

"E eu quero que você tenha sonho erótico comigo?"

"Olha aí, na sinagoga, no velho templo. Olha você! Você! As pernas! Você tinha coxas!"

"Ainda tenho. Eu não botei perna postiça."

"Que merda. Vinte fotografias de um tubarão de merda."

"Não deve ser tubarão, deve ser boto, eu nunca vi tubarão."

"Olha eu e mamãe! Olha eu e mamãe! Filha-da-puta, olha eu e mamãe!"

"Tou olhando, tou olhando!"

"Olha como Jaquito era magro. Agora ele é um barrigudo. Meu pai era bonitão. Olha o restaurante. Como era bom o restaurante da Frei Caneca! Não há jornalista no Brasil que não comeu lá."

"Esse é o restaurante de Parada de Lucas."

"Olha aqui, a cara de sacana do Marcos. Isso era um tipo... quem é esse?".

"Você não conhece ninguém."

"Não, esse eu não conheço mesmo. Me mata, mas eu não sei quem é esse. Me mata!"

"Quem é esse corpo na varanda de Comary?"

"É o Adolpho. Mas quer saber? Você deixou de ficar maluca na velhice."

"Velhice!"

"Você era maluca e agora não é."

Betty nos bons tempos, com Manchetinha.

"Eu nunca fui maluca, eu era viajada. Conheço Paris na ponta da mão... na palma...".

"Olha a Dina... A Dina também levava uma meia sola..."

"Não fala assim. Eu sou mais velha que você. Te dei banho no bidê."

"Olha Isaac com um ovo na boca. A legenda é boa: Isaac e o ovo. Você era talentosa.."

"Ainda sou".

"Olha aqui, Copacabana sem prédios ainda... Olha você... que coxas!"

"Zilda!"

Quando saímos já anoitecia. Foi a última farra da Cinco de Julho. Semanas depois, Betty foi embora, indo ocupar um pequeno apartamento no Catete. Julieta e Black também foram exilados. Os móveis foram retirados. As árvores arrancadas. E a casa fechou.

O hall

Numa cadeira apoiada sobre o portão de vidro fumê, o vigia do prédio no Russel, falido e selado pela Justiça, dorme à beira do saguão. Ali dentro uma escultura de Krajcberg resiste. Reconheço o vigia: é o ascensorista-chefe, ou mestre-de-cerimônias, o pessoal chamava de Topo Giggio por causa das orelhas. Achei que tinha morrido, pois quando eu era moleque já era velho para chuchu, cabeleira branca com topetão, costeletas bem aparadas e um bigode puxado à portuguesa. Dava orgulho de freqüentar o saguão.

Não é, aliás, aquele português, o das trovinhas? Começou como faxineiro na Frei Caneca, transferiu-se para a Glória... Se não é, fica sendo. Certo é que ainda usa a calça preta e a casaca vermelha com botões de ouro, quepe no mesmo tom, mistura de porteiro de hotel com domador de cavalos. Nesses trajes, quando limpos e engomados, ficava perfeito em conjunto com a velha prensa tipográfica preta, dos tempos do Andaraí, ainda exibida no saguão abandonado.

"O senhor está me reconhecendo, seu... como é mesmo seu nome?"

O velho faz um tremendo esforço de concentração. "*O pfenhor é da justipfa?*". Enquanto fala, cobre a boca com a mão para não mostrar a banguela.

"Não, da justiça não. O senhor não se lembra de mim? Sou o..."

"*Ahhhh! É o psenhor? Pfode pfsubir, meu pfilho! O pfsenhor é da casa!*", ele sorri, parecendo me reconhecer, exibindo, enfim, a arcada devastada que tentava ocultar.

Levanta-se, ajeita o corpo a rigor, empurra com uma mão a porta de vidro e apóia a outra nas minhas costas com um gesto não tão cerimonioso assim. Atrás, a porta fumê, mal balanceada, se fecha. Está empenada, o ranger é como o de um guincho. O velho fica lá fora olhando, na transparência escura do vidro. Tomado por um mau presságio, penso em voltar para fora, mas, embalado pela amplidão do hall sem luz, sigo, como um autômato, na direção dos elevadores e, antes que me dê conta, estou no oitavo andar, onde, parece, os corredores ainda ressoam passos derradeiros, lentos e obstinados, e em sua face ainda se desenha, como rastro em nuvem, aquela expressão chorosa, desconfiada, de mendigo e tirano, de príncipe e mascate, aquele espectro curvado que percorre o vazio de mesa em mesa, de andar em andar, de banheiro em banheiro, parando nas cozinhas empoeiradas. Nas cantinas, o espectro dá grandes e pequenas ordens a ninguém, telefonemas para os que já não estão, em busca de créditos perdidos. As mesas permanecem em seus lugares nos três grandes salões: a reportagem, a redação e a diretoria, separadas pelas divisórias de vidro transparente. Nos armários de madeira nobre com portas de correr estofadas, o couro negro ainda brilha com o resto de luz que vem do Parque do Flamengo, escurecida pelos janelões.

Fim de tarde. O lusco-fusco começa a dar ao oitavo andar uma tonalidade melancólica. Vozes perdidas vão se acumulando, numa avalanche. Lá embaixo, o português. Será que era ele? Pois ouvi falar que tinha morrido.

Aqui, o escuro, e só um fio de luz, um restinho de aterro na divisória de vidro. Será que a porta vai abrir?

O aterro a essa hora é tão triste, tão antigo. Parece que vai sumir.

O que faço aqui?

Quem vem lá? De quem são esses rostos?

Que, do outro lado do vidro, me encaram. Com respeitoso fascínio.

Com discreto horror.

Ácaros

Um dia chamaram-na Família Manchete. Hoje, é Massa Falida, as iniciais invertidas soando a maldição. Órfãos, a maioria na fila interminável dos credores de direitos trabalhistas, os que lá ficaram até a bancarrota hoje mal dormem. No tardar da noite seus pensamentos visitam o Russel e depois vão lá para as bandas da Frei Caneca, os portões arrancados, o mural farsesco da família despedaçado a golpes de picareta nas paredes do restaurante onde, dos anos 1950 aos 1970, vinham até da concorrência os repórteres em miserê, que se misturavam à nata da publicidade, a escritores e cronistas, pintores e banqueiros, Fernandes, Ottos, Klabins e Juscelinos.

Em pensamento, os órfãos deixam as ruínas e transpõem a avenida Brasil, chegando à Parada de Lucas. O parque gráfico hoje é como um salão de bailes para as sombras que se comprimem entre as chapas e os cilindros das rotativas oxidadas. Na arqueologia dos pátios e depósitos ainda há aparas de papel, buquê de tinta, vapor das cozinhas industriais a impregnar os azulejos e, num canto, mofando, fotos do acervo de Manchete, expostas ao calor e à umidade, um conjunto que conta a história do Brasil e do mundo no século XX, com imagens preciosas de guerras, Copas, transformações sociais e políticas, tudo dilapidado e tratado como lixo.

No breu, os órfãos insones retornam à Glória e reencontram as próprias sombras a percorrer os corredores dos prédios geminados, roçar mármores e madeiras de lei, espreitar-se pela "sala do presidente", onde está a escrivaninha de JK, esbarrar em Quixotes de bronze, bailar nas coxias do teatro, quatrocentas poltronas cor de vinho.

Muitos passaram por aquele palco. Sérgio Mendes. Marco Nanini na pele de *Pippin*. Tony Ramos arrastando a cruz de pagador de promessas. Raul Cortez na pele de Salieri, em *Amadeus*. Depois tiraram as poltronas e virou uma merda de um cenário de televisão para a linha de shows.

Como gostava do teatro, o Adolpho! Com que paixão abraçou os dois anos em que, nomeado pelo biônico almirante Faria Lima, ocupou a presidência da Funterj. Reformou o Municipal e o João Caetano, construiu o Villa-Lobos, formou parcerias, levantou dinheiro que não era seu, trouxe o Rostropovitch e até o Zefirelli para dirigir a *Traviata*.

A festança italiana foi na chegada de Figueiredo ao governo, o corpo diplomático em fulgores. O Itamaraty jogara tudo na ópera.

Na véspera, sabe-se lá por quê, Zefirelli aborreceu-se com algum entrave burocrático e chamou o Geraldo Matteus, homem de Adolpho nos teatros.

"Não tem mais ópera."

Chamou seguranças. Ninguém podia subir no palco. Mandou para casa os solistas, os figurinistas, todo mundo.

"Onde ele foi?", rugiu Adolpho, quando o Cony telefonou para avisar.

Em meia hora, o Bloch estava lá. Se fosse uma cena, o título podia ser "O titã enfrenta o grande diretor de ópera".

No chão, o lustre do terceiro ato da *Traviata*. De braços cruzados, Zefirelli recebeu o velho imigrante russo com pedras e duras palavras.

"*Mr. Bloch, I'm an artist, not a slave!*"

Adolpho não respondeu. Silencioso mas retumbante, demorou uma eternidade examinando, por todos os ângulos, o lindo adereço ornado de cristal verdadeiro.

Só então, depois de contornar a rica luminária vagarosamente, olhou para o grande diretor.

"Nunca vi um lustre igual."

E foi embora para casa, sem mais.

Então, depois de uma curta reflexão, Zefirelli pôs-se à obra.

A ópera, então, começou.

E até agora não terminou.

Ontem

"*Brasilzki? Kha kha kha!*"

Do breu vem a voz distante amplificada pelos ecos da memória, até se tornar quase um grito. Levanto-me num pulo, agarro a mochila, apalpo o pau e reencontro, aliviado, a cinta de dinheiro.

Demoro a atinar comigo mesmo e perceber que são os guardas de fronteira que, fora da cabine, acenam para mim e riem, acompanhados do homem com as costas em forma de arco, o maquinista Iob.

Embaixo, a *babushka* dorme, mas a neta, à borda do beliche superior, ri e balança os pés finos e brancos.

"*Pajhalsta, brasilski! Dokiumént?*"

Retiro da mochila a pochete com passaporte, faço menção de descer da cama, mas um deles pede que eu a jogue dali.

"*Phenomén Ronaldo! Kha kha kha!*"

"Arnaldo", reajo, aborrecido, o que provoca grande alegria entre os três.

Liberado enfim, vou ao corredor e observo a alvorada que, na janela, tece léguas de bétulas. São florestas fechadas e brancas, descampados sem horizonte, poços cobertos de limo ou represados pela folhagem. São fazendolas, culturas ainda primitivas, carros de boi. E corvos espetados em discos de telefone. Na multiplicação das cores do outono, na alternância dos trigais com a floresta, o sol ganha velocidade filtrado pela massa de folhas, correndo por entre as copas, fazendo estourar a luz, pontilhada, na vegetação.

Até surgirem, ao longe, as duas colinas de Jitomir.

Aguarda-me o guia Vladimir, indicado pelo consulado. Tendo servido ao regime em Angola, orgulha-se de seu português luso-russo e sonha ter um dicionário Aurélio digital.

Instalamo-nos e logo saímos à cata de tudo, paisagens, registros de nascimento, ruas, locais. Boa parte das construções foi arrasada durante a Segunda Guerra, mas a topografia está incólume, e o rio de águas negras cercado de florestas é exatamente como Fanny e Bella contavam.

O bulevar dos Hebreus ainda está lá, embora com outro nome, e, próxima a ele, a rua onde ficava a casa que Uger cedeu a Joseph quando se casou com sua prima. É ainda uma via arborizada, cheia de macieiras, num dos limites da pequena urbe com a floresta. Ajudado pelo silêncio e o bom estado de preservação da rua, fecho os olhos e deixo as lágrimas virem.

Na esquina avisto Vladimir conversando com um homem de longas barbas, que mexe a cabeça negativamente. Aproximo-me deles e sou apresentado

As florestas de Jitomir, em 2001.

ao genealogista Efim. Ele me informa que um bom pedaço da rua mudou de nome durante a guerra. Agora se chama Kiívya Búlvar. São apenas alguns passos dali até chegarmos à casa.

"Aqui era a gráfica de Yossif. No tempo da União Soviética, era uma fábrica de macarrão. Agora está abandonada."

Nos dias seguintes, Efim me ajudaria a conseguir os registros rabínicos de nascimento dos Bloch, não só os descendentes de Pinkhas, mas os de outras linhagens. São dois dias catando milho em hebraico e russo até atinar com todos os nomes e tirar cópias em máquinas primitivas.

O resto do tempo é de andança. A praça Sobborna mudou muito, como se constata ao compará-la com as fotos de um livro sobre a cidade. A imagem, de 1896, mostra a paisagem que Joseph e os seus encontraram: os trilhos, o bonde puxado a burro, um quiosque, um conjunto de pequenas edificações e uma igreja — das poucas daquele gueto de quarenta sinagogas. Hoje, não passam de duas sinagogas, apenas uma delas em funcionamento. A igreja escapou dos bombardeios, o formato da praça é o mesmo, mas foi tudo que restou. E um canteiro de árvores também. Os trilhos, os quiosques, o piso, a capela — em memória do escape miraculoso do czar Alexandre II a uma tentativa de assassinato em Paris, por um homem que viveu em Jitomir — foi tudo substituído por um imenso e vazio círculo de asfalto com uma calçada central, cuja única função é dar vazão ao tráfego quase nulo.

"A praça perdeu a sua função histórica e não assumiu uma função contemporânea", anoto, sendo tomado, imediatamente, por um enjôo. Rasgo a folha, horrorizado de seu tom pernóstico, inútil, como a praça vazia, suas ruas, a história e, desconfio, a porra da vida.

Uma noite, na tela da pequena televisão em preto-e-branco da espelunca em que nos hospedamos, aparece em letras garrafais a palavra *Katastrof*. Nas imagens, um avião destroçado. "É a guerra", tenho certeza, e corro ao quarto de Vladimir, que me tranqüiliza: foi só uma grande cagada da força aérea ucraniana que, durante exercícios de rotina, abateu um avião da El-Al que ia de Israel para a Sibéria e estava meio fora da rota.

Dias depois, em Kiev, parada final, tento refazer o percurso de Adolpho. Não consigo achar a antiga gráfica com o gradeado e o porão. Em compensação, encontro o pioneiro prédio de apartamentos na Pushkinskaya e, com dificuldade, a casa de Jorge. Depois de duas horas circulando pelos arredores da belíssima cidade — a percorrer seus quilômetros de parques e santuários, pedindo orientação a caminhoneiros, varredores de rua e policiais — localizamos enfim a ladeira, uma subida íngreme transversal a uma rua de grande circulação.

Fica numa minúscula encosta preservada, dando a impressão de que voltamos ao ambiente semi-rural de Jitomir. A casa está lá, e nela mora um casal de meia-idade que, talvez por ser de outra geração, jamais ouviu falar da arca encontrada pelas autoridades. Mas o quintal está intacto e apinhado de macieiras. No centro, uma bem maior e mais frondosa, corresponde exatamente à descrição de Jorge.

À noite, na televisão, novas imagens catastróficas desta vez não deixam dúvidas: os Estados Unidos acabam de invadir o Afeganistão. Sou tomado por uma espécie de surto, que me tira o sono: devo telefonar para o jornal e me oferecer para ajudar na cobertura da guerra? Lembro das advertências de Leonardo antes da minha partida.

"Ao sul!"

De fato, estou mais próximo do teatro das hostilidades que qualquer outro colega no jornal.

Pela manhã, ao café, Vladimir me dissuadiu rapidamente da idéia de ir ao front: "Maluco! Você é judeu de origem russa. Quantos minutos acha que vai durar no Afeganistão? Só se o seu editor quiser se livrar de você!".

Respiro fundo, aliviado. Tomo chá. Num ponto de internet, mando um texto sobre o clima em Kiev com o estouro da guerra e isso basta.

Dia seguinte, no caminho para o aeroporto, a lateral do carro de Vladimir é atingida por um caminhão. O carro não tem seguro. Não tenho como ajudá-lo: consumi os últimos dólares justamente no pagamento de seus serviços. Abraçamo-nos, eu o deixo no meio da rua e vou atrás de um táxi. Pois o vôo é em uma hora. O mundo está em guerra.

E eu tenho que escrever um livro.

Amanhã

Foi ontem. Havia aterrissado depois da meia-noite. Não consegui avisar ninguém sobre a mudança do vôo que me trazia de Kiev. Chegando ao Rio peguei um táxi. Na entrada da cidade, pedi ao motorista que desviasse do caminho de casa e seguisse para Copacabana.

A empregada abriu a porta. Larguei as malas no escritório e estendi o corpo no sofá-cama. O quarto ao lado estava fechado, mas ainda havia movimento. Dali podia escutar o ronco do meu pai, as patas do cachorro na tábua corrida, a água na pia, o rangido da porta do closet de mamãe e a música que minha irmã ouvia. O sono veio rápido.

Acordei de madrugada. Desorientado pelo fuso horário, não entendi onde estava. Sedento, levantei-me, tateei as paredes e atravessei desequilibrado o corredor, com medo do silêncio. No salão, uma luz sob a réstia mostrava a porta fechada da cozinha. Fiquei alguns instantes ali, acostumando-me à claridade. Entrei e apanhei a garrafa mais gelada.

Na volta, enxerguei a sala de outro ângulo, iluminada por um reflexo da rua.

Pousado na grande poltrona virada para a janela, Leonardo respirava ruidosamente a maresia de Copacabana. No corpo os cachos grisalhos do cabelo em desordem e a barba branca confundiam-se com os pêlos do peito. Sob a barriga, a gigantesca cueca azul-marinho. Os janelões emolduravam-no, exibindo atrás de si a curva da avenida Atlântica, de onde chegava um silêncio escuro cortado pelo impacto das ondas. A respiração era inquieta e a posição forçava o pescoço. Aproximei-me. Pus a mão no seu ombro.

"Pai?"

Soluçou. Tentou despertar. Abriu os olhos e expulsou o pigarro.

"Amanhã."

"O que tem?"

"Vamos."

"Aonde?"

"À casa."

"A casa está fechada. Não tem ninguém."

Apanhou da minha mão a garrafa, que esvaziou de um gole e, depois de estalar a língua, largou-a na tábua corrida, com um gesto imperial.

"Amanhã", insistiu.

Em segundos, voltou ao sono.

Retorno ao quarto sem saber o que esperar. Logo vai amanhecer e a vibração dos ônibus circulares, que chega da avenida Nossa Senhora de Copacabana, atinge os prédios da praia, tomando uma proporção assustadora. Como se o ar fosse feito de pedra.

O termostato do velho condicionador não dá vazão.

Sinto saudades da paz da madrugada, de alguma aragem antiga, de um sonho distante.

"Amanhã."

Clareou, e o mundo lá fora aguarda que eu me apresente, para as inspeções e os sacrifícios de praxe.

Vai fazer um dia muito quente no Rio.

Rio de Janeiro/ Jitomir/ Kiev-2001-2008

Agradecimentos

A Iná e Leonardo, à Ilana, à Bertha e ao Liovinha.

À Cristina, que, com amor, me agüentou.

A Carlos Heitor Cony.

In memoriam, a Adolpho Bloch, Betty Sigelmann, David Rubinstein, Fanny Rubinstein, Hélio Bloch, Judith Gerson Bloch, Paulina Kaz e Pedro Bloch.

A todos os funcionários que passaram pela gráfica e, posteriormente, por Manchete.

Aos meus editores, Luiz Schwarcz e Marta Garcia.

Aos amigos e conselheiros Ali Kamel, Antonio Carlos Miguel, Eduardo Souza Lima (Zé José), Hugo Sukman, Luiz Henriques Neto (Urubu), Luiz Novaes (Mineiro), Rodrigo Fonseca, Sérgio França e Walter Goldfarb.

A Osias Wurman e Vera Wrobel.

A Ronaldo Wrobel, pela leitura e pelas fitas de Fanny e Judith; à Daniela Kapeller e ao Bruno Baranek, pelo papo inestimável e pelo carinho.

A Anna Bentes Bloch, Ana Luiza Muller, Arnaldo Niskier, Beatriz Cony, Cecília Costa, Cláudio Hazan, Dario Renato, Efim Yossievitch Melamed, Esther Bloch, Fábio Koifman, Gervásio Batista, Gustavo Leal, Hélio Fernandes, Isaac Hazan, Hélio Wrobel, João Máximo, José Esmeraldo Gonçalves, José Hélio Ribeiro de Mello, José Zeituni,

Julio Rotberg, Lucy Mendes Bloch, Míriam Bloch, Nilton Ricardo, Orlando Abrunhosa, Per Johns, Roberto Muggiati, Ruy Castro, Tamara Hazan e Yom Tob Zeituni.

Às municipalidades de Jitomir e de Kiev e ao Consulado da Ucrânia no Rio.

A Wladimir, meu guia ucraniano.

À Maria.

À galera da "Panelinha".

Ao Rodian, *in memoriam.*

Crédito das imagens

Todos os esforços foram feitos para determinar a origem das imagens deste livro. Nem sempre isso foi possível. Teremos prazer em creditar as fontes, caso se manifestem.

Págs. 15, 38, 46, 58, 68, 72, 75, 78, 80, 91, 97, 99, 108, 114, 116, 118, 138, 141, 144, 147, 149, 160, 174, 186, 188, 191, 194, 202, 210, 211, 216, 224, 227, 228, 245, 254, 309, 324: Arquivo familiar

Pág. 20: Foto de Nicolau Drei/ Reprodução: Acervo da Fundação Biblioteca Nacional – Brasil

Págs. 24, 62, 70, 112, 133, 289, 291, 331: Foto de Arnaldo Bloch/Arquivo pessoal

Pág. 48: Anuário do Acervo do Município de Jitomir

Pág. 167: Foto de Orlando Machado/ Reprodução: Acervo da Fundação Biblioteca Nacional – Brasil

Págs. 170, 183: Acervo da Fundação Biblioteca Nacional – Brasil

Págs. 181, 205: Foto de Gervásio Baptista/ Reprodução: Acervo da Fundação Biblioteca Nacional – Brasil

Págs. 195, 239, 282, 312: Foto de Nilton Ricardo

Pág. 201: Foto de Jáder Neves/ Reprodução: Acervo da Fundação Biblioteca Nacional – Brasil

Págs. 209, 236, 259, 279: Foto de Gervásio Baptista

Pág. 233 (inferior): Foto de Orlando Abrunhosa

1ª EDIÇÃO [2008] 4 reimpressões

ESTA OBRA FOI COMPOSTA EM MINION PELO ESTÚDIO O.L.M. E IMPRESSA EM
OFSETE PELA PROL EDITORA GRÁFICA SOBRE PAPEL PÓLEN SOFT DA SUZANO
PAPEL E CELULOSE PARA A EDITORA SCHWARCZ EM DEZEMBRO DE 2008